Después de la vida

Dra. Cristina Lázaro

Después de la vida

Una revolucionaria investigación científica sobre el duelo y las Experiencias Cercanas a la Muerte

Rocaeditorial

Primera edición: julio de 2025

Printed in Spain – Impreso en España

ISBN: 978-84-10442-75-7
Depósito legal: B-8841-2025

Compuesto en Grafime, S. L.

Impreso en Liberdúplex
Sant Llorenç d'Hortons (Barcelona)

RE 42757

A Alma, la luz de mi vida, tus sueños albergan las palabras
que acompañan estas líneas, porque fueron
escritas mientras dormías

Índice

Introducción

> El nacimiento y la muerte no son dos estados distintos, sino dos aspectos del mismo estado.
>
> Mahatma Gandhi

La vida y la muerte han sido dos temas muy cuestionados desde los orígenes del hombre, ya que han fundamentado la base de su cultura, su convivencia social y su religión en torno a ella, especialmente en los momentos en los que se producía la exhalación, ya que se dotaba al ser humano de un aspecto trascendente que se ha manifestado en muchos ámbitos, especialmente artísticos, desde la época de las cavernas. Este aspecto trascendente ha seguido manifestándose a lo largo de la historia. Las diferentes culturas, sociedades y religiones lo han tratado desde distintas vertientes llamando de diferentes formas a este atributo inmaterial: «alma», «espíritu», «atman», «psique», «consciencia»...

En la actualidad, entender la vida como parte de un proceso de transformación en el que no solo se avanza en una dirección, la de la muerte, sino que, en ocasiones, puede haber una vuelta al punto de partida —entendiendo este punto como la vida, y esta como un estado físico y de plena consciencia— es una idea cada vez más aceptada y común en este siglo en el que la creencia en los valores espirituales toma un protagonismo especial, potenciado en estos últimos años por las investigaciones que se están desarrollando en el ámbito científico.

Las investigaciones científicas han empezado a explorar algunos fenómenos desde distintos enfoques disciplinarios, con el objetivo de encontrar explicaciones que ayuden al entendimiento y comprensión tanto para los pensadores más críticos como para los creyentes.

El pionero en la investigación de las Experiencias Cercanas a la Muerte (en adelante, ECM) fue Raymond Moody, quien en 1975 publicó su libro *Vida después de la vida*. Tras él, otros científicos se han unido al análisis de este fenómeno y, en la actualidad, podemos encontrar estudios, artículos e investigaciones a gran escala.

El punto de inflexión ha sido que, si muchas de las ECM tienen lugar en estado de coma, con cambios importantes a nivel químico cerebral, y si el estado de coma borra la consciencia, como apuntan los neurólogos Fred Plum y Michael Posner (1983), y no hay consciencia de sí mismo ni del entorno, sería difícil entender que una persona tuviera recuerdos de hechos ocurridos durante ese tiempo.

En este contexto, encontramos un punto interesante que plantea el doctor Raymond Moody en su libro *Destellos de eternidad* (2010): si los argumentos que utilizaban los escépticos es que las ECM estaban causadas por la falta de oxígeno en el cerebro a consecuencia de la anestesia o la medicación, y estas se interpretaban como alucinaciones, habría que encontrar una explicación al hecho de que, como apunta el doctor Van Lommel (2012), estas vivencias son experimentadas también en otros contextos, como en estado de meditación, o sin indicios médicos claros, como en el caso de un paseo por la naturaleza; y también para aquellos casos en los que personas sanas, que acompañan a los moribundos en el proceso de la muerte, vivan con ellos esas experiencias y vivencien lo que el doctor Moody ha llamado Experiencias de Muerte Compartidas (EMC).

En esta misma línea argumental, otro hecho relevante, que se extrae de los testimonios de las personas que han vivido una ECM, es que tienen en común una nueva concepción de la vida: dejan de sentir temor por la muerte, tienen la certeza de que existe algo después y saben que lo más importante es aprender a amar. Pero además comparten algunos de los elementos que los investigadores han detectado que ocurren en las ECM. Algunos sujetos experimentan varios y otras, en menor cantidad, todos. Estas personas cuentan que experimentan un cambio de perspectiva y pueden ver sus cuerpos desde arriba y a las personas que están a su alrededor. Después sienten que entran en algo que se asemeja a un túnel y al final de este ven una luz brillante. Relatan que se encuentran con seres queridos ya fallecidos y hablan de un ser luminoso que los acompaña durante la revisión panorámica de sus vidas. Muchas cuentan que se encuentran con una barrera o límite y con unos seres que les dicen que no les ha llegado el momento de morir o les plantean la opción de elegir entre quedarse o regresar.

Tal es el estado de preocupación o interés por el tema de la muerte y la vida tras la misma que podemos encontrar manifestaciones de ello en el arte y la literatura a lo largo de la historia. Ejemplos de ellos son las referencias de *El libro egipcio de los muertos*, *La República* de Platón y *El libro tibetano de la muerte*, entre muchos otros.

Charles Dickens aborda el tema de la revisión vital en *Un cuento de Navidad* (1843) y Ernest Hemingway en su libro *Adiós a las armas* (1929), cuyo protagonista experimenta una experiencia extracorpórea mientras se encuentra herido en las trincheras.

No dejaré de mencionar la sorprendente obra que desde el mundo de las artes plásticas realizó el Bosco (1453-1516), que nos ofrece su particular forma de entender la vida y la muerte con el postigo *Ascensión al Empíreo* del cuadríptico *Visiones del más allá.*

Las ECM tienen una estrecha relación con el duelo y la forma de afrontar la propia muerte, pero también la de un ser querido. La manera en la que muchas culturas y tradiciones han entendido la muerte y que algunas de ellas ya conocieran esta fenomenología nos acerca más al hecho de que ser consciente de la propia finitud nos ayuda a vivir el duelo de una manera normalizada, y también aporta una vía de apoyo a los profesionales que se encargan de velar por la salud mental de sus pacientes.

Desde un punto de vista social y cultural, el tratamiento de esta fenomenología es abordado teniendo en cuenta cómo repercute en la vida, pues la transformación de quienes la viven abarca numerosos cambios a nivel social, laboral, físico y emocional.

Este libro pretende acercaros al concepto de la trascendencia de la conciencia. Para ello recopilo testimonios sobre esos estados por los que muchas personas han atravesado en momentos muy críticos para su supervivencia y desarrollo aspectos clave como el duelo, la antropología de la muerte y un conocimiento más exhaustivo de las ECM.

1

Antropología de la muerte

> No basta con pensar en la muerte, sino que se debe tenerla siempre delante. Entonces la vida se hace más solemne, más importante, más fecunda y alegre.
>
> STEFAN ZWEIG

La muerte se puede entender desde distintas vertientes: por un lado, se muestra biológica, pero también cultural, porque es un dato empírico, y simbólica, ya que es el rasgo más humano (Morin, 1999). Según este autor: «El hombre no solo se apropia míticamente de la ley de muerte-resurrección para fundamentar su propia inmortalidad, sino que se esfuerza también por utilizar mágicamente la fuerza engendradora de vida que constituye la muerte, para sus propios fines vitales».

En la introducción del libro *Lo que vieron... a la hora de la muerte,* de Osis y Haraldsson (1977), la doctora Elisabeth Kübler-Ross analiza el tabú que suponía la muerte entonces, los años setenta, añadiendo que estábamos en «una sociedad que podía enviar hombres a la Luna e instrumentos a Marte para determinar si hay vida en otro planeta, aunque sepa muy poco sobre la vida y la muerte en el suyo propio». Poco se ha avanzado con respecto a los apoyos que han recibido las investigaciones realizadas desde entonces, aunque se han ido dando pasos, sobre todo en el ámbito de la medicina, cuyos avances ayudan a combatir enfermedades que hace unos años eran muertes seguras.

La muerte parece un ejemplo perfecto de lo que podría llamarse un «hecho social». Tiene lugar en un contexto, se concreta socialmente, y la naturaleza de los rituales funerarios, del duelo y el luto refleja la influencia de ese entorno donde ocurren. Así, diferentes culturas manejan esta cuestión de distinta manera.

Otro aspecto importante que hay que tener en cuenta es que la medicina, y por ende la ciencia, aún no puede alojar a la conciencia en un lugar concreto. De ser así, la concepción que tenemos de la vida y la muerte se modificaría por completo añadiendo una serie de valores a la sociedad actual que cambiaría el rumbo de la historia.

Contextualización de la muerte

El estudio de la muerte ha estado siempre unido a la antropología desde los orígenes de esta. Duche Pérez (2012) dice: «La relación entre hombres, dioses y espíritus fue entendida inicialmente desde el plano de lo sobrenatural, en la relación que existe entre el mundo en que vivimos y el que se encuentra más allá de las estrellas». De esta manera, comprender qué hace en vida el hombre es a la vez comprender el proceso de su muerte.

El estudio de la muerte se ha ido centrando en los elementos de corte antropológico y sociológico, sumergiéndose muy a menudo en el análisis de las costumbres y ritos fúnebres.

Desde la Antigüedad, la preocupación y el interés del ser humano por la muerte ha sido una constante, pero esta preocupación va más allá, hasta el punto de que en los siglos XX y XXI se acometen investigaciones sobre la posible comprensión de la muerte por parte de ciertos animales, como cetáceos, primates (gorilas y chimpancés) y elefantes (Goodall, 1993). Se pensaba que el ser humano avanzaba de la naturaleza a la cultura por la actitud que demostraba ante el cadáver, pues era el único animal que enterraba a sus muertos. Ahora se sabe que no es así. Por ejemplo, Maté (2005) dice de los elefantes: «Si un grupo se encuentra con un elefante muerto hace unos días se quedan quietos y se aproximan nerviosos, huelen y tocan los restos y patean en torno al cadáver excavando en la tierra y lanzándola al cuerpo». De esta actitud podría deducirse que tienen conciencia no solo de su propia muerte, sino de la de sus semejantes, lo que abre la puerta al supuesto de que algunos animales pueden tener sentimientos de pérdida, es decir, emociones y, por lo tanto, cierta comprensión de la muerte.

La muerte cambia de consideración con el paso del tiempo y en las diferentes culturas: ha pasado de ser algo natural que formaba parte importante de la vida, siendo uno de los principales acontecimientos del ser humano por su vinculación con la trascendencia del alma, a ser algo destructivo, malo e incluso aniquilador, pues la muerte representa el fin.

La perspectiva cultural y social es un punto fundamental a través del cual se crean las vivencias personales en torno a la muerte, pues vienen impuestas por la historia del individuo y su grupo social, y del lugar en el que vive y se desenvuelve. Así, cada cultura ha afrontado este acontecimiento de la manera en que sus creencias acerca de la vida y la muerte lo sostienen, con formas y manifestaciones acordes con esas creencias, cuyas reacciones emocionales van desde el temor a la alegría y la tristeza.

El antropólogo Edward Tylor (1871) narra en relación con las sociedades primitivas: «El primitivo había llegado a la idea de la "animación" del propio cuerpo en virtud de un rudimentario razonamiento suscitado por los contrastes entre la vida y la muerte, la vigilia y el sueño, la salud y la enfermedad, y por la experiencia de sus mismas vivencias y propósitos». En virtud de todo ello, el hombre primitivo creía, según Tylor, que un «algo» invisible, pero vivo, el alma, podía dejarle, tomar o atormentar su cuerpo, pasar de unos cuerpos a otros, viajar durante el sueño, etcétera. En definitiva, en la existencia de una misteriosa realidad espiritual.

Tylor entiende la muerte como un suceso más sobrenatural que real, y como un fenómeno que explica dos cuestiones muy importantes. Por una parte, nos permite entender cómo el ser humano ha ido construyendo la religión a través de la veneración de los muertos (pasando del politeísmo al monoteísmo); y por otra, ha introducido la creencia de que todo sujeto posee un alma (animismo), y que cuando algo muere no tiene que desaparecer necesariamente pues «aunque un hombre pueda morir y ser enterrado, su fantasma continúa presentándose a los vivos en visiones y sueños» (Tylor, 1912). Esto se debería a que su espíritu se mantiene como un elemento que protege o castiga al grupo familiar y social al que pertenecía.

En las sociedades industrializadas occidentales, la consideración de la muerte gira en torno al miedo, considerado incluso normal y necesario, hasta el punto de que se intenta no hablar ni de la muerte ni de los muertos. Es lo que Geoffrey Gorer manifiesta en su artículo «The pornography of death» (1965) (La pornografía de la muerte) como el nuevo tabú precedido por la sexualidad. El historiador Philippe Ariès alude al hecho de que la sociedad occidental banaliza el acto de morir con la constante exposición de la muerte a través de la televisión, lo que no provoca, sin embargo, un pensamiento más reflexivo en torno al morir.

A diferencia de esto, en épocas anteriores se hablaba de la muerte con total naturalidad, incluso a los niños, que crecían conviviendo con la muerte y pudiendo asistir y acompañar a alguien en sus últimos momentos. Hoy en día resulta fácil enumerar los casos en los que los niños acuden al funeral de un pariente o conocido, a pesar de que ahora sabemos que mantenerlos al margen de este acontecimiento no es tan beneficioso como se creía.

Con respecto a esta cuestión, la doctora Elisabeth Kübler-Ross dice en su libro *Sobre la muerte y los moribundos* (1969): «Tarde o temprano, el niño se dará cuenta de que la situación de la familia ha cambiado, y según su edad y personalidad, mantendrá un dolor no revelado y considerará este acontecimiento terrible y misterioso».

En cuanto a las sociedades industrializadas, cabe decir que la mayor preocupación actual gira en torno a mantener con vida al ser humano, descuidando la forma en la que llegará, de una vez, al fin de sus días. En las culturas orientales, la muerte representa el paso hacia el lugar del que venimos, un paso hacia una forma de vida más *real* y casi siempre más dichosa, lejos de temores y tabúes.

A modo de resumen cabe citar a la antropóloga social García-Orellán (2003), que destaca tres universales que se pueden aplicar a todo grupo étnico:

El primero es el miedo a la muerte, que constituye en sí mismo un universal y se halla en la base de toda simbolización, bien negándolo, bien manifestándolo o negociando con él.

El segundo es el aspecto de la creencia y su repercusión en el cuidado de los moribundos, con tres tipos de manifestación: religiosa, científica y religiosa-científica.

Y el último universal es una actitud por mantener siempre en el cuidado del moribundo: no interpretar nunca su creencia, sino que sea él mismo quien le dé su propia significación.

El hombre ante la muerte

La antropología, como disciplina interesada en describir la diversidad de formas en la que las culturas abordan el tema de la muerte, ha generado multitud de estudios cuyos autores han desarrollado teorías de relevante valor metodológico, como apunta García-Orellán (2003). Uno de ellos lo podemos encontrar en el libro *Celebrations of death: The anthropology of mortuary ritual* (Celebraciones de la muerte: La antropología del ritual morturio), de Huntington y Metcalf (1979):

> ¿Podría existir algo más universal que la muerte? Sin embargo, ¡qué increíble gama de variadas respuestas evoca! Los cadáveres son incinerados o enterrados, con o sin sacrificio animal o humano; son preservados por la técnica del sahumerio, el embalsamamiento o la aplicación de otros aderezos; son deglutidos —en crudo, cocinados o descompuestos—; son ritualmente abandonados; son desmembrados y tratados de esas formas y de muchas otras. Los funerales son ocasión de evitar a otras personas o de celebrar una fiesta social, de luchar o de celebrar orgías sexuales, de darse al llanto, a la risa, todo ello en mil combinaciones distintas. La diversidad de las reacciones culturales es buena medida del impacto universal que tiene la muerte. Pero nunca se

trata de una reacción desatada al azar; siempre serán reacciones significativas y expresivas.

Teniendo muy presente el concepto de cultura acuñado por Tylor —«totalidad compleja que incluye conocimiento, creencias, arte, derecho, costumbres y cualesquiera otras actitudes o hábitos adquiridos por el ser humano como miembro de la sociedad»—, muchos antropólogos se han centrado en el estudio de la muerte y el morir en las sociedades primitivas.

Para DaMatta (1997), en las sociedades tribales y tradicionales, el todo predomina sobre las partes, y el hombre no existe como entidad moral fundamental, DaMatta afirma que, aunque en todas las sociedades tienen que ocuparse de la muerte y de los muertos, algunos sistemas atienden o se interesan más por la muerte, y otros lo hacen por el muerto: «Veo una correlación importante entre la sociedad individualista y la muerte, y entre las sociedades relacionales y los muertos».

También Thomas (1993) diferencia dos tipos de sociedades en función de su actitud frente a la muerte: por un lado, está la sociedad de acumulación de hombres, sociedad negro-africana, y, por otro, la civilización occidental, la que acumula bienes. En la primera la postura ante la muerte es de aceptación y trascendencia: desplazamiento, cambio de estado o reorganización de los elementos de la persona que ha fallecido; en la segunda, es la negación, la vida eterna para el cristiano.

Como el interés y la preocupación del ser humano por la muerte se remontan muy atrás en el tiempo, tenemos que trasladarnos a los orígenes del hombre.

Los estudios paleoantropológicos han demostrado que la conciencia de la muerte es producto de un largo proceso evolutivo, de un salto cualitativo propio de la llegada del *Homo sapiens.* Afortunadamente, los restos arqueológicos dan muestra de ello, ya que las sepulturas y enterramientos proliferaron desde el Paleolítico, sucediéndose los rituales funerarios. Estos se convirtieron en el modo y la forma de conocer las creencias de estos antepasados acerca de la muerte.

En una época más contemporánea, Philippe Ariès, uno de los más grandes historiadores europeos, hace un recorrido de las actitudes ante la muerte comenzando en la Edad Media desde el siglo VI. El autor dice que, hasta el siglo XII, la muerte era vista de manera normal y natural, un ritual celebrado tradicionalmente de la forma más esperada, sin sorpresas. Solo cuando la muerte venía de improviso era considerada un castigo divino o sobrenatural. La muerte era un hecho que pertenecía y atañía a todos, no era un dolor particular, y aunque formaba parte de la comunidad, de la cultura, intentaban mantener alejados los cementerios puesto que sí temían a los muertos.

Más tarde el miedo fue disipándose y la cercanía fue produciéndose poco a poco. Si bien hasta entonces la muerte era algo que les ocurría a otros, la época de la conciencia de la propia muerte transcurre entre los siglos XII y finales del XV. La conciencia del fin es considerada casi de forma romántica: el ser humano lamenta que el destino que le aguarda es abandonar el mundo al que es consciente de pertenecer.

Según el autor, la relación que se tenía con la muerte llegaba al punto de ser considerada una etapa más que permitía al moribundo controlar lo relacionado con su propia muerte y lo que debía hacer antes de morir mientras se lamentaba por el hecho de perder la vida. Más tarde vendría el momento de perdonar, encomendar a Dios a los que sobreviven, pedir perdón por las culpas y rogar por su propia alma.

Otras veces, el rol principal era del moribundo y la ceremonia era pública, donde se encontraban vecinos, niños y cualquiera que quisiera sumarse al acontecimiento. Esto ocurría cuando la espera de la muerte sucedía en el propio lecho. El moribundo adquiría cierto poder por su cercanía con la muerte, esto le autorizaba a dar órdenes y disponer de sus últimos asuntos, los relacionados con su sepultura y sus bienes.

Ariès llamaba a esto «la muerte domesticada», pues se podía acompañar de visiones o sueños de personas ya fallecidas, lo que significaba que el desenlace estaba próximo. Estas visiones eran solo vistas por los que iban a morir, ya que estos se encontraban en un momento que les permitía observar estos signos de muerte inminente, creencia que dura hasta nuestros días.

En la actualidad nos aventuramos a estudiar estos signos, como prueba de la expansión de la conciencia, en los últimos momentos de vida: Visiones en el Lecho de Muerte (VLM). Un factor importante que hay que tener en cuenta es el momento y la situación que rodeaba a la muerte, ya que estas visiones eran en realidad las causantes del temor, no la propia muerte. El temor venía cuando la muerte sobrevenía sin dar opción al arrepentimiento ni a experimentar su propio proceso; también cuando esta llegaba tomando al moribundo en solitario sin darle la posibilidad de despedirse de las personas que lo habían acompañado y sin ser consciente de que eran los últimos momentos de su vida.

Algunos filósofos presocráticos ya hablaban de la supervivencia del alma tras la muerte y plasmaron en sus obras sus visiones y teorías sobre el pensamiento trascendente, la visión del más allá, la concepción de la muerte y el deseo de evolución. Algunos mostraban, como Homero en su *Odisea,* su apreciación de los valores vitales ante lo tortuoso de la supervivencia del alma tras la muerte. Tales de Mileto manifestaba que el alma es una naturaleza siempre en movimiento o que se mueve a sí misma.

La teoría de la transmigración, reencarnación o metempsícosis, es decir, la idea de la triple naturaleza del ser humano (espíritu, alma y cuerpo) que afirma la transferencia de ciertos elementos psíquicos de un cuerpo a otro después de la muerte, fue acuñada por filósofos como Pitágoras, Empédocles, Platón, Plotino y, sobre todo, por el pensamiento oriental, según apunta Roger Rivière (1991).

Pitágoras reconocía la inmortalidad del alma, cuya manifestación física no solo era humana, sino también animal. Este filósofo desarrolló un profundo respeto a toda diversidad de vida existente.

Empédocles reconocía que el ser era mortal, aunque sus principios eran eternos.

Anaxágoras afirmaba que la muerte no es más que separación, así como el nacimiento es combinación, es decir, componerse y dividirse. Teorías estas muy parecidas a las que el sabio taoísta Lao Tse asumía: «La vida es aquello de lo que temporalmente dependemos; la muerte es aquello a donde en definitiva retornamos».

Epicuro, convencido de que la muerte era parte de la condición humana y por tanto había que aceptarla con imperturbabilidad, sostenía: «La muerte no es nada para nosotros, ya que mientras nosotros somos, la muerte no está presente y cuando la muerte está presente, entonces nosotros no somos». Esta línea de pensamiento llega hasta nuestros días con la significación de no dejarse vencer con la idea de que la muerte nos acecha como un enemigo que espera el momento adecuado para apresar a su víctima, sino que viviendo el día a día, vivimos la vida, y por tanto el propósito de nuestra existencia, dejando el temor que pueda llevarnos a vivir en continuo miedo a la muerte. Séneca decía a este respecto que era más bien el pensamiento sobre la muerte, más que ella misma, la causa del miedo a la muerte.

A finales de la Edad Media, entre los años 1414 y 1450, de acuerdo con los principios cristianos del *ars moriendi* (el arte de morir), aparecen dos textos interconectados escritos en latín que aportan consejos sobre los protocolos y procedimientos sobre cómo «morir bien». De gran popularidad, se tradujeron a la mayoría de las lenguas europeas occidentales, y fueron la obra inspiradora de una serie de guías para la muerte en la literatura occidental.

En sus orígenes incorporaban seis capítulos que abordaban cuestiones tales como el elogio de la muerte; las tentaciones que asaltan al moribundo y el modo de superarlas; las preguntas que hay que hacerle al enfermo para reafirmarle en la fe y conseguir el arrepentimiento de sus pecados; la necesidad de imitar la vida de Cristo; el comportamiento que han de adoptar los laicos que acompañan al moribundo; la presentación de imágenes sagradas; la exhortación a recibir los últimos sacramentos; la incitación a que el interesado otorgue un testamento, y la recitación de oraciones por parte de los presentes en favor del expirante.

Uno de los autores posteriores de una guía para la muerte fue Erasmo de Róterdam, con su *Preparación para la muerte,* de 1534, quien aducía que la muerte puede sobrevenir en cualquier momento y hay que estar preparado para ella y no querer escapar de la conciencia de la mortalidad: «Algunos huyen de hacer testamento como si hubiese en ello algún mal agüero:

tanta es la fragilidad de nuestra carne. Pero en verdad que hacer testamento no es causa para que mueras más presto, sino para que mueras más quieto» (VV. AA., 2003).

El siglo XVI es el momento en que los cementerios vuelven a ser alejados de las ciudades. Todo apunta a que se produjera para no recordar el inevitable destino al que están abocados.

En los siglos XVII y XVIII existe un problema marcado principalmente por el desarrollo del sistema médico y el modelo de «despegue» médico y sanitario en Occidente.

A mediados del siglo XIX la figura del médico, que estaba separada de la muerte y centralizada en el enfermo, pasa a tener un papel fundamental, mediatizado o marcado quizá por una cuestión política de la época, ya que el tener una población sana aseguraba mano de obra productiva. Así pues, se le dotó al médico de una confianza jamás alcanzada antes para realizar el diagnóstico médico de la muerte. Esta pasa a ser más una cuestión médica que religiosa. La muerte comienza a ser tabú. Sin embargo, a finales de este siglo la gente solía morir en la casa donde había vivido, pudiendo así darse cuenta de que la muerte estaba cerca y despedirse de su familia en su ambiente habitual.

Malinowski (1926), el fundador de la antropología social británica, subraya que la muerte es un elemento integrante de la vida humana, que permite crear prácticas de acompañamiento ritual y entender que es también una necesidad básica para los seres humanos que debemos cumplir con respecto al grupo de pertenencia. El autor considera que esta institucionalización de la muerte está guiada por una serie de normas sociales que ayudan a determinar el tipo de ritual y también a clasificar el estatus e importancia del sujeto fallecido, así como de las respectivas funciones de los familiares y deudos.

En los siglos XX y XXI, con el avance de las tecnologías y los cuidados especializados, es posible prolongar la vida del paciente, y cambia la forma de morir, pues si en los siglos XVIII y XIX se moría en casa rodeado de los familiares, en la actualidad el enfermo, en muchos de los casos, muere solo en una habitación de un hospital, en su afán de agotar todas las posibilidades de continuar con vida. Al contrario que en los siglos anteriores, en los que el no tener conocimiento de qué les ocurría daba paso al miedo, el hombre teme saber demasiado porque eso le acerca más a la muerte. El hombre quiere ver la muerte como una realidad que les ocurre a los demás, no a uno mismo. Freud (1915) dice que, aunque fuéramos conscientes de la invariable finitud de nuestra existencia, solo seríamos capaces de representarnos la muerte del otro y no la nuestra, puesto que siempre participamos de ella como espectadores, así que la única manera de hablar de la muerte es negándola.

En la actualidad y gracias a la tecnología, se puede resucitar a las personas hasta siete horas después de que su corazón haya dejado de latir, es el conocido «efecto Lázaro» que ha defendido el doctor Parnia (2013). El concepto de la muerte está cambiando a medida que avanza la ciencia.

No obstante, la existencia del testamento vital —documento de voluntades anticipadas o de instrucciones previas, un documento escrito por el que todo ciudadano declara anticipadamente, en situaciones de lucidez mental, su voluntad sobre sus cuidados y los tratamientos o sobre el destino de sus órganos o de su cuerpo una vez fallecido— hace pensar que el ser humano se va acercando psicológicamente a la realidad de la propia finitud y sobre todo de lo que la propia persona entiende por muerte digna en el contexto de una situación al final de la vida, a pesar de que se desarrolla en un entorno institucionalizado, puesto que supone presentar estos documentos en un registro, todo ello amparado por la ley 41/2002, de 14 de noviembre, básica reguladora de la autonomía del paciente y de derechos y obligaciones en materia de información y documentación clínica, publicada en el BOE del 15 de noviembre de 2002.

Concepto y significados de la muerte

Hablar del significado de la muerte significa ser conscientes de que es un término muy complejo que abarca una serie de aspectos que se han de considerar, como los religiosos, sociales, legales, etcétera.

Según Louis-Vincent Thomas (1991), la muerte es natural, cotidiana, aleatoria y universal. Es «natural», y aun así cuando sobreviene sigue siendo inesperada. Es «cotidiana», pues todos los días mueren personas en el mundo, pero nos sigue pareciendo lejana y que les pasa a los demás. Es «aleatoria», ya que existe la incertidumbre acerca de cuándo nos va a pasar, pero tenemos la certeza de que ocurrirá. Y es «universal», debido a que todo lo que es en este momento algún día desaparecerá. Y también es única pues nadie puede ocupar el lugar de otro cuando le llega el momento.

Definir el concepto de muerte es harto complejo, pues su naturaleza es cambiante debido a que la sociedad está en constante dinamismo, por su propia evolución, influida principalmente por los avances científicos y tecnológicos, así como la inevitable concepción del hombre, perteneciente a un grupo social, con unas características propias, semejantes entre los miembros de esa «comunidad» o «grupo social» y a la vez diferentes de otros grupos sociales.

Así pues, la definición de muerte estará influenciada y será un reflejo de la propia cultura y la religión, así como de la educación, la sanidad y la jurisprudencia.

La muerte es considerada no como un acto puntual, sino como un proceso que ocurre en el ámbito biopsicosocial. Por lo tanto, hablar de concepto o definición de la muerte desde una única perspectiva es imposible, puesto que el significado varía según el punto de vista que se tenga en cuenta: fisiológico, médico, psicológico, sociológico, antropológico, económico, etcétera.

Como bien apunta Thomas (1993), la antropología, como disciplina que estudia la magnitud de los enfoques culturales, es decir, de los comportamientos y rituales en torno a la propia muerte, al fallecido y a todo lo que la muerte envuelve, elabora teorías explicativas acerca de las diferentes concepciones y, por lo tanto, de sus diferentes significados.

Se podría decir, pues, que la muerte tiene un importante significado cultural. Es creadora de diversas representaciones y construcciones mentales. Estas actitudes incluyen ritos, costumbres, ceremonias, pero también son generadoras de miedo y angustia, construyendo lo que podríamos llamar «mecanismos de defensa». De este modo el ser humano, por medio de estas tradiciones, creencias y actitudes, extiende y amplía la vida más allá de la muerte a través de la fiesta de los difuntos, la asignación de calles a los muertos, los intentos de comunicación con ellos, etcétera. Este reflejo de las creencias tiene como principal objetivo mitigar el dolor ante la pérdida de un ser querido.

Hay dos posturas que surgen del análisis que varios autores hacen acerca de la muerte: por un lado, la muerte es asumida como una fatalidad arbitraria, impuesta, y por otro, la muerte tiene una función o utilidad, como la selección natural en el mecanismo de la evolución.

En este sentido, el antropólogo Nigel Barley, en su libro *Bailando sobre la tumba. Encuentros con la muerte* (2000), asegura: «La muerte actúa como una especie de frontera colectiva que delimita y define los dos extremos de la condición humana».

Pero quizá debamos atender al nuevo paradigma que aparece derivado de los casos médicamente inexplicables, donde la muerte toma un significado diferente y ya comienza a no ser considerada el fin de la existencia del ser humano, sino que aparecen muestras de todo lo contrario. Así, el hecho de que a partir del siglo XX se hayan multiplicado los estudios relativos a la supervivencia del alma tras la muerte, o a la trascendencia de la conciencia desde un ámbito científico, nos lleva a considerar que ciertos sucesos o experiencias que nos muestra la casuística siguen estando vigentes en el inconsciente colectivo, y que, aunque son tratados desde la más estricta consideración científica, no son pocos los casos inexplicables que aparecen en contextos puramente médicos.

La muerte como rito de paso

Para comprender mejor el proceso por el que la muerte se convierte en un momento tan importante en tantas culturas, es adecuado recordar el concepto definido por Arnold van Gennep en su libro *The Rites of Passage* (1909), quien denominó «ritos de paso» a las ceremonias que se realizaban en los momentos importantes o de cambio en la vida de las personas.

Siguiendo este concepto, los ritos de paso oficializarían el cambio social de los individuos, uniéndose o alejándose de los grupos, indicando la transición entre estados en la vida. Debido a la implicación pública de algunas situaciones como el nacimiento, la pubertad, el paso del instituto a la universidad, el matrimonio o la muerte, no solo la persona que realiza estos cambios es la implicada en el reconocimiento de esta nueva situación, sino que su entorno también debe formar parte de ellos. La muerte es el último rito de paso, es la transición biológica.

Los neandertales fueron los primeros en ritualizar la muerte colocando los cadáveres en determinadas posiciones, como la fetal o boca abajo, con la cabeza hacia el oeste y los pies hacia el este. En ocasiones eran pintados de color rojo-ocre, y se les dejaba utensilios que habían utilizado en vida. También era común encontrarlos con animales entre las manos o incluso con flores.

Estas formas rituales están envueltas en un gran simbolismo, ya que el color rojo-ocre simbolizaba la sangre. Los colocaban en posición fetal, es decir, la misma que tenían al nacer, y les dejaban utensilios. Este hecho hace pensar que los neandertales ya tenían un pensamiento o creencia acerca del renacimiento en un mundo después de la muerte; por lo tanto, la conciencia de la muerte y la del cadáver, representación mental de la misma, ya existían.

Según Morin (1992), la percepción que el *Homo sapiens* tiene de la muerte es fruto de la acción que se ejerce recíprocamente entre la conciencia objetiva, que muestra la mortalidad del ser humano, y la conciencia subjetiva, que intenta mostrar la trascendencia después de la muerte:

> Los ritos de la muerte dan cuenta de, lavan y exorcizan el trauma provocado por la idea de aniquilamiento. En todas las sociedades de *sapiens* conocidas, las exequias traducen a un mismo tiempo una crisis y su superación, de un lado la aflicción y la angustia, del otro la esperanza y el consuelo.
>
> Todo parece, pues, indicarnos que el *Homo sapiens* siente el problema de la muerte como una catástrofe irremediable que le provocará una ansiedad específica, la angustia o el horror ante la muerte, y que la presencia de la muerte se convierte en un problema vivo, es decir, que modela su vida. Asimismo, parece claro que este hombre no solo rehúsa admitir la muerte, sino que la recusa, la supera y la resuelve a través del mito y de la magia.

En las sociedades contemporáneas el rito se manifiesta de diferentes formas según la religión y la cultura. El luto aparece como una forma de responder ante el hecho de la muerte: con él se manifiestan los sentimientos de pena ante la pérdida de un ser querido. El verbo con el que se alude al luto es «guardar»: se guarda luto en señal de respeto u homenaje. Así como el luto es la expresión manifiesta del dolor, el duelo aparece como el sentimiento interno, íntimo, ante la pérdida.

En los grupos indígenas y en las comunidades rurales, los progenitores enseñan a los niños que la muerte es algo natural en el ciclo de la vida (Caycedo, 2007). Muchos de ellos creen que cuando sobreviene la enfermedad y tras ella la muerte, «los antepasados llaman a la persona a reunirse con ellos». El autor expone:

> Cuando no se conoce de forma exacta la causa de la enfermedad, se pide a los ancianos o a los chamanes que practiquen rituales para encontrar respuestas. Si todo indica que la perso-

> na ha de morir, la familia y toda la aldea se reúnen para orar y ayudar a la persona a prepararse para la muerte. No quedan paralizados por lo desconocido o por el miedo; no dudan de la continuidad de la vida, y eso les da seguridad. Si los signos indican que la causa de la enfermedad es que los dioses o los espíritus están ofendidos, entonces llevan a cabo rituales y acciones para apaciguar a los espíritus.
>
> En circunstancias normales, la familia rodea al enfermo y a la persona que se está muriendo. Rara vez se le deja solo. Se le acaricia, se le hacen masajes, se le canta, se habla con él y se ora. Se muestra la solicitud y el cariño de forma tangible y creativa. En algunas tribus, se da a los pacientes en fase terminal una «manta para su viaje», a fin de que cuando muera, la manta pueda abrigarlos y darles seguridad después de la muerte. Asimismo se les da «comida para el viaje».

Los primeros hombres enterraban a sus muertos con piedras, ramas y tierra; después los sepultaban con sus armas y osamentas. Otras culturas efectuaban la labor funeraria de conservación del cadáver, lo que implicaba la prolongación de la vida (egipcios, sumerios, andinos). Los cristianos acompañan a los muertos (velatorio).

En nuestra época estas prácticas de conservación son equiparables a la cirugía plástica (Baudrillard, 1989), donde el cirujano plástico sería el equivalente al embalsamador egipcio y sus pacientes son como muertos en vida. Como dice el autor, de esta manera la prolongación de la vida se instaura no ya en la muerte, sino en la vida misma. Lo que en la Antigüedad era tan común —la conservación del cadáver, como la momificación— ahora pasa a ser la conservación del ser vivo, del cuerpo, y la muerte queda en un plano en el que se intenta no hablar de ella; se comienza a crear el mutismo en torno a ella. La inmortalidad adquiere nuevos valores y se crean formas de retrasar la muerte con medicamentos antienvejecimiento o la criogenia, eternizándose así la vida o la vuelta a la vida. Pareciera una forma de controlar y gestionar el propio tiempo, no tanto por ser consciente de la propia vida, sino más bien de sobrevivirla y prolongarla.

Hay tres civilizaciones aparentemente distintas y muy semejantes en cuanto al sentido de la muerte y la trascendencia: el Antiguo Egipto, la civilización maya y el budismo.

En el Antiguo Egipto la muerte era muy importante. Sus monumentos funerarios, las pirámides, acogían el cuerpo y el alma del difunto para toda la eternidad, y la momificación de los cadáveres dan buena cuenta de ello. Debido a que los egipcios creían que la otra vida era una copia de la vida en la tierra, intentaban evitar que el cuerpo se descompusiera aplicando procesos de embalsamamiento. Como el cuerpo era la casa o el templo del alma, celebraban ceremonias como «el ritual de ofrendas», conocido posteriormente como la «apertura de la boca», para permitir que el alma regresara al cuerpo.

Al morir el faraón, que era considerado un dios, tenía que seguir el mismo recorrido que el Sol, de quien se le consideraba hijo, adentrarse en el cielo (la diosa Nut) y, protegido por el dios Seth, cruzar el inframundo en una barca para revivir al día siguiente (Salgado, 2015): «Los egipcios antiguos veían en el curso del sol la referencia visible de su propio camino personal, sacando de ahí la esperanza en una supervivencia después de la muerte misma. En este mundo empieza ya el camino que conduce al más allá; la muerte no es un final horroroso». Aunque en un principio este privilegio de vivir para la eternidad era exclusivo del faraón, poco a poco se fue extendiendo a la familia real y a la corte que lo acompañaba para prestarle los servicios necesarios.

También era común que enterraran muchas momias con algún tipo de «literatura funeraria», que consistía en una serie de hechizos e instrucciones para navegar hacia la otra vida. Muchos nobles y algunos egipcios que no tenían parentesco alguno con la realeza comenzaron a acceder a esta literatura funeraria, que más tarde se convirtió en el *Libro egipcio de los muertos*. Por lo tanto, cualquier egipcio que tuviera acceso a este libro poseía los hechizos e instrucciones necesarios para llegar a la otra vida (Salgado, 2015).

Por otra parte, los mayas tenían una concepción del tiempo basada en la repetición de ciclos y entendían la muerte como un cambio de lugar para el alma antes de volver a renacer, y no como el final de algo.

Dado que los mayas tenían un fuerte vínculo con la naturaleza, creían que el cosmos había adoptado forma de árbol; la selva o árbol sagrado es como visualizaban a Ka'a, que era la representación de la tierra y estaba en el nivel medio, y también el Ka'an, que es donde moraban las deidades, y el inframundo, Xibalbá, donde se encuentran los muertos. El día y la noche simbolizaban el camino de las almas en la vida y en la muerte, y se orientaban con los cuatro puntos cardinales tan importantes en la cultura maya. El sol se eleva por las mañanas al oriente y simboliza el nacimiento, mientras que la muerte, que se representaba en el anochecer, ser orientaba hacia el poniente. Pero esta no simbolizaba el final, sino que se concebía como el inicio de un largo camino que las ánimas debían recorrer por el inframundo o las raíces del árbol de la selva.

La creencia de los mayas es que una vez al año las almas regresan unos días a convivir con sus seres queridos. Ellos creen que se pueden comunicar con los vivos a través de los sueños, que es donde se pueden volver a ver, y transmiten mensajes. Durante una semana y algunos hasta un mes, festejan esta comunión entre los vivos y los muertos con ofrendas de comida y bebida. Hacen un altar de madera y colocan en un recipiente agua a la entrada de las casas para que las ánimas se laven las manos antes de pasar, y en otro, ya dentro, también agua para que beban. Y realizan una ofrenda para el día al señor de la muerte, pero no mucha para que no se quede y vaya a visitar las demás casas antes de irse.

El *Popol Vuh,* o libro sagrado de los mayas cuyo título significa «adquirir conocimiento», describe el descenso al inframundo como un camino de pruebas a las que tienen que hacer frente. Deben bajar por unas escaleras muy inclinadas, atravesar ríos rápidos, de sangre y de agua (destrucción, retorno a un estado original y renacimiento), y pasar por unos jícaros espinosos.

En este libro la muerte no es un castigo, sino un autosacrificio necesario del que emerge vida nueva. En Mesoamérica destacan otras obras literarias de contenido escatológico y de origen azteca y tolteca, son el Codex Borgianus y el Codex Borbonicus, así como *El libro maya de los muertos,* que fue reconstruido a partir de textos e imágenes de las vasijas funerarias del Ceramic Codex y muestra gran similitud con las tradiciones religiosas chinas en cuanto al lenguaje y la escritura.

Si en la cultura egipcia se hablaba de la existencia del libro de los muertos y en la cultura maya del *Popol Vuh* y *El libro maya de los muertos,* en la religión budista también existe una obra fundamental: *El libro tibetano de los muertos,* atribuido en el siglo VIII a Padmasambhava, «el nacido del loto», cuya creación es extraña y desconcertante, pues contiene escrituras esenciales y una descripción exacta de quienes han tenido una Experiencia Cercana a la Muerte. Este libro se constituye en una guía para los moribundos, un mapa para el que busca un significado a la vida y a las experiencias en el más allá. Si la cultura tibetana está en lo cierto, entonces este tratado puede responder a las preguntas que el ser humano se ha hecho a lo largo de su existencia.

Según el budismo, al morir volvemos a nacer en otro lugar. Antes del nacimiento hay un periodo a modo de vida intermedia que es conocido como «bardo». Curiosamente los escritos de *El libro tibetano de los muertos* coinciden con las descripciones dadas por aquellos declarados clínicamente muertos en las ECM. Esa obra describe con una precisión sorprendente una luz blanca, brillante y atrayente. El historiador y escritor Mikel Dunham asegura: «El parecido es escalofriante, prácticamente todos hablan de esa luz cegadora que a menudo se describe como una luz blanca [...], es muy seductora, y lo más interesante es que en las ECM sus protagonistas cuentan que quieren dirigirse hacia la luz y que al recobrar el conocimiento entre los médicos de la sala de emergencias se resisten a regresar».

Según explica Bryan Cuevas, profesor de Religión y director de estudios budistas y tibetanos de la Universidad de Florida, «*El libro tibetano de los muertos* contiene técnicas para extraer la conciencia del fallecido y llevarla a un lugar mejor».

El doctor Allan Wallace, presidente del Institute for Consciousness Studies en Santa Bárbara, comenta acerca de este libro: «Quizá no se trate simplemente de sabiduría mítica, sino de un conocimiento real de la naturaleza de la conciencia, quizá exista una continuidad individual de la conciencia más allá de la muerte».

Hay tres etapas en el bardo: en la primera ven una luz blanca y brillante en el momento de la muerte; después de verla, pasan a la segunda etapa de su viaje, el bardo de las deidades pacíficas, que, como apunta *El libro tibetano de los muertos (Bardo thodol)*, pueden ser una trampa, por lo que lo importante es estar centrados; si no la superan, se encuentran con las deidades iracundas. Los tibetanos crean imágenes de demonios espantosos, con horribles colmillos, ojos saltones y armas que los fallecidos ya conocen de las pinturas y pueden reconocerlos. El budismo dice que cuando alguien muere viaja por el más allá durante 49 días, cada etapa supone una prueba y cada prueba determina si la vida siguiente se desarrollará en la tierra, en el cielo o en el infierno. El bardo termina con un encuentro con Yama, la figura más poderosa de todas: es la misma muerte y va amontonando las buenas obras en piedras blancas y las malas en negras. Una vida llena de buenas acciones permitirá un renacimiento positivo, incluso la entrada al mundo de los dioses; una vida de maldad condenará al alma a renacer como animal o a una vida de tortura en el infierno (karma). *El libro tibetano de los muertos* permite escapar del juicio de Yama: si el alma consigue escuchar el canto de los monjes, podrá dejar atrás al señor de la muerte y llegará al tercer bardo o etapa, donde elegirá su propia reencarnación y conocerá a sus futuros padres en el momento de la concepción. El morir termina como había comenzado con el descenso por un túnel oscuro (el útero) hacia una luz blanca (la primera que ve al abrir los ojos) (Guerra, 2014).

Su santidad Sakya Trizin, Gongma Trichen, comenta a propósito del bardo:

> El bardo es un estado intermedio entre esta vida y la siguiente. Antes de comenzar otra vida, uno pasa por el bardo. La mayoría de la gente va allí, pero hay dos casos extremos: aquellos que son muy buenos, que no necesitan ir al bardo, pasan directamente de aquí al cielo, y los que son malos, que van directos al infierno. Sin embargo, la mayoría de la gente va al bardo. Por otro lado, se trata de una experiencia negativa, porque hay mucho miedo. Uno se encuentra completamente perdido y solo, sin amigos, lo pierdes todo. No obstante, también se puede tomar como una gran oportunidad. Dado que no nos encontramos atados al cuerpo físico en su forma mental ordinaria, si somos capaces de recordar las prácticas y a la vez hacemos que surjan pensamientos positivos, es una buena oportunidad para comprobar los resultados.

A propósito de este libro, Mikel Dunham afirma: «Padmasambhava nos enseña en *El libro tibetano de los muertos* que lo deseable es volver en forma humana porque nos permite observar el sufrimiento que padecen otras personas y nos da la oportunidad de ayudarlas después de comprender lo que les atormenta».

Por su parte, el doctor Wallace, valora: «La teoría de la conservación de la conciencia en el budismo es comparable al principio de conservación de la energía».

En referencia a la conciencia, el psicólogo, escritor e investigador de la Universidad de Harvard Ralph Metzner asegura: «La muerte y la reencarnación componen un proceso arquetípico. Un arquetipo es una especie de imagen primordial compartida por toda la humanidad, por eso se escribió *El libro tibetano de los muertos,* para decirnos que la muerte no supone la desaparición, es algo completamente diferente, se trata de una oportunidad de liberación, es una ampliación de la conciencia».

Chamanismo y muerte

Dada la extensa literatura que ha inspirado el chamanismo, se puede asegurar que este se remonta muy atrás en el tiempo y es de carácter universal. Un hecho destacado es que aún en nuestros días se han conservado técnicas y procedimientos chamánicos en aquellas culturas que no han sucumbido al progreso occidental. De esta forma, aún hoy estas prácticas chamánicas sobreviven en África, Asia, Micronesia, Australia, Polinesia, Europa y América del Norte y del Sur.

El chamanismo y la muerte y el morir están estrechamente relacionados. Los antropólogos occidentales llaman al estado visionario que ocurre en la iniciación de los aspirantes a chamanes «enfermedad chamánica» (Grof y Grof, 1992) y se puede traducir en una experiencia de muerte y renacimiento psicoespiritual que constituye una preparación para la muerte real; es decir, es un proceso de aprendizaje en el que el chamán «muere» y «resucita» después, de esta manera se convierte en una persona que puede enfrentarse al mundo. Unas veces estas experiencias son espontáneas y otras son provocadas por sustancias o plantas psicodélicas o cantos, danzas. En una entrevista que realicé al fundador de la psicología transpersonal Stanislav Grof comentó:

> Esa experiencia de la muerte psicoespiritual y la reencarnación es algo que se ha repetido siempre a lo largo de la historia espiritual. Se encuentra solo en las prácticas de iniciación chamá-

> nica. El énfasis es siempre el mismo: muerte-nacimiento. Mueres siendo una chica o un chico y ahora eres un hombre. Esto se encuentra apoyado por el convincente hecho de que los ancianos mueren.

En su libro *El viaje definitivo. La consciencia y el misterio de la muerte* (2006), Stanislav Grof repasa el contenido de las experiencias iniciáticas de los futuros chamanes. El autor cuenta que estos suelen experimentar un viaje al submundo, el lugar de los muertos, un sitio peligroso y terrible donde sufren los feroces ataques de los demonios. Se prevé que el que será chamán podrá curar las enfermedades ocasionadas por los espíritus maléficos que se nutrieron de su cuerpo. Tras esa fatal experiencia de muerte y total aniquilación, el futuro chamán experimenta el renacimiento y asciende al mundo supernatural, en muchas ocasiones ascendiendo por el árbol del mundo, símbolo común en varias culturas como los mayas o los chamanes yakutos de Siberia. Este árbol une los tres mundos (cielo, infierno y paraíso) y está conectado con las aguas que discurren por la naturaleza. Los chamanes experimentan una conexión importante con la naturaleza y los animales, «animales de poder», adoptando figuras reales y/o arquetípicas durante su discurrir por el mundo sobrenatural, como convertirse en pájaros o subir por un arcoíris, por una montaña sagrada, etcétera.

Tras toda esta experiencia, el chamán puede comenzar a diagnosticar y curar enfermedades fruto del conocimiento adquirido en la misma. Grof añade que los chamanes auténticos pueden entrar voluntaria y controladamente en estados holotrópicos «con propósitos concretos como la sanación, percepción extrasensorial y la exploración de dimensiones alternativas a la realidad. Pueden inducir también dichos estados en otros miembros de sus tribus y representar el papel de "psicopompos", en los que proporcionan el apoyo y la guía necesaria para quienes atraviesan los complejos territorios del más allá».

El trabajo de los chamanes es tan importante que el propio Mircea Eliade (1964) asegura que el conocimiento de la muerte y las experiencias asociadas a la misma se debe, en gran medida, a los chamanes.

Debido a que la vida es todo aquello que sucede entre el nacimiento y la muerte, los seres vivos tenemos una capacidad limitada a la hora de entender lo que precede y sucede a este momento que llamamos «vida». Acorde con esta afirmación, Pallestrini (1997) asegura que no conocemos o no recordamos el nacimiento ni la muerte, así que la única información que podemos tener es la que acontece en otras personas, por supuesto sin una «vivencia pura» de ambos fenómenos. Este desconocimiento ha generado el surgimiento de mitos y creencias religiosas basadas en la existencia de un mundo sobrenatural donde las almas viven bajo el dominio o protección de los dioses.

Pero más allá de los mitos y las creencias hay una aspiración que está presente en la naturaleza humana: el deseo de pervivir. «Como todas las conocidas, la especie humana tiene el objetivo prioritario de supervivir. Este objetivo de sobrevivir y el mandato imperativo de intentarlo han estado y están inscritos, de alguna forma, en todos los seres vivos conocidos» (Corral, 2015).

El hombre, a diferencia del resto de los seres vivos, posee conciencia de que tiene que morir, y es el único animal que no se resigna a hacerlo. El impulso más potente que experimenta el ser humano es el deseo de perpetuarse y de persistir indefinidamente. No es un sentimiento secundario, sino un aspecto esencial desde un punto de vista cultural: es el único ser que toma conciencia de que tiene que morir, pero también el único que en manera alguna se resigna a aceptar este destino. Nadie quiere morir, y el anhelo de persistir (vivir eternamente según los trabajos de antropólogos o la promesa de la eterna juventud por los científicos) lo podemos considerar una aspiración universal.

2
Experiencias Cercanas a la Muerte (ECM)

> Merece la pena morir para descubrir lo que es la vida.
>
> T. S. Eliot

Hablar de las ECM supone entrar en un terreno que, aunque muy estudiado en la actualidad, es aún un problema no resuelto para ciertas disciplinas. Es indudable que, sepamos o no el origen *verdadero* de las mismas, se dan en un porcentaje importante de las personas, hospitalizadas o no, y lo que es más interesante es que sienten lo experimentado como lo más real que han vivido, incluso la experiencia consciente de estar vivo. Por esta razón, el sentimiento de trascendencia que se desprende de tales experiencias es un principio del que no debemos apartarnos ni obviar.

El profesor de Psicología de la Universidad del Algarve David G. J. Fontana (2007) sostiene que los estados místicos surgen espontáneamente y no son un acto de voluntad, representan un estado alterado de conciencia casi imposible de transmitir a los demás por medio del lenguaje. Fontana señala que un buen ejemplo de los diversos intentos de hacerlo fue proporcionado por el psiquiatra canadiense Richard Bucke (1901), que utiliza el término «conciencia cósmica» debido a la experiencia que vivió:

> De súbito, sin aviso de tipo alguno, me encontré envuelto en una nube del color de las llamas. Por un momento pensé que había fuego, una inmensa fogata en algún lugar cerca de la ciudad; más tarde pensé que el fuego estaba dentro de mí. Inmediatamente me sobrevino un sentimiento de alegría, de felicidad inmensa acompañada o seguida de una iluminación intelectual imposible de describir. Entre otras cosas, no llegué simplemente a creer, sino que vi que el universo no está compuesto de materia muerta, sino que por el contrario constituye una presencia viva; me hice así consciente de la vida eterna. No era la convicción de que alcanzaría la vida eterna, sino la consciencia de que ya la poseía; vi que todos los seres humanos son inmortales, que el orden cósmico es tal que, sin duda, todas las cosas trabajaban juntas por el bien de todas y cada una de ellas; que el principio básico del mundo, de todos los mundos, es el que llamamos amor; y que la felicidad de cada uno y de todos es, a largo plazo, absolutamente segura.

Sin embargo, según sigue apuntando Fontana, el misticismo no se limita a las personas con creencias religiosas previas, aunque es indudable la esencia de la experiencia religiosa y, tanto para aquellos que eran previamente creyentes como para aquellos que no, la experiencia, tan profunda como la que detalla Bucke, normalmente cambia la vida. De hecho, en muchos casos se informa de que se llega a la convicción de que existe una dimensión a la existencia inimaginada e inimaginable en estados normales de conciencia y que se extiende más allá de los estrechos límites del mundo espaciotemporal.

Por su parte, Stace (1960) identificó, a través de las repetidas tradiciones, referencias de cosas tales como la experiencia de la unidad, el sentido de estar fuera del tiempo y en el espacio, un sentido de lo sagrado, sentimientos de alegría y felicidad, una unidad que es a la vez vacía pero llena y completa, y la conciencia de una realidad eterna última.

Hay tres categorías para justificar la creencia en la supervivencia: la filosófica, la místico-religiosa y la científica.

Desde la filosofía se proponen argumentos para la supervivencia después de la muerte corporal (Carrington y Hereward, 2013):

- El **argumento ontológico** basa la inmortalidad en la inmaterialidad e irreductibilidad de la sustancia anímica.
- El **argumento teológico**: hay una disposición a liberarse de las condiciones espaciotemporales y a desarrollar completamente sus potencialidades intelectuales y morales (imposible en la vida terrestre).
- El **argumento ético**, o exigencia moral de una equivalencia que no puede encontrarse en la vida.
- El **argumento histórico**, pues la creencia es antigua y esparcida, lo que demuestra que se encuentra asentada en la naturaleza humana.

Desde el misticismo y la creencia religiosa se ha transmitido una ilusión por la trascendencia de la consciencia basada en las experiencias personales y subjetivas de los místicos, donde el miedo a la muerte desaparece en favor de la convicción de la existencia del más allá.

En cuanto a la ciencia, los resultados de los estudios que sin cesar se están publicando comienzan a hacer que se tambaleen los antiguos paradigmas, pues incorporan nuevos datos acerca de la supervivencia de la consciencia. Así, emergen nuevas preguntas como ¿dónde acaba la vida?, o si, a la luz de los nuevos datos científicos, podemos llamar «estar muerto» a ese estado (ya cada vez más admitido en ciertos sectores de la ciencia) de supervivencia o trascendencia de la consciencia, a pesar de que el cuerpo carezca de signos vitales compatibles con la vida.

Un aspecto temporal que llama la atención es el número de ECM, que ha aumentado significativamente en las últimas décadas. Ello es debido a los avances en las técnicas de desfibrilación y reanimación cardiopulmonar (RCP). Esto ha hecho que sea posible realizar estudios prospectivos en los hospitales, en un intento de correlacionar las causas psicológicas, fisiológicas y farmacológicas de la ECM.

Las ECM pueden ser de dos tipos: las Experiencias de Muerte Temporal (EMT), de las cuales hablaremos en este capítulo, y las Experiencias al Final de la Vida (EFV), aunque generalmente se habla de ECM para referirse a las EMT.

Experiencias de Muerte Temporal (EMT)

> Por supuesto que no mueres. Nadie muere. La muerte no existe. Solo se llega a un nuevo nivel de visión, un nuevo reino de la conciencia, un nuevo mundo desconocido.
>
> HENRY MILLER

Es muy común haber escuchado alguna vez que, en todas las épocas de la historia y en todas las sociedades y culturas, ha habido relatos de personas que, después de sufrir un acontecimiento en el que corría peligro su vida, comentan haber tenido una experiencia extraordinaria, jamás antes vivida. Este fenómeno que hoy llamamos «Experiencia Cercana a la Muerte» (ECM) se ha conocido como «iluminación», «visiones», «experiencias místicas», etcétera. En la Antigüedad, como viajes al inframundo (Van Lommel, 2012).

Desde un punto de vista antropológico, las ECM son un rito de paso, un estado temporal, no una característica general del carácter. Tienen un antes y un después. Los cambios que experimentan muchas personas tras vivir una ECM así lo evidencian.

Una visión interesante es aquella que indica que las ECM se parecen sorprendentemente al monomito del viaje de *El héroe de las mil caras* que el antropólogo Joseph Campbell (1949) describió a finales de los años cuarenta; reproducen la estructura de abandono de lo cotidiano, encuentro con lo fantástico y transformación; y este mito define el modelo básico de muchos relatos épicos de todo el mundo:

> El héroe se lanza a la aventura desde su mundo cotidiano a regiones de maravillas sobrenaturales; el héroe tropieza con fuerzas fabulosas y acaba obteniendo una victoria decisiva; el héroe regresa de esta misteriosa aventura con el poder de otorgar favores a sus semejantes. [...] Ya sea el héroe ridículo o sublime, griego o bárbaro, gentil o judío, su aventura varía poco en cuanto al plan esencial.

Aquellas personas que han tenido una ECM, bien sea una EMT, una VLM o una EMC, están absolutamente convencidas de la realidad de tales hechos. Incluso si hasta ese mismo momento eran defensoras de dar una explicación más física o médica a los acontecimientos. El resto de las personas o bien son reacias a creerlas o tratan de darles una explicación, a veces motivadas por el temor a que lo que saben, y por ende, en la mayoría de los casos, conocen, puede derrumbarse por no poderse adaptar el sistema de creencias que su mente ha aceptado como legítimas y seguras para la supervivencia psicológica y emocional. Pero quienes se atreven a investigar estas experiencias terminan convenciéndose, en muchos casos, de que algo poco explicable hay en ellas. Otras personas, por el contrario, quieren creer en su veracidad quizá motivadas por la angustia que les genera el pensar que la vida en ocasiones parece tan injusta que, solo a través de la creencia en una vida más allá de la que conocen, podría tener sentido esta.

El caso es que estos *experimentadores,* por llamarlos de un modo que se ajuste a la experiencia vivida, están totalmente seguros de lo que han vivido y, en muchos casos, poco les importa el menosprecio que otras personas hacen de este tipo de relatos o las explicaciones que puedan dar, porque para ellos es tan real que nada puede disminuir la huella que las experiencias les dejan.

Y es que las ECM han sido muy controvertidas, especialmente en los últimos años, cuando se ha querido dar múltiples explicaciones amparadas en investigaciones científicas que, en muchos casos, no han demostrado rotundamente el hecho de ser producto de una suerte de respuestas químicas que se producen en el momento de la muerte o en circunstancias muy próximas. Pero las ECM acontecen en situaciones muy diversas y no siempre la vida de las personas está en peligro.

El doctor Jeffrey Long apunta: «No existe nada aún viable que los escépticos hayan mostrado para explicar una ECM

[...]. Para muchos científicos y físicos, el hecho de que tengamos la conciencia separada del cuerpo físico, que somos seres infinitos, que no morimos realmente, que hay una maravillosa vida después de morir para todos, es muy radical».

Por lo tanto, y dada la especial naturaleza del objeto de estudio que estamos tratando, hay que ser cauto y paciente, y tener en cuenta que, como bien apuntaba Goethe: «Cuando en las ciencias alguien sugiere algo nuevo [...], las gentes se oponen con todas sus fuerzas; se habla con desprecio de la nueva opinión como si no valiera la pena considerarla o estudiarla, y por eso una nueva verdad necesita esperar largo tiempo hasta que puede abrirse camino».

Las muchas investigaciones que se han sucedido a lo largo de los años, especialmente a partir de la primera publicación del doctor Raymond Moody, están ayudando a que se abra ese camino del que hablaba Goethe, sobre todo con las extraordinarias revelaciones que estos estudios están aportando tanto a la ciencia como al saber popular.

Definición de ECM

Establecer una definición de las ECM es cada día más complejo debido a los continuos avances y conocimientos que vamos adquiriendo sobre ellas, pero sus elementos comunes han facilitado que la denominación Experiencias Cercanas a la Muerte perdure y se traduzca literalmente a todos los idiomas.

No obstante, y debido a la falta de un marco referencial sobre estas experiencias debido a su naturaleza subjetiva, la denominación e interpretación vienen determinadas por factores culturales, individuales y religiosos.

Moody (1977) fue quien definió el término de ECM como «cualquier experiencia perceptual consciente que tenga lugar en una situación de proximidad a la muerte». Esta cercanía a la muerte es descrita como «un acontecimiento en que una persona podría fácilmente morir o ser muerta, llegando incluso a creérsela o a considerársela como clínicamente muerta, pero de la que sobrevive, continuando su vida física». Moody clasifica estas situaciones de casi muerte en las siguientes categorías:

- El sujeto cree que va a morir, pero sale ileso del trance.
- El sujeto se encuentra en estado grave y desahuciado por los médicos, pero sin llegar a producirse una muerte clínica, y logra recobrarse.
- Muerte clínica a la que el sujeto sobrevive por reanimación sin que se haya dictaminado fallecimiento.
- Muerte clínica en la que en un primer momento las técnicas de reanimación no funcionan, se dictamina fallecimiento, pero luego se reintenta la reanimación y en este caso sí funciona.
- Muerte clínica en la que ni siquiera se realizan técnicas de reanimación, se dictamina fallecimiento, aunque luego se aplica reanimación y esta surte efecto.
- Muerte clínica a la cual el sujeto sobrevive sin que intervengan técnicas de reanimación.

El catedrático de Psiquiatría y Ciencias Neuroconductuales Bruce Greyson define las ECM como «eventos subjetivos profundos frecuentemente reportados por individuos que han estado cerca de la muerte». Asimismo, apunta: «Las experiencias cercanas a la muerte son sucesos psicológicos de gran calado con elementos místicos y trascendentes que acontecen habitualmente a individuos próximos a la muerte o en situaciones de intenso peligro físico o emocional».

En 1982 Michael B. Sabom, cardiólogo y profesor de Medicina en la Universidad Emory de Atlanta, publicó el libro *Recollections of Death,* donde determina las ECM basándose en dos conceptos:

- Inconsciencia, entendida como «cualquier periodo específico de tiempo durante el cual la persona pierde toda conciencia subjetiva del entorno y de sí mismo».
- Y casimuerte física, en el sentido de «cualquier estado corporal resultado de una catástrofe fisiológica extrema, accidental o no, del que razonablemente sería de esperar que acabase, en la mayoría de los casos, en una muerte biológica irreversible, y que demanda una atención médica urgente».

De este modo, define una ECM como «cualquier enfermedad o episodio en el que el paciente haya estado inconsciente y físicamente cerca de la muerte»; o «como cualquier estado corporal causa de inconsciencia física y del que razonablemente sería de esperar que terminara en una muerte biológica irreversible a no ser que fuera dada una atención médica urgente»; o también «la situación crítica de casi muerte como cualquier episodio de inconsciencia asociado con la casi muerte física».

Según David Lorimer (1989), escritor, profesor y director de *Scientific and Medical Network:* «La experiencia cercana a la muerte puede ser definida como la secuencia de experiencia consciente que continúa a pesar del hecho de que el sujeto no enseñe signos externos de vida en términos de resistencia de la piel, respiración, latidos cardiacos y, ocasionalmente, un electrocardiograma plano».

Para Scott Rogo, escritor, periodista e investigador, la denominación de ECM:

> ... solo se utilizará para describir aquellas experiencias que cumplan dos criterios básicos:
>
> a. El testigo debe estar o bien cerca de la muerte física, amenazado por la muerte o percibirse en un peligro semejante.
> b. La persona debe tener o bien una experiencia extracorpórea durante algún momento del episodio, o sus observaciones deben dar a entender que está funcionando en semejante estad.

El autor describe una experiencia extracorpórea como «la sensación de dejar el cuerpo y funcionar de pronto fuera de él», o «entrar en un lugar físico, pero trascendental, evidentemente separado del mundo normal».

Por su parte, el sociólogo Allan Kellehear (1996) desarrolla una caracterización de la ECM como «estatus social». Considera que la ECM clínica (una clasificación de tipo médico o psicológico que excluye los aspectos sociales de las ECM) no deja de ser un tipo de experiencia semejante a las de los accidentes, y por lo tanto se debería mostrar como ellos. Este autor muestra tres características de orden social en las ECM: un alejamiento súbito del grupo social, una etapa de cambio determinado por preocupación ante la muerte y la vuelta inminente al grupo social.

Estas tres características se pueden considerar como un «cambio de estatus» (*status passage*), una transición desde una parte del sistema social a otra, como la madurez, el matrimonio, el avance profesional, etcétera.

La filósofa de la religión Gracia Fay Ellwood las entiende de este modo:

> Una ECM es un evento en el cual una persona está amenazada de muerte inminente, o percibe algo como tal amenaza, o está clínicamente muerta; bastante abruptamente entra en un estado alterado de conciencia, y finalmente retorna (relativamente) a la conciencia normal cuando ella o él reviven o la amenaza se aleja.

Patricia Atwater, una de las principales investigadoras de las ECM, afirma: «La Experiencia Cercana a la Muerte es un intenso estado de conciencia, una sensación o una experiencia de "ultramundanidad", agradable o desagradable, que le ocurre a la gente que se encuentra al borde de la muerte».

Otra definición es la que proporciona el radioncólogo norteamericano Jeffrey Long (Long y Perry, 2011), como «hechos que ocurren cuando una persona está tan próxima a morir que incluso, en algunos casos, se les ha certificado la muerte al no detectarse latidos cardiacos, respiración, estar inconscientes y tener electroencefalograma plano». En la entrevista que le hice en 2013 me dijo: «Siguiendo mi propio criterio de investigación, defino una ECM como el mismo nombre indica. Uno se encuentra cerca de la muerte, como señalan otras investigaciones "casi muerto" [...]. La cuestión es que no hay aún una definición aceptada de las ECM».

En esta línea, la profesora de *counseling* en la Universidad de North Texas, en Denton, editora de *Journal of Near-Death Studies* y expresidenta de la International Association of Near-Death Studies (IANDS) Janice Holden (2009) escribe:

«Las Experiencias Cercanas a la Muerte son recuerdos documentados de experiencias psicológicas extremas que con frecuencia incluyen elementos "paranormales", trascendentales y místicos, y que ocurren durante un estado especial de la conciencia surgido en un periodo de muerte (real o inminente) física, psicológica, emocional o espiritual. Dichas experiencias, por lo común, van seguidas de efectos secundarios».

Otra definición viene dada por el cardiólogo holandés Pim van Lommel (2012): «Una ECM es un estado especial de conciencia que se produce durante un lapso, inminente o real, de muerte física, psicológica o emocional».

Por lo tanto, esta denominación se aplica a aquellas experiencias sumamente personales relacionadas con la muerte inminente que comprenden varios elementos, sensaciones y experiencias posibles, como la separación del cuerpo, la serenidad y paz, la experiencia de la disolución absoluta, la presencia de una luz y un túnel, entre otros. Muchos testimonios de ECM, sin embargo, acontecen sin que haya peligro físico ni psicológico para la vida de quien la experimenta, como bien apunta Van Lommel.

Según la IANDS:

> Una experiencia cercana a la muerte es un profundo suceso psicológico que puede ocurrir a una persona cercana a la muerte o, si no está cerca de la muerte, en una situación de crisis física o emocional. Debido a que incluye elementos místicos y trascendentales, una ECM es un poderoso caso de conciencia; no es una enfermedad mental.

Como vemos, se refieren como algo nunca antes experimentado, que tiene como características principales que se dan cuando hay una conciencia clara, que son más reales que el estado de vigilia que conocemos, son coherentes, no son sueños ni alucinaciones y no se relacionan con fármacos.

Me parece necesario analizar los aspectos comunes que todas ellas poseen, en aras de ofrecer una síntesis abarcando todos sus aspectos, de forma que se pueda aprehender desde un punto de vista más holístico.

En primer lugar, a la luz de las definiciones de los diferentes investigadores, podemos apreciar dos aspectos esenciales sin los que no podría considerarse la existencia de la ECM: la propia experiencia y el hecho de estar cercano a la muerte. Veamos estos aspectos con algo más de detenimiento.

En cuanto al término «experiencia», uno de los inconvenientes que he encontrado con algunas de las personas a las que he entrevistado o con quienes sencillamente he conversado sobre el tema, es que la denominación ECM era entendido de forma muy genérica, es decir, su definición no albergaba la especificidad y el carácter «extra-ordinario» de la experiencia, sino que era entendida por un lado como la propia ECM y por otro como cualquier tipo de experiencia en la que la persona estuviera próxima a la muerte, bien por las condiciones físicas en las que se pudiera encontrar, es decir, estar bajo una especie de desafío por la supervivencia (al borde de un precipicio, viajando en moto a gran velocidad...), o bien una experiencia vital, como haber salido ileso de un accidente o recuperarse de una enfermedad terminal.

En este sentido, la denominación ECM se quedaba corta o incompleta en la práctica investigadora diaria, salvo con aquellas personas que poseían cierto conocimiento previo. Por lo tanto, y como apuntaba Greyson (1997), la investigación de las ECM es la que se realiza sobre ciertas experiencias que se dan bajo unas circunstancias y características específicas, y no en todas las circunstancias en las que una persona está próxima a la muerte. Y esto es así porque a estas últimas experiencias se las relaciona con la supervivencia física, es decir, con el hecho de estar vivo, no se cuestiona nada más allá de lo puramente físico, mientras que las ECM son experiencias vinculadas a la cuestión de la trascendencia de la consciencia o a la supervivencia de lo que los cristianos han llamado «alma», los budistas «atman» y los egipcios «ba».

En cuanto al segundo aspecto, creo que es importante separar ambos términos y comentar el estado de cercanía y por último el de la muerte.

Por lo tanto, podemos inferir que las investigaciones propias de las ECM deberían ser aquellas que se centran en las experiencias vitales y objetivas, aunque también esto tiene sus matices. El problema es que se han reportado ECM de personas cuya vida no corre peligro objetivamente hablando; por lo tanto, la cuestión está en que, si se dan esas experiencias, tanto objetivas como no vitales, cabe preguntarse dónde estaría el límite de inclusión para que sean ECM. Quizá este no debería ser el criterio por el que se midiera la inclusión o no; más bien, y a tenor de que en las diferentes investigaciones se han tenido en cuenta todos los criterios posibles, lo que sería recomendable es objetivar la experiencia y diferenciar claramente el origen de la misma.

Como ejemplo de ECM inserto un testimonio que recibí de un amigo estadounidense el 22 de octubre de 2011, tras conocer el objeto de estudio de mi investigación. Desgraciadamente, dos años después un tumor cerebral lo alejó de este mundo. Este testimonio podría ilustrarnos más y mejor acerca de lo que nos acontece tras el túnel, como ambos creían:

Escucha, tengo una gran historia para tu tesis.

Nací en el año 1946, un año después del final de la Segunda Guerra Mundial. Mi madre tenía diecinueve años e iba a dar a luz a un niño, yo, en una pequeña clínica de Luisiana provista de unos medios e instalaciones bastante humildes. Se puso de parto, pero algo no iba bien, yo estaba atascado en el canal del parto y no avanzaba para salir. El doctor y las enfermeras pensaban que finalmente lo lograría, pero no fue así. Después de casi cincuenta horas de parto mi madre murió. Murió en la mesa de parto. Sin aliento, exhausta, su corazón se paró. MUERTA.

Al darse cuenta de que mi vida estaba en peligro, el doctor cortó una gran X en el abdomen de mi madre para sacarme tan pronto como fuera posible. Cuando me sacó, había estado tanto tiempo en el canal de parto que mi cabeza tenía la forma de una salchicha gruesa. El doctor y las enfermeras pensaron que tendría un daño irreparable en el cerebro y que me quedaría como un vegetal si es que sobrevivía. Consiguieron que comenzara a respirar, pero se dieron cuenta de que tenían una situación muy complicada a la que enfrentarse.

Mi padre y su hermana, mi tía Sara, también enfermera, estaban fuera en la sala de espera. El médico fue hacia ellos y se dirigió a mi padre, que en ese momento tenía veinticinco años (era un veterano de la Segunda Guerra Mundial que había combatido en las selvas birmanas). El doctor le dijo que sentía decirle que su esposa había muerto y que su hijo iba a quedar como un vegetal si lo dejaban vivir. Prosiguió: «Debería autorizarnos a dejarlo morir y así usted poder comenzar una nueva vida». (En aquellos años los doctores siempre dejaban morir a los niños con graves deformidades).

Tanto mi padre como su hermana, gran amiga de mi madre por aquel entonces, quedaron en tal estado de shock que no sabían qué decir. Entonces, de repente, apareció una enfermera diciendo: «¡Ha vuelto a la vida, ha regresado a la vida!».

Todos ellos entraron en la sala donde mi madre permanecía tendida con el abdomen desgarrado y yo con la cabeza terriblemente deforme. Rápidamente las enfermeras prepararon el instrumental y activaron el resto del protocolo para comenzar el proceso de reconstrucción del abdomen de mi madre. Mi tía Sara convenció a todos (doctores y enfermeras) de que, si mi madre vivía, querría a su hijo a pesar de que pudiera tener esos graves problemas cerebrales.

Cosieron a mi madre lo mejor que pudieron, teniendo en cuenta el considerable tamaño de los cortes en el abdomen, y mi tía me llevó a casa para tratar de reducir la deformidad de mi cabeza. Esto lo hizo sirviéndose de las técnicas que las mujeres negras aplicaban en estos casos. Utilizó aceite de coco, con el que frotó, acarició y presionó mi cabeza durante varios días, hasta que logró que esta pareciera la de un bebé que no hubiera sufrido ningún problema.

Mientras tanto, mi madre no se despertó hasta pasados tres días, y cuando lo hizo estaba claro que había perdido algunas facultades que recuperó pasado un tiempo. A los pocos meses se hizo efectiva esa recuperación de todas sus facultades y sentidos, excepto el gusto. Nunca pudo recuperar ese sentido debido a esos minutos en los que no llegó oxígeno a su cerebro. Pero por lo demás, se recuperó totalmente y siguió siendo la mujer inteligente de siempre. Respecto a mí, a las seis semanas después del parto ya me encontraba totalmente recuperado.

Esta es la parte que te gustará. Recuerda que hablamos de 1946, cuando aún nadie había oído hablar de las Experiencias Cercanas a la Muerte. Nadie alrededor de nosotros sabía nada de personas que tras fallecer hubieran vuelto a la vida. Pero mi madre contó una gran historia sobre esto. Ella dijo que se encontraba en un túnel blanco en el que en el otro extremo había un lugar maravilloso en el que le estaba esperando su padre, fallecido hacía ocho años, cuando ella tenía solo once. Acontecimiento que para ella había sido terrible y trágico. Pero allí estaba él con un aspecto fenomenal, vistiendo su traje de los domingos.

Ella estaba taaan contenta de verle que tuvo la imperiosa necesidad de simplemente correr hacia delante y saltar entre sus brazos para darle un gran abrazo. Pero a medida que ese impulso le invadía, también era más consciente de que era su padre quien estaba ahí y que podría abrazarle solo con avanzar un poco más, por lo que otro impulso la hizo pensar que, si lo hacía, en el momento que lo tocara no podría regresar nunca. Y lo más importante, ella ya sabía lo que sería volver allí si regresaba.

Así que su padre se quedó allí enfrente de ella, levantó su brazo y le ofreció una mano al mismo tiempo que la llamaba. La llamó Zosa, la abreviatura cariñosa de «perezosa», el apodo que le habían puesto cuando era una pequeña niña regordeta que hacía las cosas con lentitud. Así que dijo: «Hola, Zosa, he venido a por ti». Mi madre miró su mano y luego a él y le dijo: «¡Oh papi, es taaan maravilloso verte! Pero... ahora tengo un hijo y sinceramente me encantaría criarlo si pudiera».

Mi madre siempre ha sido una fanática de los niños, los ama y le encanta ayudarles. Ha sido una gran madre, abuela y ahora bisabuela. De alguna manera ella sabía que tenía un hijo, cuando en realidad no debería saberlo a menos que, aunque fallecida, hubiera escuchado al médico y enfermeras decir que yo era un niño cuando me sacaron de su cuerpo. En cualquier caso, ella lo sabía y le preguntó si podía «volver» para criarme.

Su padre permaneció allí de pie un momento valorando lo que había escuchado, entonces bajó el brazo, le sonrió y dijo:

«Seguro, Zosa, puedes regresar con tu hijo. Vendré a por ti en otro momento». Ella dijo que, de repente y como algo mágico, se empezó a mover de nuevo en el túnel de luz, a la vez que todo lo que estaba delante de ella se desvanecía, y simultáneamente mi madre ¡volvió a la vida!

Ahora recuerda, esto fue en 1946, hace ya mucho tiempo. Mi madre tiene actualmente ochenta y tres años y goza de un buen estado de salud para su avanzada edad. Mi padre murió hace cuatro años, y yo estoy aquí con sesenta y cinco años y sin, por supuesto, haberme convertido en un vegetal.

Debo añadir que mi madre tuvo cuatro hijos más, uno de los cuales murió siendo todavía un niño. Debido a la manera en la que tuvieron que sacarme de su cuerpo cuando nací, en cada embarazo ella debía permanecer de espaldas en la cama durante prácticamente los nueve meses de gestación (desgraciadamente tuvo tres abortos antes de que descubrieran que debía permanecer en cama durante el embarazo). Así que te puedes hacer una idea de cuánto quería y deseaba tener niños. Mis hermanos y yo fuimos muy muy afortunados por tenerla a ella como madre. Sin duda una mujer muy especial...

Ah, por cierto, mi madre estuvo a las puertas de la muerte en otras cuatro ocasiones. Ocasiones en las que estábamos seguros de que la perderíamos, pero en las que volvía a luchar con fuerza y salía adelante. También es cierto que en ninguna de estas ocasiones «falleció» como aquella primera vez. Debo resaltar que mi madre ha sido durante toda su vida una gran ayuda y consuelo para sus conocidos que estaban en el lecho de muerte. Se les acercaba y les contaba el episodio de su «muerte» asegurándoles que había «algo mejor al otro lado». Así es como mi madre ha ayudado a muchas personas a morir de una manera mucho mejor de lo que pensaban, evitándoles muchos temores y preocupaciones, incluido mi padre.

> Hasta ahora no había escrito esta historia con tanto detalle, pero me imaginé que, ya que estabas realizando tu tesis sobre el tema, podrías encontrar utilidad a todo lo que te he contado. ¡Y así lo espero!
>
> Testimonio L. P.

Un mensaje de su sobrina el 10 de diciembre de 2013 dice lo siguiente: «L. P. passed away at approximately 6.15 p. m. L. was surrounded by family and died in his mother's arms». (L. P. falleció aproximadamente a las 6.15 p. m. L. estaba rodeado de familia y murió en los brazos de su madre).

Contextos en los que puede ocurrir una ECM

Las investigaciones están dando un porcentaje de incidencias de aparición de las ECM que ronda entre el 10 y el 20 por ciento. Hay muchas cosas que aún no tienen respuesta, como por ejemplo por qué ocurren a unas personas y a otras no en estado similares. Es importante conocer que no solamente se da en ingreso hospitalario, pero es más fácil llegar a conocer a sus protagonistas en un medio controlado y cuando la experiencia acaba de ocurrir; además, se pueden controlar más y mejor los efectos farmacológicos y psicológicos que acompañan al paciente para evaluar si es una ECM o si lo que se relata es otro hecho.

El doctor Jeffrey Long afirma:

> Hay personas que durante su ECM preguntan a quienes se encuentran con ellos por qué motivo están pasando por esa experiencia. Una respuesta a esa pregunta tuvo lugar en una ECM

> donde uno de los seres espirituales que pueden aparecer le explican: «Se trata de algo por lo que tú necesitas pasar para tu crecimiento espiritual». Por ello, quizá quienes tienen esa ECM es porque es importante para ellos tenerla, y aquellos que no la tienen es porque es importante que no la tengan.

El doctor Van Lommel (2012) afirma que las ECM no tienen solamente una base de peligro ni están provocadas por un solo estado físico concreto, sino que las causas son múltiples y no es necesario que haya un peligro inminente para el paciente ni físico ni psicológico; además, se da en todas las religiones, culturas, épocas, nivel socioeconómico y educativo. El autor plantea dos circunstancias que pueden inducir una ECM (seguiré las situaciones que marca el doctor Van Lommel para enriquecer algunas de ellas con los testimonios que he recopilado):

A) Función cerebral (gravemente) deteriorada:

a. Parada cardiorrespiratoria en pacientes que han sufrido un infarto de miocardio o una arritmia grave.

> Paciente: Yo me desmayo y está la gente alrededor llamándome, pero yo estoy en otro sitio. Veo a otras personas, sé que me están hablando, entonces no sé si al estar yo en otro sitio, esas personas, las que me están hablando, yo las... asemejo a que están conmigo, en el sitio donde yo estoy, no sé si me entiendes lo que quiero decir.
>
> Entrevistador: Esas personas de las que hablas, ¿las veías o sentías que estaban a tu lado?
>
> P: Es que es una cosa rara, porque cuando me desmayo, no me entero de nada, pero de repente, como hay gente alrededor

que me está llamando, que me está reclamando que me despierte, oigo voces y es como si me fuera a otro sitio y estoy con esas personas, pero no sé si son unas personas..., esas personas me están reclamando «M. J., M. J., despierta, que estamos aquí». No sé si son esas personas que, al estar inconsciente, al estar en otro sitio, me están hablando. Algunas veces sí, algunas veces cuando he estado así, a lo mejor me ha parecido ver a alguien conocido y estar hablando, pero como enseguida me han vuelto en sí, pues es muy poco tiempo, no es que yo diga «Bueno, tengo un episodio y estoy ahí hablando y conversando», no, era que me quedo «durmiendo» enseguida y hay gente que me está trasteando: «Vuelve en sí, vuelve en sí, que te estamos aquí, venga, vuelve», y yo quiero volver pero al mismo tiempo estoy en otro sitio y tengo la imagen de esas personas que me están hablando. No sé si los que están al lado mío son las voces que yo estoy escuchando, y claro, yo estoy en otro sitio, entonces cuando vuelvo digo: «¿Dónde estoy?», porque me veo en otro sitio, a lo mejor me he visto en un parque o a lo mejor me he visto en la playa. Muchas veces han intentado que abra los ojos, pero estoy... allá, en un descanso de allá, ¡que no estoy sufriendo! Sino que estoy...

E: ¿Cuál es tu sensación cuando estás en ese otro sitio?

P: Sí, de tranquilidad, como tú te quedas dormida y estás soñando cosas agradables, pero como es tan poco tiempo porque no me dejan, «¡Hala, expláyate en tu sueño!», no, enseguida me vuelven en sí, intentan traquetearme y hacerme cosas y tocarme y entonces yo vuelvo y digo: «¿Dónde estoy?, ¿qué ha pasado?».

b. Coma causado por traumatismo cerebral tras un accidente de tráfico o hemorragia cerebral.
c. Coma causado por ahogamiento, especialmente en niños.

d. Coma causado por diabetes, asfixia o apnea.
e. Como causado por un intento de suicidio o una intoxicación.

P: Llegué al hospital con una reacción en los ojos por el producto que estuvimos fumigando y entonces me lavaron los ojos y al ponerme una medicación, que era fuerte, entonces me iban a hacer un electro y después de hacerme el electro se pusieron a pincharme una vía y me dio un dolor muy fuerte en el estómago y perdí la consciencia, y recuerdo ya «como al final del sueño» que estaba como ahogándome como en el fondo del mar o como en un ataúd, algo así, como si estuviera atrapado. La sensación era como que estaba llamando, gritando, pero no me oían, como si estuviera mudo.

B) Inconsciencia causada por shock (baja presión arterial) como resultado de:

a. Grave pérdida de sangre durante o tras el parto, o durante la perioperatoria.

Fue al dar a luz a mi segundo hijo, después del parto, me dio una hemorragia interna, mi hijo nació grande y me dijo el ginecólogo que me iba rompiendo vasos al salir, no muchos, pero rompió alguno muy importante, y entonces me dio una hemorragia interna muy fuerte, y al darme la hemorragia empezaron a darme dolores muy fuertes muy fuertes, y me decían que eran los entuertos y ya cuando me encontraba muy mal le dije a mi marido y a mi hermana: «No me están dando entuertos, me estoy muriendo». [...] Yo di a luz en el hospital La Vega y enfrente de la cama tenía un cuadro, y yo empecé a no ver el cuadro, y una vez que el cuadro empezó a borrárseme de la vista, fue cuando dije: «Me estoy muriendo». Y cuando le dije eso a mi hermana, ella se asustó y llamó a la enfermera, y ella al médico, y el ginecólogo llegó bien enfadado: «¿Qué es lo que pasa?», «Que me estoy muriendo, don F.». Cuando se lo dije me destapó y vio que era interna, pero los hematomas se me estaban haciendo hasta los muslos. Estando el médico ahí fue cuando ya perdí la noción de todo, ya no los veía a ninguno, ni los oía, y empecé a ver una luz [se emociona al recordarlo], luego yo lo contaba..., a mi marido se lo contaba, y me decía: «Eso es que tú te encontrabas mal...». O sea, como que no me daban crédito a lo que estaba diciendo. Pero yo veía una luz entre blanca y amarillenta, no era una luz blanca, pero muy luminosa, y notaba que yo iba en esa luz, flotando, pero ni veía mi cuerpo fuera ni dentro, solamente yo, mi ser, se encontraba dentro de esa luz y yo iba muy serena, muy tranquila, muy relajada, y si no llego a volver de esa luz pues me quedo tan a gusto, porque estaba bien. Lo que pasa es que no sé el tiempo que pasó de una cosa a la otra y enseguida ya empecé a oír al médico llamarme, a darme golpes en la cara: «Espabila, venga, ¿qué pasa?, ¿qué pasa?». Entonces empecé a recobrar el conocimiento y ya empecé otra vez a volver a ver el cuadro, el cuadro eran unas flores.

Tuve complicaciones en el parto, me operaron y antes de despertarme me veía a mí misma como si fuera un globo rosa que formaba parte de otros globos rosas que había. Cuando me pedían que sacara la lengua, sentía que me elevaba, y me desperté poco a poco. El lugar donde se encontraban los globos era un sitio blanco, sin paredes y tranquilo.

b. Reacción alérgica.

P: Soy alérgica al polen y a las gramíneas, estaba en el campo, tenía un perro en el patio, entonces al limpiar mezclaba lo indecible, no había tenido nunca ningún problema, pero como aquel día estaba ya constipada, me encontraba mal y entonces... tuve una parada respiratoria.

E: ¿Cuánto tiempo duró?

P: No te lo puedo decir exactamente, pero lo que sí te puedo decir es que a mi hermano le dijeron que no sabían cómo iba a reaccionar por el tiempo que había pasado.

E: ¿Por si podía haber secuelas?

P: Claro, exactamente por las secuelas que podía tener. [...]

E: ¿Cómo fue tu experiencia?

P: Pues fue que de pronto, al no poder respirar, iba viendo que no tenía fuerzas, no podía respirar, tenía angustias, la ansiedad que te crea el miedo de no poder respirar, pero ya llegó un momento que..., aunque llegó el médico y me puso un poco de oxígeno, ya llega un momento en que tú te relajas, por lo menos a mí me pasó, tú te relajas y dices: «Mira, sea lo que Dios quiera», se te nubla la vista, se te pone todo negro, pero hubo un momento en que vi, no la luz esa que cuentan en los libros [...], yo no la llegué a ver, pero dentro de la oscuridad había una paz y una tranquilidad que en ese momento no me hubiera importado seguir en ese estado.

E: Pero ¿ahí tenías pérdida de conciencia?

P: En ese momento sí, cuando entré en ese estado sí, o sea, lo pierdes todo.

E: ¿No eras consciente de lo que ocurría alrededor?

P: No, no, sí al principio veía a mi hija correr para un lado, para el otro, llamarla por teléfono, pero llegó un momento en que vi a mis vecinos y ya está. Después ya no me acuerdo. A partir de ahí es cuando te entra una relajación de decir, estoy tranquila, estoy bien aquí, y no me importaría seguir en este estado. Ya te digo, tuve la parada respiratoria, a mi hermano le dijeron que no sabían cómo iba a reaccionar, que dependía de la fuerza que tuviera y el tiempo, porque había estado más de tres minutos sin oxígeno, es decir, el tiempo desde Gea y Truyols hasta [el hospital] La Arrixaca, el trayecto ese, mi vecino me llevó a 100. Entonces estuve más de tres minutos sin oxígeno, mi vecina me daba en la cara para que no me durmiera, yo me acuerdo porque ella me lo dijo, pero recordarlo yo, no. Lo que sí recuerdo es a mis hijos correr, que eran más pequeños, por supuesto, para un lado y para otro, pero ya..., lo otro no.

E: ¿Porque fue a partir de ahí cuando pierdes la consciencia?

P: Porque fue cuando ya, como se suele decir, tiro la toalla, ya da igual. A nivel mental y a nivel emocional, pues dices: «Estoy bien aquí», pues... eso.

E: ¿Escuchaste algún sonido que no fuera el del hospital o el de las personas que estaban contigo?

P: Era tranquilidad, o sea, el estado ese transmitía tranquilidad, no nerviosismo, no acelerado, sino tranquilidad, o sea, ya te digo que la relajación esa, la tranquilidad te lleva a la paz. No el desasosiego ese... Tranquila, tranquila.

c. Grave infección (sepsis).

C) Bajo los efectos de la anestesia general, normalmente tras complicaciones en una intervención quirúrgica

P: Notaba yo que me iba, me iba. Yo veía allí gente.

E: ¿Dónde?

P: Pues donde fuera, yo qué sé, en el cielo sería. No conocía a nadie, pero es que no sé si será verdad eso o que lo haya soñado, que lo haya visto, no lo sé. Y luego volvía otra vez, entonces me dolía la nariz y metía la mano por ahí, porque tenía la mano muy hinchada y otra vez volvía a pensar.

E: ¿En qué pensabas?

P: Otra vez volvía a pensar lo mismo. Pensaba otra vez que estaba allí arriba (eso no se lo he dicho a nadie), y empecé a despertar y ya estaba aquí abajo.

E: ¿Hablabas con aquella gente que viste?

P: Sí, pero como no conocía a nadie pues yo preguntaba el nombre: «¿Y tú quién eres?», y venía otra persona y «¿Y tú quién eres?». Y entonces... «Pues yo, que estoy aquí —me dijo uno—, yo es que vivo aquí». [...] Recuerdo que yo preguntaba: «¿Quién eres tú?, ¿cómo te llamas?». «Yo, que estoy aquí»; otro: «Yo vivo aquí».

E: ¿Qué sensación tenías?

P: Muy feliz [...], y otra vez me iba y otra vez veía a la gente aquella.

E: ¿Eran los mismos?

P: No, distintos.

E: ¿Era el mismo lugar?

P: Sí, me imagino que sería el mismo lugar.

E: Cuando dices que te ibas, ¿es que te dormías, era la anestesia o en qué momento ocurría?

P: Sería con la anestesia porque [...] yo no me enteré de que mis sobrinos estuvieron aquí. Yo estaba allí en las nubes. [...]

E: Cuéntame, ¿cómo era ese lugar?

P: ¿Cuál?, ¿el de arriba?

E: Sí.

P: El de arriba blanco, era blanco.

E: ¿Todo?

P: Todo blanco. [...]

E: ¿Dónde creías que estabas?

P: Pues la verdad es que no lo sé porque...

E: ¿Allí sabías dónde estabas?

P: Yo creía, creía, creía que estaba en el cielo, yo qué sé, en el cielo, pero no sé si me lo puedo creer. [...]

E: En relación con lo que estuvimos hablando en la entrevista pasada, decías que tenías la sensación de que te ibas a un lugar que reconocías como el cielo, ¿es así?

P: Sí, claro, porque estaba todo blanco, y no veía nada salvo todo blanco, y además hasta las personas iban de blanco.

E: ¿Cuántas personas había más o menos?

P: Pues yo, yo, me parece que vi ocho o nueve, pero no las conté, solamente pregunté a dos personas quiénes eran.

E: ¿Los reconocías como hombres y mujeres?

P: Sí, sí, todos iban vestidos de mujeres con batas blancas. [...]

E: Tu sensación cuando estabas allí era...

P: De felicidad, no sé, de alegría, de satisfacción, todo todo todo bueno. [...]

D) Electrocución (shock eléctrico)

E) Función cerebral inalterada:

a. Enfermedades graves, pero no inmediatamente letales, que cursan con fiebre alta.
b. Aislamiento (como en el caso de las personas naufragadas), deshidratación o hipotermia extremas.

Cuando tenía aproximadamente dieciséis años, iba con un amigo en un kayak por el mar Menor, volcó y nos quedamos aproximadamente quince minutos en el agua a baja temperatura. Durante ese tiempo tuve recuerdos de toda mi vida, desde la infancia, y siempre recuerdos positivos que se alternaban con las ideas de mantenerme con vida a mí y a mi amigo. Me daba a mí mismo ánimos para continuar con vida.

F) **Depresión o crisis existencial:**
   a. Meditación.
   b. Sin indicios médicos claros, como en el caso de un paseo por la naturaleza.
   c. Experiencias semejantes, las denominadas «experiencias de pánico» ante la muerte, descritas por el sujeto tras haber estado a las puertas de una muerte en apariencia inevitable, como por ejemplo en un accidente de tráfico o en un accidente de montañismo.

ECM y muerte clínica

Lo que se conoce sobre lo que le ocurre en el cerebro una vez que el corazón ha dejado de latir es que, además de la desaparición de latido y la respiración, tampoco hay reflejos del tallo cerebral.

Se considera que hay un estado de inconsciencia, ya que no hay bombeo de sangre al cerebro y disminuyen los niveles de oxígeno, la presión sanguínea y la función neuronal, y tras unos once segundos deja de haber actividad cerebral y por consiguiente se puede certificar la muerte clínica.

El doctor Nichol y colaboradores realizaron en 1999 un estudio acerca del paro cardiaco y el daño cerebral. En el mismo encontraron que 126 pacientes de 1.748 sobrevivieron a un paro cardiaco; de ellos, entrevistaron a 86 pacientes y la mayoría mostraba algún tipo de síntoma de daño cerebral.

En conclusión, según el conocimiento que tenemos acerca del funcionamiento del cerebro durante un paro cardiaco y/o muerte cerebral, sería imposible que una persona tuviera algún tipo de experiencia, o que en el caso de que la tuviera, pudiera recordarla, al menos como las recuerdan quienes han tenido una EMT.

Pero, aunque la ciencia dice que no es posible que estas experiencias se produzcan en estado de inconsciencia, un porcentaje importante de la población que ha sufrido un paro cardiaco afirma haberlas experimentado.

ECM y conciencia cuando se detiene el corazón

En la primera década de este siglo se realizaron cuatro estudios prospectivos cuyas conclusiones en relación con la posibilidad de experimentar conciencia en ausencia de actividad perceptible y funciones cerebrales eran idénticas. Según el doctor Pim van Lommel (2012), gracias a estos cuatro estudios se pudo deducir la evidencia de que las ECM ocurren justo durante el periodo de muerte cerebral, ya que, si el paro cardiaco incluía una ECM con percepción clara del entorno del paciente, su contenido podía ser verificado inmediatamente después de que se informara de la experiencia. Van Lommel expone:

> El momento preciso en el que se desencadena una ECM es crucial, puesto que descarta cualquier otra conclusión que no sea que la ECM se experimenta en un instante en el que el cerebro no muestra actividad alguna y se ha detenido toda función cerebral. Si la hipótesis predominante (que la conciencia es producto del cerebro) fuera correcta, no podría haber ninguna señal de conciencia en dicho momento. En efecto, esto es lo documentado en la mayor parte de los casos de muerte clínica, coma o muerte cerebral. Pero, como han demostrado los estudios acerca de la ECM, existen excepciones a esta regla. Este hallazgo nos

obliga a reconsiderar la interrelación entre el cerebro y la conciencia.

Estos cuatro estudios a los que Van Lommel hace referencia están encabezados cronológicamente por el artículo que se publicó en la revista *The Lancet,* donde se afirmaba: «La ECM desafía los límites de las suposiciones médicas acerca del alcance de la conciencia humana y el vínculo mente-cuerpo» (Van Lommel *et al.,* 2001). Otro de los estudios está liderado por Bruce Greyson (2003), quien concluye:

> La paradójica incidencia de una consciencia lúcida, intensificada, y de procesos de pensamiento lógico durante un periodo en el que se ve afectada la perfusión cerebral (flujo de sangre al cerebro) suscita preguntas desconcertantes para nuestra actual comprensión de la conciencia y su relación con la función cerebral. [...] Un sensorio despejado y unos procesos perceptivos complejos en el transcurso de un lapso de muerte clínica aparente cuestionan el supuesto de que la conciencia se localiza exclusivamente en el cerebro.

En el siguiente estudio, Sam Parnia y Peter Fenwick (2002) manifiestan:

> Los datos sugieren que, en este modelo de parada cardiaca, la ECM se desencadena durante el periodo de inconsciencia. Esto constituye una asombrosa deducción, ya que cuando el cerebro es tan disfuncional que el paciente se encuentra profundamente comatoso, las estructuras cerebrales que apuntalan la experiencia subjetiva y la memoria deberían estar gravemente dañadas. Experiencias complejas como las referidas en la ECM no deberían

> producirse ni ser retenidas en la memoria. Lo esperable en estos pacientes sería que no tuvieran experiencia subjetiva [...], puesto que los módulos cerebrales que generan la experiencia consciente y apuntalan la memoria están afectados por la anoxia cerebral.

El último estudio lo lideró la doctora Penny Sartori (2015) concluyendo:

> El fenómeno sigue pendiente de explicación si lo consideramos desde la perspectiva científica actual, que considera la conciencia como un subproducto de los procesos neurológicos. [...] El hecho de que se refirieran experiencias lúcidas, inequívocas, en el transcurso de un intervalo de tiempo en el que el cerebro se encontraba privado de actividad [...] no encaja fácilmente con los supuestos científicos en curso.

En el transcurso del trabajo de campo en el hospital, recogí un testimonio que me pareció muy interesante debido no solo a la experiencia en sí, sino porque quien la protagonizó fue una neuróloga de ese mismo hospital. Inserto la entrevista en este apartado, ya que su testimonio sirve como ejemplo para ilustrar lo anteriormente citado, en él aparecen varios de los elementos propios de las ECM entre los cuales está la consciencia de estar muerto que Pim van Lommel recoge en su libro *Consciencia más allá de la vida* (2012). La entrevistada padeció una intoxicación por gases.

> P: Estaba en el cuarto de baño, tuve la sensación de falta de aire, empecé a sentirme mal y salí. Salí del cuarto de baño y empecé a tomar aire normal, y justo cuando empecé a respirar, la sensación de falta de aire fue a peor y perdí la conciencia. En-

tonces cuando pierdo conciencia realmente sigo consciente, yo caí inconsciente, pero todo el tiempo permanecí consciente, entonces estaba en una sensación de estar flotando en un espacio amarillo, cálido, una sensación así muy agradable y yo pensaba que me había muerto [...] y empezaba a pensar: «Bueno, pues esto es agradable». Realmente no tengo la sensación de que fuera desagradable porque, de hecho, en aquella época estaba [...] las típicas adolescentes [...]. «Pues fíjate que me he muerto sin confesarme y yo sin embargo estoy muy tranquila». Todo eso es lo que yo pensaba y de hecho lo pensaba con una claridad que ahora mismo me acuerdo como si fuera ayer.

E: ¿Sí?, ¿mantienes igual el recuerdo?

P: Sí, totalmente vivo, lo tengo como si fuera hoy. Y eso que soy una persona que tengo muy mala memoria. Y entonces tengo la sensación esa de «Bueno, pues nada, pues me estoy muriendo», y entonces pensaba: «Fíjate qué rabia», porque era consciente de estar donde estaba pero que no podía conectar por medio de los sentidos, o sea, «Yo estoy aquí», porque era una casa en la huerta y tenía la sensación de que estaba allí en el jardín, y «No puedo ver nada», digo: «Claro, pues no puedo oír ni nada porque no me funcionan los sentidos, qué pena con lo que me gustan las flores y el campo y ahora no las voy a poder ver». Mi sensación era de pena porque no podía ver dónde estaba y luego por otro lado me acuerdo de que al día siguiente tenía examen, me iban a dar las notas de otro que me había salido muy bien. «Ay, que no puedo ir al instituto», pero por otro lado estaba a gusto, o sea, era una sensación por un lado placentera, pero yo quería seguir viviendo. Entonces recuerdo, a todo esto, no sé el tiempo que transcurrió, y de pronto noté la garganta y me volvió la respiración y habrían transcurrido unos diez minutos porque me habían intentado echar agua que vamos, me echaron agua y noté, así como agua, y me desperté con esa sensación y me encontré a mi madre llorando y de pronto me dio alegría despertarme y empecé a reírme, y mi madre: «Te voy a pegar, vamos, todos aquí...». Ellos pensaban que me había muerto, y entonces... «Y ahora esta se ríe», medio enfadados conmigo por la reacción, porque al despertarme me dio alegría porque no me había muerto. Y ya está. A partir de ahí sí que he tenido la sensación de que morirse no era desagradable, pero a mí lo que me quedó, antes de eso la muerte era algo así como desagradable [...], pues esto de morirse tampoco es tan malo.

E: ¿No tuviste ninguna sensación de encontrarte...?

P: Con nadie, no, era una sensación como de paz, de estar así en un espacio amarillo, así cálido, agradable...

E: ¿Amarillo?

P: Dorado, era como un espacio así dorado, era como si fuese el sol, una cosa así dorada.

E: Sin paredes ni nada.

P: No, era como si yo flotase, una sensación de estar flotando, de estar flotando en un ambiente así dorado, cálido, agradable, y de tener totalmente mi pensamiento claro, era yo con mis ideas en aquel momento, lo que yo pensaba en aquella situación y sobre todo que no quería morirme, lo que tenía claro es que no me quería morir, aunque me resultaba agradable, tenía cosas que quería hacer, quería seguir viviendo. Y luego la sensación de estar allí [...] que, aunque estés aquí, da igual que estés aquí que allí, es que no puedes conectar, los sentidos son los que te conectan con el entorno y no tenía...

E: No funcionaban los sentidos.

P: No funcionaban los sentidos, pero yo tenía la conciencia de ser yo misma, ser yo misma en mis circunstancias. Y a partir de ahí es verdad que me he interesado mucho por toda la gente que ha perdido la conciencia porque yo misma he tenido la experiencia de síncopes, de lipotimias y tal y no ha pasado nada, simplemente he perdido la conciencia y luego me he despertado y he visto a la gente alrededor: «¿Qué te ha pasado?». Y a toda la gente que ha perdido conciencia, porque tengo pacientes con epilepsia, con síncopes de distinto tipo, siempre le he preguntado: «¿Usted ha pensado durante el tiempo que ha estado inconsciente?», y todo el mundo me dice que no ha pensado nada [...], excepto una persona que vino a la consulta: «Yo tuve una experiencia que yo creo que me morí y nadie me cree y no se lo cuento a nadie». Y era una cosa muy parecida: «Estuve inconsciente, pero yo estaba pensando que estaba muerta pero no perdí el conocimiento en realidad». Yo tampoco perdí el conocimiento, es decir, tengo la idea, porque de hecho no solamente fue una cosa, sino fue una experiencia superreal, y muy clara que todavía mantengo, o sea, que no fue una pérdida de conocimiento, ¿que fue una alucinación?, pues no lo sé porque a veces he pensado «Puede ser» por la inhalación de los gases o lo que sea, pues no sé, ¿que tuviese una experiencia de alucinación?, pero es que no era una alucinación, era un pensamiento muy claro, muy real, no era alucinación de ver cosas raras o extrañas, no sé.

E: Como neuróloga, ¿qué explicación le das a la experiencia?

P: A lo mejor era debido a los gases, pero yo creo que no, yo creo que no porque era yo misma pensando en cosas normales pensando en esa situación. Pienso que sí fue una experiencia premuerte, yo creo que sí.

E: O sea, que puede haber una trascendencia de la consciencia.

P: O, por lo menos, hay un tiempo en que tu consciencia sigue funcionando, aunque tú ya no... sabes, es que no lo sé. Esa es mi duda, que hay una trascendencia, o sea, que el espíritu de

> alguna forma sigue después o bien que perviva todavía tu cerebro funcionando un tiempo después de que hayas dejado de respirar y tienes una consciencia de ti mismo antes de que se extinga, eso ya es la gran pregunta.

Las investigaciones han demostrado que, durante una parada cardiorrespiratoria, el cese de la función del córtex cerebral y del tronco encefálico deriva en inconsciencia. En ese momento desaparecen los reflejos del tronco encefálico y no hay reflejo corneal ni nauseoso, y las pupilas, dilatadas, no reaccionan a la luz; también deja de funcionar el centro respiratorio del cerebro anexo al tallo cerebral (Parnia y Fenwick, 2002).

El flujo de sangre al cerebro se detiene por completo. El aporte sanguíneo al cerebro puede ser cuantificado con exactitud mediante ultrasonidos (con una ultrasonografía Doppler), que muestra que ese flujo sanguíneo se para al comenzar un paro cardiaco y se recupera después de unos segundos de shock eléctrico (desfibrilación), reestableciéndose de nuevo el ritmo cardiaco.

Los estudios con EEG (electroencefalograma) para registrar la actividad eléctrica del córtex han demostrado que, después de un breve lapso, la actividad eléctrica del córtex y de las estructuras más profundas desaparecen por completo.

Si el ritmo cardiaco no se restaura de inmediato, el cese de la actividad eléctrica en el córtex cerebral resulta siempre en un EEG plano en 10-20 segundos (Parnia y Fenwick, 1998), y ya no se produce la estimulación sonora en un tronco encefálico funcional.

Aunque tras la reanimación se mantenga la presión sanguínea adecuada, la normalización del EEG dependerá de la duración de la parada cardiaca, ya que cuanto más larga haya sido, más grave será la lesión cerebral y más prolongado será el coma.

El cardiólogo Van Lommel (2012) cree que habría que preguntarse si hay algún indicio de actividad cerebral que sea fundamental para que se cree la conciencia según dice la neurociencia vigente (Kelly y Kelly, 2007). Hay condiciones bajo los efectos de la anestesia cerebral en las que no hay percepción consciente de lucidez, aunque el EEG muestra actividad cerebral (Van Lommel, 2012), y ocurre en función de la medicación suministrada. En este sentido se aprecian cambios en el EEG, aunque no hay una detención total de la actividad cerebral. Esto ocurre también durante el sueño de ondas lentas. Lo interesante es que se han dado casos de consciencia lúcida durante el cese temporal de la función cerebral (Van Lommel, 2012).

El autor sustenta que no es probable que una experiencia fuera del cuerpo ocurra seguidamente a recobrar la consciencia.

Elementos de las Experiencias de Muerte Temporal (EMT)

El propio doctor Moody describió los doce elementos que acontecen en una EMT y que han sido la base de los demás estudios sobre los componentes de estas. Él encontró los siguientes (Van Lommel, 2012):

1. La inefabilidad de la experiencia.
2. Un sentimiento de paz y sosiego; desaparición del dolor.
3. La conciencia de estar muerto, a veces seguida de un sonido.

4. Una experiencia extracorpórea (EEC); desde una ubicación exterior a su cuerpo y flotando por encima de él, el sujeto es testigo de su propia reanimación u operación.
5. Un espacio oscuro, percibido como aterrador por solo el 15 por ciento de los sujetos; los individuos son atraídos hacia un diminuto punto de luz en medio de la oscuridad, se describe como una sensación de túnel; son arrastrados velozmente hacia la luz.

> P: Durante una operación me sucedió que de repente yo iba por un túnel largo y cuando abrieron la puerta salí como una bala y entonces fue cuando empecé a abrir los ojos. Yo iba rodando. [...]
>
> E: ¿Viste alguna otra cosa?
>
> P: No, solo un túnel como metálico, como que resbalaba, y yo iba cayendo por ahí.
>
> E: ¿Tenía alguna dirección?
>
> P: Sí, hacia abajo, hacia abajo, iba cayendo como si me hubiera echado y me fuera resbalando.

Entre el 1 y el 2 por ciento de las personas vagan en la oscuridad y viven su experiencia como aterradora o infernal.

1. La percepción de un entorno sobrenatural, un paisaje deslumbrante de hermosos colores, bellas flores y, en ocasiones, también con música.
2. El encuentro y la comunicación con personas fallecidas, principalmente familiares.
3. La visión de una luz brillante o de un ser de luz; el sentimiento de plena aceptación y amor incondicional, el acceso a un profundo conocimiento y sabiduría.

4. Una retrospección vital panorámica o resumen de la vida desde el nacimiento: la gente ve ante sí toda su existencia a fogonazos; no parece existir el tiempo ni la distancia, todo ocurre al mismo tiempo. Los sujetos pueden hablar durante días sobre una retrospección vital que duró apenas unos minutos.
5. La prognosis o *flashforward*: los individuos tienen la impresión de presenciar una parte de su vida que todavía está por venir; de nuevo, no existen el tiempo ni la distancia.
6. La percepción de una frontera: los sujetos son conscientes de que si sobrepasan esa frontera o límite nunca podrán regresar a su cuerpo.
7. El regreso consciente al cuerpo, acompañado de una gran decepción por haberles sido arrebatado algo tan hermoso.

El siguiente testimonio refleja varios de estos elementos.

En 1988 ejercía el servicio militar en la Academia General Básica de Suboficiales. Estaba en la compañía de autos y me encargaba de ser el chófer del coronel al mando de la compañía.

Llevaba unos ocho meses de mili y tenía una novia en el pueblo de Tremp. Un compañero me explicó que la había visto enrollarse con un teniente de la compañía, me puse malo al instante y agarré el coche del coronel y bajé al pueblo a buscarla, no la encontré por ninguna parte y decidí esperar en un bar discoteca que había en el pueblo para ver si estaba allí.

Pasaron las horas y no aparecía, allí me encontré con dos compañeros que se acababan de licenciar y me pidieron que los acercara a Lérida para coger el tren, les comenté que no podía, ya que iba con el coche oficial, pero, no sé cómo, me terminaron convenciendo y decidí acercarlos.

Todo iba bien en el camino y le dije a mi acompañante que se pusiera el cinturón de seguridad, se lo puso y unos minutos más tarde, justo en una curva, veo cómo desaparece la carretera de golpe a un lado y me encuentro flotando sobre el coche, veo cómo sale disparado hacia un barranco, corta la copa de un gran pino, se da la vuelta y cae boca abajo al barranco.

El suelo estaba arado y el morro del coche se clavó casi por completo con el impacto, yo me quedé perplejo con la secuencia, no entendía lo que estaba sucediendo, recuerdo las ruedas girando con el coche clavado boca abajo en el sembrado, noté cómo me iba desplazando cada vez más rápido alejándome del coche, me sentía liberado, como si hubiera estado comprimido encerrado en una botella y de golpe saliera de ella, me sentía bien, pero cada vez iba más rápido y no podía ver hacia dónde me dirigía, a mi alrededor veía como una penumbra borrosa de un color anaranjado y solo podía apreciar un punto de luz al final que cada vez se hacía más grande, me fijé en ella y me di cuenta de que cuanto más cerca estaba de ella, podía apreciar una imagen en su interior, era mi madre en la cocina de casa fregando los platos con un delantal azul, noté que podía desplazar esa luz para ver otras cosas, era como estar en una sala enorme sin paredes y a oscuras y tuvieras una linterna gigante para ver lo que se encontraba en esa sala, recuerdo ver a mi amigo Toni en la cantina de la compañía, a mi hermana que estaba en Venezuela entrando en el comedor de su casa con dos puertas blancas y coger un teléfono de color rojo que sonaba, era como poder ver lo que quisiera sin límite alguno. Todas estas imágenes tenían un gran valor emocional para mí, notaba que no existían barreras de ningún tipo para hacer lo que quisiera, aunque no dejaba de tener la sensación de ir acercándome más y más a esa luz cálida y acogedora, que me enseñaba estas imágenes cambiantes, ya no las controlaba y era como si pasaran de forma automática, recuerdo ver a mi abuela abrazándome, mi primer beso con una chica, el agua correr en la riera del bosque cercano a mi casa, a mi hermano Carlos haciendo ondas con el humo de un cigarrillo, una pelea con un compañero de clase al que le hacíamos daño y él no se defendía, seguidamente verlo en su casa y su padre pegándole con el cinturón, ver cómo abríamos a un lagarto hembra y le sacábamos los huevos que tenía en su tripa, y seguidamente ver los nidos de los lagartos con un lagarto muerto en el interior de cada uno, vi a un gorrión muerto en mi mano que acababa de matar con un perdigón, una margarita que salía en el asfalto de la calle paralela a mi casa.

De repente la imagen cambió y repasé todo aquel día de principio a fin, desde que me levanté de la cama en la compañía hasta el momento exacto del accidente. En ese momento alguien me dijo:

—¿Estás bien? Eh, ¿te encuentras bien?

Abrí los ojos y noté cómo algo me caía en la cara. Yo estaba tumbado en el techo del coche volcado y mi acompañante colgaba del cinturón de seguridad sobre mí. Lo que notaba en la cara era su sangre, que goteaba. Pregunté:

—¿Qué ha pasado?

—Has tenido un accidente —me dijo el chico que nos había encontrado.

—¿Qué dices?... Todo esto es un sueño, acabo de despertarme en la compañía...

En ese momento me desmayé y cuando recuperé el conocimiento estaba en el hospital de Lérida. Había sufrido una grave conmoción cerebral con derrame de líquido encefálico, me pusieron diecisiete puntos y estuve dos días en coma.

> Los tres salvamos la vida aquel día, uno con pérdida de memoria, que tardó en recuperar varios meses, y el otro con fracturas de pierna y brazo.
>
> Luego supe que el accidente fue causado porque se reventó la rueda derecha en plena curva.
>
> A partir de entonces perdí por completo el temor a la muerte y aprendí a apreciar mucho más las cosas que nos rodean. Jamás volví a maltratar a un animal, lloraba por nada, me convertí en un sentimental, amaba a todo el mundo, y he dedicado toda la vida a intentar ayudar a los demás para sentirme bien conmigo mismo y dar un sentido bonito a mi vida.

El doctor Raymond Moody, en su libro *Vida después de la vida* (1975), cuenta que, aunque los testimonios dicen que muchos de los experimentadores desean quedarse en ese estado o lugar en el que se encuentran durante su experiencia, terminan por decidir volver para realizar cuestiones inacabadas. Muchos testimonios aseguran que les es preguntado si quieren volver o prefieren quedarse sin posibilidad posterior de volver al cuerpo, otros directamente vuelven a tomar conciencia de su cuerpo y recobran sus funciones vitales.

En este regreso el doctor Moody afirma que, en algunos casos, se ha relatado atravesar el mismo túnel que los llevó a ese lugar o estado.

Posteriormente a esta clasificación de Moody, otros investigadores establecieron sus sistematizaciones en referencia a estos elementos, ya que existían diferencias en cuanto a la consideración por parte de los investigadores de lo que serían elementos propios de una EMT. Uno de ellos fue Kenneth Ring (1980), que propone varias fases:

- **Fase afectiva.** Incluye sentimientos de paz absoluta, sosiego, rendición y beatitud, el fin del dolor. Está presente en el 60 por ciento de los casos.
- **Fase de abandono del cuerpo.** El 37 por ciento sienten simplemente que carecen de cuerpo, y otros que pueden ver su cuerpo sin vida y oyen perfectamente.
- En la **tercera fase** llegan a un entorno oscuro, por lo común lleno de paz, el 23 por ciento de los casos.
- **Cuarta fase.** El 16 por ciento avanza por un túnel hacia una luz muy brillante que transmite amor incondicional.
- **Quinta fase.** El 10 por ciento acceden a una dimensión distinta, de gran belleza y de naturaleza sobrenatural. En ocasiones refieren una hermosa música. En este estadio pueden encontrarse con familiares y/o amigos fallecidos y se produce la revisión vital.

El cardiólogo Michael Sabom (1982) identificó tres categorías de elementos de ECM:

- En la primera, la ECM autoscópica o extracorpórea, referida por el 53 por ciento de los casos, la persona experimenta la desvinculación de la mente respecto al cuerpo. Puede percibir su propia resucitación y su entorno. La comunicación con las personas vivas es imposible.
- La segunda categoría es referida por el 54 por ciento de los individuos, que decían haber estado en un lugar poco claro pero acompañados de un sentimiento de paz, seguido de una luz brillante al final de un túnel y el establecimiento de una comunicación no verbal con familiares o amigos difuntos o con una entidad espiri-

tual. Se basa principalmente en la toma de decisión de regresar a su cuerpo o permanecer en ese lugar. También se recogen datos de la retrospección vital y la percepción de una frontera.

- La tercera categoría incluye los testimonios de personas que tuvieron una combinación de las dos anteriores.

En este sentido, Bruce Greyson (1983) redujo a cuatro los componentes de las EMT compuestos por un total de dieciséis elementos. Estos componentes son cognitivos, afectivos, paranormales y trascendentales.

- El componente cognitivo incluye perder la noción del tiempo, tener pensamientos acelerados, la retrospección vital.
- El componente afectivo abarca sentimientos de paz y la percepción de una luz brillante pero no cegadora.
- El componente paranormal, con un sentido de la vista u oído hiperagudizado, supone la experiencia consciente de sucesos remotos, premoniciones y visiones proféticas, y la experiencia extracorpórea.
- El componente trascendental implica viajar a un reino sobrenatural, encontrar o sentir un ente místico, ver a personas fallecidas o figuras religiosas y comunicarse con ellas y alcanzar una frontera.

Estos cuatro investigadores aportaron estas clasificaciones fruto de estudios prospectivos, excepto Sabom, que en parte fue prospectivo.

El doctor Jeffrey Long (2011) encuentra doce elementos de EMT fruto de la investigación realizada en el seno de la

NDERF (una fundación para la investigación de la experiencia próxima a la muerte):

1. **Experiencia extracorpórea.** La consciencia se separa del cuerpo físico. La persona tiene la sensación de trasladarse a una posición desde la que observa lo que está ocurriendo alrededor de su cuerpo y en otros lugares, lejanos incluso en el espacio. El 75,4 por ciento de los encuestados tuvo esta experiencia.
2. **Agudización de los sentidos.** Se tiene la sensación de una mayor conciencia y atención que en la vida cotidiana, pareciendo que todo es más real que cualquier otra cosa vivida hasta entonces. Ocurrido en el 74,4 por ciento de los casos.
3. **Emociones o sentimientos intensos, positivos en general.** Sentimientos de amor, felicidad, alegría, calma extremos. También se han tenido sentimientos de terror, pero en menor medida que los positivos. Experimentado por el 76 por ciento de los entrevistados.
4. **Entrar o pasar por un túnel.** Se tiene la sensación de entrar en un túnel, a menudo muy iluminado, que va estrechándose a medida que se adentran en él y aumentando su luminosidad según se acercan a un único foco de luz. El 33 por ciento respondió que lo vivió.
5. **Encuentro con una luz mística o brillante.** Aparece una luz brillante al final del túnel que a veces ejerce un poder de atracción hacia la misma. Fue vista por el 64 por ciento de los encuestados.
6. **Encuentro con otros seres, que pueden ser seres místicos o parientes o amigos fallecidos.** Hay casos en los que se encuentran con seres que les resultan familiares,

pero no recuerdan haberlos conocido en vida; tiempo después pueden reconocerlos en fotografías, y algunos murieron incluso antes de que el individuo que ha vivido la ECM naciera. A veces reconocen a seres cuya edad no corresponde con la que tenían al morir, pero tienen plena certeza de quiénes son. El 57,3 por ciento tuvo un encuentro con seres ya fallecidos.

7. **Sensación de alteración del tiempo o del espacio.** Se tiene la sensación de que el tiempo tal y como es conocido, es decir, lineal en el sentido del pasado, presente y futuro, no existiera y ocurriera todo a la vez. Esta sensación fue experimentada por el 60,5 por ciento de los entrevistados.
8. **Revisión vital.** Revisión de los hechos de la persona durante su vida. Pueden ser fragmentos de la vida, solo los más importantes o significativos, o panorámica, es decir, de toda la vida. La describen como una sucesión de imágenes que aparecen para algunos cronológicamente y para otros al mismo tiempo, pero todos relatan que ocurre a gran velocidad. Las emociones y sentimientos asociados a esos acontecimientos se vuelven a vivir de la misma forma. Algunos de los informantes cuentan que durante la revisión vital están acompañados de un ser luminoso cuya intención es que comprendan que lo importante es aprender a amar y adquirir conocimiento (Moody, 1975). El 22,2 por ciento de los entrevistados experimentó este elemento.
9. **Encuentro con planos ultraterrenos («celestiales»).** Se llega a un lugar que relatan como un espacio de paz, sereno, lleno de amor. Paisajes hermosos, de gran belleza y vivos colores. Algunos cuentan haber visto lo que

parecía una ciudad luminosa o resplandeciente. El 40,6 por ciento visitó o vio una dimensión distinta.

10. **Encuentro o aprendizaje de conocimientos especiales.** Se tiene la sensación de poseer un conocimiento hasta entonces inimaginable acerca del universo, de uno mismo y de los demás. El 56,6 por ciento dijo que tuvo una sensación de conocimiento especial.
11. **Encuentro con un límite o barrera.** Se llega a un punto en el que se tiene la sensación de no poder atravesarlo, o que, de hacerlo, ya no se podría volver. Se presenta de diferentes maneras, como niebla, una línea o una puerta. El 31 por ciento llegó hasta ese límite.
12. **Regreso voluntario o involuntario al cuerpo.** El regreso al cuerpo físico se produce de varias formas según las experiencias de los entrevistados. Hay quienes afirman que, llegado un momento, se les da la opción de volver y continuar con lo que la vida les tiene preparado o de continuar, en cuyo caso no volverían a la vida física. El 58,5 por ciento estuvo consciente o participó en la decisión.

Para ejemplificar algunos de estos elementos, expongo un testimonio de carácter retrospectivo.

> Por el mes de diciembre me noto un bulto como una lentejilla en el pecho izquierdo [...]. Entro a la operación, la operación realmente fue difícil [...], perdí mucha sangre [...], me preparan, me dan mi chute [...], no sé qué momento, sé que he entrado a un mundo nuevo, bueno, antes el túnel, la luz al fondo, y tú te proyectas sobre eso, es como si te hubieran lanzado a eso pero sin violencia, vamos, y al otro lado, yo llego y nada más en-

trar me dan una clave, una clave de cuatro números, y en ese momento que me dan la clave vi..., me encuentro a mi madre, me encuentro a mi madre, pero, claro, mi madre murió muy joven. Mi madre es joven, lleva una falda así, casi larga, y yo empiezo a hacerme pequeña, pequeña, y me cojo a la falda de mi madre, entonces mi madre me dice: «Mira, te voy a enseñar esto». Aquello era un mundo preciosísimo, de flores, de plantas, un bienestar..., y yo ahí en todo ese tiempo que estoy con mi madre, yo sé algo que después no he podido recordar. Aprendo algo que digo: «Anda, esta es la clave de la vida, para vivir bien». Y tengo el concepto, lo que yo te podría decir, explicándolo en conceptos nuestros, de la eternidad, es decir, no existe el tiempo y el espacio. En ese mundo no existe el tiempo ni el espacio. Eso pasa, pasa tiempo, yo estoy muy a gusto con mi madre, ya no me veo..., sigo con mi madre, pero ya no sé si soy más grande o pequeña, yo pierdo... Mi madre es la que me va diciendo: «Mira, estamos aquí»; por ejemplo, yo decía: «Madre mía, si yo vivo en Murcia, ¿cómo puedo estar viendo a una persona que hace una cosa en Alicante?». Entonces de ahí deduzco yo..., y digo: «¡Ay, entiendo ahora lo que es el concepto de la eternidad!», lo que se habla de eternidad, que no existe el tiempo ni el espacio, sino que tú estás o puedes estar en todas partes. Bueno, entiendo eso y aprendo algo que es esencial para la vida, pero cuando me despierto no sé, no puedo recordar. Todo esto, el tiempo que pasara era muy plácido y el final de eso es que estoy metida con mi madre en una nave [...], como una avioneta pequeña, está mi madre a la izquierda, yo a la derecha, y mi madre se pone el cinturón, yo me voy a poner el cinturón, y me pongo y me mira mi madre de frente, yo ya no soy pequeña, ya estoy a la altura de mi madre, y me dice: «Bueno, hija, si te quieres quedar, tienes que repetir la clave que te han dado, si no la repites te vas y si la repites te quedas». Y yo miro a mi madre y le digo: «Madre, no me puedo quedar». Porque yo en ese momento pienso en personas, en lo que estaba haciendo, en mi proyecto, en todo ese lío, y la miro y le digo: «Madre, no me puedo quedar», y en ese momento, en ese mismo momento, dejo de ver a mi madre y empiezo a percibir a los enfermeros, a los médicos. Y como yo había aprendido algo que era esencial para la vida y no lo podía recordar, pues cuando llegó el momento en que tenían que empezar, bueno, yo estuve en peligro de muerte, me tuvieron en reanimación mucho tiempo, me pusieron mucha sangre porque la tensión no había manera de subírmela.

Experiencias angustiosas o desagradables

Una gran parte de los testimonios recopilados sobre las ECM son de naturaleza positiva, pero no siempre es así. Generalmente, por esta característica, es por lo que se tiende a querer olvidar que pueden ser muy desagradables (Sartori, 2008). A estas experiencias se las ha llamado de muchas formas; Ring las considera negativas, infernales, invertidas (*inverted*); Rommer las define como menos-que-positivas (*less-than-positive*); son dolorosas para Ellwood, y angustiosas o desagradables (*distressing*) para Greyson y Bush (Fernández-Palacio, 2013). Nancy Bush (2009) afirma: «La denominación "ECM desagradables" indica la categoría de experiencias dominadas por emociones perturbadoras». Por su parte, Rommer (2000) valora: «Una experiencia menos-que-positiva es aquella que el experimentador interpreta en parte o en su totalidad como aterradora, porque esta provoca sentimientos de terror, desesperación, culpa y/o abrumadora soledad».

La autora Nancy Bush enfatiza la falta de atención que se ha dado a los aspectos «siniestros» de la espiritualidad y piensa que las creencias culturales y religiosas pueden influir en estas experiencias.

Hay muchas incógnitas aún, como por qué ocurren las ECM, por qué unas son positivas y otras no, qué significado tienen. Lo que sí se sabe es que las negativas ocurren con menor frecuencia que las positivas.

Las estadísticas muestran porcentajes divergentes, quizá debido a que los investigadores utilizaron metodologías diferentes. Investigaciones prospectivas pueden dar resultados más clarificadores en este sentido. Atwater (1992) concluyó que de un total de 700 ECM, 105 eran perturbadoras, es decir, alrededor del 15 por ciento. La doctora Rommer (2000) descubrió un 18 por ciento de ECM negativas de un total de 300. La doctora británica Margot Grey (1987) cifró en cinco las ECM aterradoras y una infernal de un total de 41 estudiadas, y afirmó que las ECM angustiosas tienen una serie de componentes, como son el miedo y la sensación de pánico, la experiencia extracorpórea, la entrada a un abismo oscuro, la percepción de una fuerza maligna y la llegada a un lugar semejante al infierno.

Greyson y Bush (1992) establecieron una clasificación de las ECM negativas: primero estaría la prototípica, aunque perturbadora; después, la experiencia de vacío, y, por último, la infernal, en la que el paciente siente que está en el mismo infierno (Sartori, 2015).

A estas tres categorías aportadas por Greyson y Bush, la doctora Rommer añadió una cuarta, donde la persona que la experimenta vive un inquietante repaso a su vida que es juzgado por un poder superior (Rommer, 2000), pero que tiene efectos positivos y renovadores y consigue que la persona sea menos dura en sus juicios y sienta más amor por la vida y sentido moral; es decir, que el efecto positivo puede surgir a largo plazo si el experimentador reevalúa la forma en la que vive su vida. De hecho, se han encontrado casos en los que las ECM angustiosas se han convertido en agradables después de que las personas que las vivieron pudieron relajarse y revisaron la experiencia. Según apunta la doctora Grey (1987), quienes han informado de una experiencia infernal la entendieron como un aviso para cambiar su actitud con los demás.

Algunos de los elementos desagradables de los testimonios recogidos en la encuesta Gallup se caracterizaban por ausencia de rasgos distintivos, algunas veces faciales; seres que tan solo están presentes, pero son inquietantes; sensación de malestar, especialmente mental o emocional; confusión ante la experiencia; sensación de engaño y de ser llevado hacia la destrucción; miedo a lo que la muerte puede implicar. Como bien apuntan los autores, estos testimonios desagradables no son tan terroríficos como las descripciones del infierno, pero no dejan de causar sensaciones desagradables.

Gracia Fay Ellwood (2001) establece dos tipos de seres en estas ECM desagradables:

- Necesitados, infelices, enfermizos atados o esclavizados a algo, incapaces de liberarse a sí mismos. Pueden tener diversos rasgos: pérdida de identidad, seres confusos, que han perdido su identidad; adictos, seres que poseen alguna adicción a algo o alguien del mundo físico; lugares encantados, espíritus que encantan, en el sentido tradicional, algún lugar.
- Amenazantes. Pueden adoptar las formas de bestias, monstruos o humanoides grotescos.

Este es el testimonio de un caso de ECM desagradable que recogí en el hospital:

> E: ¿Tuviste alguna experiencia diferente que conectara con lo más profundo, con lo más personal de ti?
>
> P: Lo que tuve fueron como dos pesadillas, dentro de la misma percepción que yo tenía, era como estar despierto, o sea, era como estar en un estado de vigilia, pero luego hubo como dos sueños dentro de esa percepción en los que me quedaba dormido, y esos sueños fueron las pesadillas más desagradables que he tenido en mi vida y realmente era como una lucha para sobrevivir. Uno de ellos era eso, era como una especie de juego, una competición en la que competías con otra persona y era a vida o muerte, y competías con un vehículo, no sé si un coche o una moto, pero era una competición y encima el que perdía moría. Entonces era una situación super...
>
> E: Un poco como si la enfermedad y tú os retarais a ver quién ganaba.
>
> P: Yo hago un paralelismo así, pero claro, puede ser una interpretación, y por los libros que he leído después de la gente que ha tenido experiencias un poco similares, ellos han tenido una situación similar, en un momento muy crítico, de estar luchando por sobrevivir y era al final una competición a vida o muerte y en el fondo se podría interpretar así. Y lo peor de todo es que no sabías qué es lo que tenías que hacer para sobrevivir, con lo cual eso era lo que más angustia me provocaba.
>
> E: ¿Los dos «sueños» iban sobre lo mismo?
>
> P: No, el otro sueño era un sueño supuestamente erótico, pero que de erótico no tenía nada porque era un erotismo violento, tú eras una parte pasiva y veías a otros que tenían sexo, pero un sexo sangriento, casi de morirte, o sea, quiero decir, yo no lo

> llamaría «erótico», y realmente era más angustioso que el otro de la competición. Yo estaba ahí y desde luego excitación sexual o algo placentero..., para mí lo contrario a lo que entiendo por sexo. O sea, era como una pesadilla y era como otras personas que estaban ahí entrelazadas unas con otras, supuestamente con relaciones sexuales, pero sangrientas, y prácticamente se estaban matando, eso sí que no puedo hacer una interpretación porque no sé lo que es, me parece una cosa muy rara.

Tanto al principio de su experiencia (hasta el momento en que es intubado) como al final del relato, el paciente informa de la inclusión de elementos de la vida cotidiana y de su confusión cuando empezaba a salir del estado en el que se encontraba. En estos momentos el paciente pudo construirse un modelo mental a partir de la estimulación y la visión residual, a medida que recuperaba la conciencia; es por eso por lo que el momento intermedio es lo que resulta más interesante, pues corresponde a cuando se encontraba en el estado de suma inconsciencia y es cuando aparecen los relatos anteriores que él califica como «sueños» dentro del estado de inconsciencia.

A veces se dan sentimientos de tristeza durante la ECM cuando se piensa en las personas que se dejan atrás, normalmente los familiares.

Todas las ECM no son iguales, a veces se entremezclan momentos agradables con desagradables, incluso puede empezar de una manera y terminar de otra. También puede ocurrir que la experiencia sea agradable en su mayor parte, e incluso que contenga aspectos agradables y desagradables. Por otra parte, hay testimonios de ECM que muestran contenidos extraños o diferentes a los más recurrentes.

Para terminar, este es otro de los testimonios recogidos durante la fase de investigación:

> Tuve un accidente, me había subido en el capó de un coche para bailar, como hacíamos para captar la atención de alguna chica que nos gustaba. Nos habíamos rociado con agua y el suelo resbalaba. Quise dar una vuelta, con tan mala suerte que me caí de espaldas. No había mucha altura, pero di con la cabeza en el suelo y perdí el conocimiento. Estuve varios días inconsciente. El recuerdo que tengo de ese tiempo de inconsciencia es que me encontraba en un lugar oscuro, lúgubre. Sentía mucho miedo, más que miedo era desesperanza, intranquilidad, no entendía dónde me encontraba, qué pasaba. Aparecían y desaparecían una especie de monstruos, no sé cómo describirlos. Sentía que tenía que hacer algo, pero no sabía qué, para salir de ese lugar. De repente empecé poco a poco a recobrar la consciencia de mi cuerpo, el olor, las voces. Aunque la experiencia fue bastante inquietante y desagradable, creo que saqué una buena lectura de la misma. Dejé de tener ese tipo de comportamientos infantiles y a valorar otras cosas más importantes de la vida.

3

Experiencias al Final de la Vida (EFV)

> El temor a la muerte ha provocado más sufrimiento que todas las enfermedades físicas combinadas. Las ECM son una cura para el sufrimiento porque sugieren que la conciencia trasciende el cerebro y el cuerpo moribundo. Quienes han experimentado una ECM lo aprenden durante su vivencia, y regresan con la permanente ausencia del miedo a la muerte y la certeza de la inmortalidad.
>
> LARRY DOSSEY

De todos es sabido que cuando el corazón deja de latir comienzan los mecanismos fisiológicos propios del final de la vida y el individuo fallece. En el caso de las ECM, especialmente en las EFV, los estudios nos dicen que esto podría cambiar, o al menos no ser tal y como lo conocemos. Las visiones que tienen muchas personas en el lecho de muerte nos muestran indicios de que existiría la posibilidad de una trascendencia de la consciencia que nos permitiría avanzar por esos escenarios, aún poco estudiados o analizados, de la supervivencia tras la muerte. El conocimiento de tales experiencias puede ayudar en dos sentidos: por un lado, al moribundo en su tránsito y en la despedida de su vida, y por otro lado, los acompañantes afrontan mejor el duelo por la pérdida al entender que puede haber algo más allá de esta vida y sobre todo que pueden encontrarse de nuevo con sus seres queridos.

El doctor Moody aseguraba en una entrevista que pude hacerle en Marsella, en el transcurso de un congreso al que asistimos ambos: «En los pacientes terminales, la mejor manera de describir lo que ocurre es que su conciencia se expande, no se trata de una conciencia ordinaria. Adquieren una mayor amplitud de lo que sienten y lo que ven».

Asimismo, los doctores Osis y Haraldsson (1977) apuntaban que las condiciones médicas como la fiebre alta, la medicación o el mal funcionamiento cerebral no afectan a las VLM, sino que incluso las disminuyen.

Un ejemplo de estas experiencias es este relato de la sobrina de una señora que pasó sus últimos años de vida en una residencia de ancianos y vivenció varios de los elementos que se detallan:

> A sus noventa y cuatro años permanecía lúcida y serena, aunque muy mermada en sus facultades físicas debido a los lógicos problemas de la edad. [...] De repente, de estar en una situación aparentemente estable durante más de cinco años, bien atendida y llevándolo todo con sosiego, aunque con mucho aburrimiento, según ella misma confesaba, una noche comenzó a llamar a su madre (obviamente, esta había muerto hacía muchos años, concretamente en 1971).
>
> Sorprendidas, las auxiliares de la residencia acudieron a ver qué le ocurría, pues los gritos que daba eran inusuales. Al momento se despertó y reaccionó, calmándose y volviéndose a dor-

mir, pero al cabo de un rato, comenzó a llamar a gritos de nuevo a su madre. [...]

Aunque iba a verla una vez por semana, en esta ocasión me personé inmediatamente. Mi tía estaba cuerda y razonaba bien cuando hablé con ella. Mantuvimos una conversación coherente, se comió uno de los flanes y chucherías que le había llevado, y me marché, pero aquella noche volvió a las andadas.

Regresé de nuevo a visitarla, y encontré que el médico había decidido darle un ansiolítico suave con cierta periodicidad para que estuviese más tranquila. Según me comentó, los análisis que le había hecho daban unos parámetros de principio de deshidratación, pero aparte de eso, todos los demás eran normales. A mí aquello me sonó muy extraño y comencé a temerme lo peor.

De estar perfectamente cuerda y llevando conversaciones coherentes, pasé a encontrármela en la cama al día siguiente, sin quererse levantar y llamando a su madre a todas horas. Ya no lo hacía solo por la noche, sino también durante el día. Además, en la habitación percibí un ambiente extraño, muy denso y cargado a pesar de que la ventana estaba ligeramente entreabierta. Era una sensación extraña, como si algo quisiera adherirse a mi cuerpo y mis brazos. Una de las veces que mi tía comenzó a gritar, le pregunté: «¿Por qué llamas tanto a la abuela? ¿No sabes dónde está?». Y con los ojos entrecerrados, porque estaba muy sedada, me contestó: «¡Claro! En el cementerio».

Me quedé perpleja. ¿Por qué llamaba tanto a su madre si era consciente de que estaba muerta? Para que se mantuviese más tranquila, yo me sentaba cerca de la cama y le cogía la mano, pero ella no cejaba en su empeño de llamar a su madre: «¡Mamá! ¡Mamááá!».

En un momento dado, y ante la excitación de todo el personal de la planta, al que se advertía sumamente nervioso, reprendí ligeramente a mi tía: «¡Que no llames tanto a tu madre! ¡Que ella no está aquí! Estoy yo contigo y no te pasará nada, no te preocupes, pero no llames tanto a la abuela. ¿Por qué lo haces?». «Pues porque está aquí. ¿Es que no la ves?», me contestó.

Obviamente, me puse en guardia. Yo no podía ver a mi abuela, pero evidentemente mi tía sí. Miré en derredor tratando de que mis ojos percibiesen algo, quizá aquello que sentía que me ahogaba, pero me resultó imposible. Y mi tía siguió con su cantinela desesperando a todo el personal.

Al día siguiente el médico ordenó su traslado a otro módulo donde apenas había habitaciones ocupadas, pues los residentes se estaban quejando cada vez más. [...] Era una habitación algo angosta y calurosa para la época del año, pues estábamos a mediados de marzo, pero aquello era lo de menos, dado que mi tía caía en picado conforme avanzaban las horas. Comenzó a respirar mal y tuvieron que ponerle oxígeno. Ya no comía ni bebía, y hubo que inyectarle suero para evitar esa deshidratación incipiente y para alimentarla. La caída era brutal, aunque tal vez lógica en una persona de esa edad, tal como nos consoló el ATS de planta.

La primera noche que estuvo en esa habitación permanecimos con ella un buen rato. Lo curioso fue que ya no llamaba a su madre muerta, sino a Pepe, un cuñado y marido de una de sus hermanas. Pepe había fallecido hacía ocho años, y supusimos que era a él a quien llamaba. Yo le pregunté: «Ahora ya no llamas a la abuela. ¿Está Pepe aquí?». «Sí, a los pies de la cama. ¿Tampoco a él lo ves?», me contestó entre dientes.

Obviamente yo no lo veía, pero intuía que sí estaba allí. La atmósfera emanaba un algo especial. Mi pareja y yo nos miramos comprendiendo que a mi tía le quedaban pocas horas de vida.

Nos marchamos muy compungidos a casa esa noche. Mi tía se quedaba vigilada, pero a mí me corroía por dentro no estar más tiempo con ella. Nada más llegar a casa nos telefonearon de la residencia, que estaba agonizando. Subimos rápidamente de nuevo, y llegamos en el momento en que estaba dando sus últimos suspiros. Había un olor muy suave en la habitación, a pesar de que minutos antes y cuando nos habíamos ido el aire estaba algo cargado y olía a medicamentos.

Mi tía cambió el semblante de dolor que tenía antes, y sonrió levemente. Yo miré hacia el techo de la habitación y hacia los pies de su cama, y les pedí que se la llevaran de la mejor forma para ella. Y expiró. Un olor limpio y como a flores flotaba en la habitación, y hasta las auxiliares que entraron se sorprendieron de ello.

La pena nos afligió mucho y nos echamos a llorar. Le toqué la cara y le dije adiós. Supe que había dejado de sufrir, y no me cupo la menor duda de que, varios días antes, algunos de sus seres queridos habían venido a buscarla para ayudarla en su transición al otro plano.

Hay testimonios que recogí del personal de enfermería del hospital donde realicé mi investigación que cuenta sus experiencias con personas que están próximas a morir. En estos casos, hay quienes, a pesar de que la sintomatología no era muy alarmante, tienen el convencimiento de que van a morir:

Hace unos veinte años, una paciente de sesenta y tantos años, setenta, con una patología bastante importante, pero tú la veías y físicamente la mujer bien, normal, entró andando por su propio pie. La vio el médico de la puerta de urgencias y dijo: «Bueno, vamos a pasarla a observación porque todavía no sé, estamos pendientes de las pruebas». Era un intervalo de espacio desde donde está el despacho del médico hasta las camas, unos 10 o 15 metros. La pasamos a las camas de observación, monitorizada, tuvo

> una parada esa noche y no pudimos sacarla de la parada, pero la mujer sabía que esa noche moría; decía: «Yo de esta noche no paso». Lo dijo con total convencimiento. Claro, a mí me sorprendió, y dije: «Mujer, todos nos moriremos, pero no creo que sea hoy», porque no alarmaba de muerte para nada, una mujer que te dice eso, que va andando, que habla normalmente, que no tiene dolor, que no tiene una sintomatología muy alarmante...

Siguiendo la clasificación de los doctores Brayne y Fenwick (2008), se establecen dos categorías de EFV: transpersonales y con significado final.

Las EFV transpersonales suelen ser relatadas tanto por los cuidadores (familiares o no) como por los trabajadores de la salud (médicos, enfermeros o auxiliares que han estado presentes en los últimos días o momentos de vida de los pacientes moribundos). Estas experiencias se dividen en cuatro tipos, según apunta Fenwick (2015):

1. Visiones en el Lecho de Muerte (VLM)

Los acompañantes ven que los pacientes tienen conversaciones con familiares ya fallecidos y les ayudan en el proceso de la muerte. Por lo general, los pacientes que informan de encuentros con familiares fallecidos, amigos o mascotas que vienen a su encuentro con el objetivo de recogerlos fallecen de dos a cinco días después de la aparición de este tipo de visiones, hechos corroborados y estudiados por autores como Osis, Haraldsson y Fenwick, entre otros.

Una característica común es que estas visiones aparecen cuando el sujeto tiene la mente clara o solo moderadamente afectada. Según William Barrett (1926), catedrático de Física Experimental de la Real Academia de Ciencias de Dublín, estas visiones «tenían lugar mientras daban muestras de tener una mente clara, por lo que era imposible atribuir las mismas a las alucinaciones».

El siguiente testimonio es de una psicóloga sanitaria, hija de un paciente en sus últimos días de vida:

> P: La experiencia última, bueno, la que a mí me marcó fue un viernes, lo llevaron al hospital el sábado por la mañana, y el viernes por la noche fue cuando llegué a casa del trabajo y estaba muy aturdido, cerraba mucho los ojos, estaba como muy cansado [...]. Entonces me senté al lado de él, él estaba como dormido y yo lo estaba tocando, le tocaba la mano y de repente abrió los ojos y como que se dio un susto, se asustó, entonces le dije: «Papá, ¿qué pasa?, ¿quieres algo?». Y dijo: «No, no, es que están todos aquí», y yo pregunté: «¿Quiénes?». «Mis hermanos, han venido. Es que quieren que me vaya con ellos, pero yo no quiero irme, me quiero quedar con vosotros». Entonces le dije: «Bueno, tú tranquilo, que yo estoy aquí contigo, tú ahora estás conmigo, tranquilo». Y volvió a cerrar los ojos y estaba como muy cansado, esa noche ya no comió y a la mañana siguiente estaba peor.
>
> E: ¿Estaba en su casa?
>
> P: Estaba en su casa. Por la mañana llamó la familia: «Vente, está peor, no se puede levantar de la cama». Cuando yo llegué estaba en la cama, estaba desnudo, él no quería que yo lo viera desnudo nunca, pero no hizo ningún gesto de taparse ni nada, entonces me senté al lado de él. «¿Qué te ocurre?». «Estoy muy cansado, es que estoy muy cansado». Vino el servicio de urgencias y después de reconocerlo tuvieron que llevárselo.
>
> E: ¿Cuánto tiempo estuvo ingresado?
>
> P: Ingresó el sábado por la mañana y el martes de madrugada murió.

Otros testimonios recogidos relatan hechos análogos.

La noche anterior a morir, estando sedado, abrió los ojos con sorpresa y dijo el nombre de su madre. Mi hermana murió cuatro meses antes. Un mes antes de morir mi padre, este se levantó una mañana llorando y con mucho frío, me dijo: «Ha venido tu hermana y dice que está muy bien». Debo decir que mi padre no habló nunca ni de Dios ni cosas religiosas, era un hombre que pasó su vida trabajando en el campo, incluso noches solo, pues vigilaba las aguas de regadío, o sea, que lo creí porque a él no le interesaba el tema.

F: Una hermana suya, que murió hace unos siete años más o menos, que murió también de cáncer, entonces pues dijo: «¿Ha venido mi G.?, ¿está aquí mi G.?». Lo dijo varias veces, pero sobre todo aquella vez fue así: ¿ha venido mi G.? «No, mamá, no ha venido, la tita no ha venido», y dijo: «¿Cómo que no, si está ahí?», señalando al lado donde yo estaba. «No, no, no ha venido», y dijo: «Ah, es verdad, es que ha venido a recogerme, a que me vaya con ella, me está esperando».

E: ¿Ella ha mantenido alguna «conversación» con su hermana?

F: Sí, sí, yo a lo mejor entro a la habitación y está hablando: «Pues sí G...», o lo mejor con dos tíos míos que también están muertos, «Pues sí», es como si estuviera hablando con ellos.

E: ¿Usted le ha oído hablar con ellos, la conversación?

F: Sí, pero habla como una cosa normal, como si fuera que estuvieran ahí al lado de ella. Y lo que dijo en el caso de mi tía es que había venido a por ella, que se tenía que ir con ella; los otros como si estuvieran aquí al lado de ella, y preguntándoles que qué hacen..., una conversación así más...

E: Y cuando usted entraba, ¿cuál era su reacción?

F: Era como si estuviera en ese momento durmiendo y de repente me mirara: «Ah, ¿qué?, estaba durmiendo, me he despertado», como si no hubiera estado en ese momento consciente.

E: Pero ¿estaba consciente?

F: Sí, vamos, los ojos los tenía abiertos y era como mirando a un punto, y a lo mejor miraba hacia la ventana y se ponía a hablar. Y yo es que no sabía si interrumpirla o dejarla..., porque me ha pasado alguna vez que estando yo en la habitación se ha puesto a hablar y entonces al rato, a lo mejor se calla y me dice que se ha despertado.

Algunos de los relatos que he podido recoger nos hablaban de que el paciente experimentaba momentos de lucidez durante los cuales saludaban a «visitantes» que aseguraban venían a recogerle.

La tía de una buena amiga estaba enferma, y le dijo en un día de visita al geriátrico: «Han venido tus padres a por mí (ya fallecidos) y están muy bien. Diles a todos que mañana me voy con ellos, que estoy muy feliz y me voy tranquila y contenta». Y así fue, al día siguiente murió.

Los testimonios que los sanitarios aportan añaden información médica que nos permite conocer más en profundidad el estado de los pacientes:

Esta historia real me sucedió en el servicio de observación del hospital, es algo complicado de explicar y se presta a mil interpretaciones, pero no deja de ser insólito y curioso el suceso.

Una señora de mediana edad ingresa por una infección respiratoria no calificada como grave, de las que se dan mucho en los hospitales y se tratan con éxito. Esta mujer, tras realizársele sus pruebas y ver que todas se ajustaban a la normalidad, y realmente se hacen muchas, estaba pendiente de su alta tras administrársele su tratamiento. El estado de esta mujer era completamente dentro de los parámetros normales para lo que es una infección leve.

El médico de urgencias y yo nos acercamos a ella y le comunicamos la normalidad de sus pruebas y que su tratamiento había sido efectivo. La mujer estaba completamente normal y le dijimos que se iba a casa. Ella nos miró y se sonrió y nos dijo: «Sí, ya lo sé, sé que me voy, pues han venido a visitarme mi hermana y mi madre para decírmelo». Por un momento pensamos que ciertamente sus familiares se encontraban en la sala de espera, llamamos y no acudió nadie. Sorprendentemente desde nuestro puesto la observamos que hablaba con alguien que no estaba allí, puesto que esta mujer estaba sola. Me acerqué a su cama y le pregunté con quién hablaba y me respondió: «Tú no puedes verla, niña, pero es mi madre, que está aquí».

Pensé que quizá deliraba y le puse el termómetro sin que hubiese evidencias de fiebre ni nada anormal. La señora siguió hablando como si nada con algo o alguien, no entendíamos qué ocurría, y se decidió no dar el alta por esa actitud. En un rato me avisó y me dijo: «Mira, R., me tengo que marchar, ya es la hora de irme a casa», a lo que yo respondí: «Sí, no se preocupe, le están realizando el alta y cuando esté todo solucionado se irá».

Al volver al puesto de enfermería en la telemetría vimos que esa señora hizo una parada cardiorrespiratoria inexplicable y a pesar de todos los esfuerzos falleció. Quedamos sin respiración, ya que cuando acudió a traer los documentos un sobrino nos comentó ante lo que le contamos que su madre falleció joven y su hermana en un accidente hacía años.

Yo me acuerdo del padre de una amiga mía, él murió en la Arrixaca (un hospital de Murcia), y ella tenía un hermano que había muerto hacía pocos años, y la noche antes de morir dice que el padre estaba mal, inconsciente, y que de repente se sienta en la cama y dice: «Hija, que me voy». Y la hija: «Papá, ¿cómo que te vas?». «Sí, está aquí tu hermano A.». «¿Cómo que está aquí A.?». Y el padre: «Sí, me está aquí esperando». Y ella dice que notó algo extraño, y esa misma noche murió. Pero es que él estaba sedado y en ese momento se sentó en la cama, yo cada vez que me acuerdo...

2. Cambios físicos

Estos cambios se refieren a que es posible ver la luz en todo el cuerpo justo antes de la muerte, o ver algo semejante al vapor o neblina saliendo de su cuerpo en el momento de la muerte.

Cuando estábamos con mi madre en el hospital mi hermana y yo, una a cada lado de la cama, vimos las tres, mi madre también, una inmensa luz muy blanca. La vi desde el pecho hasta por encima de la cabeza de mi madre, tan intensa que cegaba, y no podía verla a través de ella. La vimos las tres y nunca olvidaré la cara de asombro que puso mi madre; sin hablar, preguntaba con la mirada si la habíamos visto o qué era, cambiamos a otra cosa y no hablamos con ella de esto, fue impresionante.

Percibo un olor como si fuesen miles de flores juntas de diferentes clases, muy fino el olor, y al poco fallecen. Me pasa desde que falleció mi abuelo paterno, me crie con ellos.

También se aprecia un cambio en la temperatura de la habitación del paciente moribundo.

> Se siente mucho frío, yo lo he sentido.

Es común que haya un mal funcionamiento de los equipos eléctricos, detención de relojes, que suenen los teléfonos o tañan las campanas en el momento de la muerte.

> Cuando se murió mi padre, se pararon varios relojes en mi casa y marcaban la hora que murió.

> Hubo una bajada enorme de la luz.

> El reloj de mi padre se paró justo a las seis de la mañana, cuando murió.

También hay testimonios que mencionan una actividad inusual de los animales, especialmente los que conviven con el moribundo.

> Mi padre estaba en la UCI por una complicación del cáncer que padecía. Estaba yo en su casa durmiendo con mi madre y sobre la una de la madrugada la perrita empezó a aullar como nunca lo había hecho, la verdad es que nos asustó. Esa misma madrugada a las 4.15 horas nos llamaron del hospital para que fuéramos porque mi padre había empeorado y entrado en coma. A la mañana siguiente falleció a las diez. Creo que la perrita lo presintió.

> La noche que murió mi padre mi perro no paraba de llorar, y murió en su casa.

> Puedo contarte, querida Cristina, que en la época que falleció un hermano mío, teníamos una mascota en casa y que sobre la

hora que él falleció estaba muy nervioso y a la hora que él falleció empezó a aullar. Ese aullido que decimos nosotros que llaman a difunto, y estuvo bastante tiempo con ese aullido como de dolor de llanto, y cuando pasó un rato ya se calló, la verdad es que como hace muchos años no recuerdo bien el tiempo que estuvo aullando, esos lloros que tienen ellos de pena o dolor. Te diré que mi hermano no se encontraba en la casa, sino en el hospital, pero coincidió la hora de su fallecimiento con los aullidos de dolor del animal.

Cuando mi suegra murió, los perros de mi cuñado siempre lo recibían al llegar a casa ladrando. Esa noche al entrar él, estaban los dos llorando, y viven lejos de donde murió ella... Lo percibieron.

3. Coincidencias en el lecho de muerte

La aparición de la persona moribunda a un familiar que no está presente en el lecho de muerte generalmente es experimentada por un allegado del moribundo. Suele ocurrir que la persona moribunda va a contactar con su familiar o allegado justo en el momento de la muerte, sin que la otra persona tenga, en muchas ocasiones, conocimiento del deterioro físico de la persona que está falleciendo cuando se produce el contacto.

Mi marido estaba en el hospital muy enfermo, pero a mi madre se lo ocultaba porque está delicada de salud, y cuando la llamé por la mañana, antes de que le dijese nada, llorando me dijo: «Ya sé que Miguel se ha muerto porque hace un rato ha venido a despedirse de mí, me ha tocado los pies y he sentido su cariño». Mi marido tenía psoriasis en las manos y mi madre dijo que sabía que era él porque conocía el tacto de sus manos. No sé si esto te servirá de algo, yo antes era muy escéptica, pero desde que leo

> sobre estos temas cada vez me interesan más, ojalá algún día me ocurriese algo así.

Aunque este caso no sucede en el momento de la muerte, es significativo el espacio de tiempo de tres días, que ya se ha indicado suele ocurrir en las VLM que tienen los pacientes antes de fallecer.

Este es el testimonio de un enfermero:

> Mi suegra tenía alzhéimer desde hacía dieciséis años, había adelgazado mucho, hasta quedar en 37 kilos. La vecina me cuenta después de morir que tres días antes de esto llamaron a la puerta y era mi suegra, vestida, arreglada, con su ropa de siempre, que le decía que se iba, que se tenía que ir y que iba a despedirse. Se quedó extrañada porque sabía que estaba enferma con alzhéimer y sin un lenguaje lógico. A los tres días murió.

4. Sueños

En los días previos al fallecimiento es común que las personas tengan sueños con familiares, amigos o entidades de corte espiritual que tienen un gran significado para ellos, ya que además de proporcionarles tranquilidad y paz, les estimula a dejar sus cosas arregladas antes de morir, así como la aceptación de ciertos aspectos o circunstancias de su vida.

> Una familiar mía, el día anterior de morir, soñó que su hermano (ya fallecido) aparecía en la puerta de ella diciéndole que se fuera con él y cuando ella se acercaba él desaparecía...

Es común encontrar testimonios de personas que han estado en el lugar y el momento en el que se produce el fallecimiento de alguien y manifestar que han sentido olor a flores, golpes secos, luces que se encienden y apagan, etcétera.

> Mi mujer va al hospital a ver a su amiga, la habían internado nuevamente, ella llega al hospital como a las 18 horas; yo les preparo la cena a nuestros hijos y los acuesto. Estando ya en mi habitación como a las 20 horas escucho un fuerte golpe, tomo mi teléfono móvil y le digo a mi mujer: «Tu amiga falleció», y me contesta que sí y que la había visto morir... No sé por qué ni cómo, pero lo sabía.

> Mi abuelo cuando murió volvió a despedirse de mi abuela. Después del entierro mi abuela llegó a casa y notó un olor a rosas y mi abuelo estaba sentado en su sillón y solo le dijo: «Adiós, T.», y el olor desapareció y con él mi abuelo.

Hay casos en los cuales la experiencia de una persona en torno a otra moribunda es compartida por esta, o las experiencias son percibidas por otros independientemente del testimonio de la persona moribunda.

Algo interesante que ocurre y que muchos investigadores han recopilado es que los informantes comentan haber escuchado música hermosa, armoniosa, que califican como celestial, durante una ECM, según Peter y Elisabeth Fenwick (1995), o en el lugar donde se encontraba una persona que iba a morir (Gurney *et al.*, 1886).

Un ejemplo muy conocido es el de la familia de una niña llamada Lilly que murió; desde tres días antes de que la niña falleciera hasta el mismo día de su muerte escucharon ese tipo de música: «Notas impetuosas de un arpa eólica, que claramente aumentaba y disminuía, y que aumentaba gradualmente, hasta que el cuarto se llenó de sonido...».

En mi investigación pude encontrar testimonios de personas que manifiestan tener síntomas físicos que comparten con la persona que está muriendo, en la mayoría de las veces inexplicables y durante un corto periodo de tiempo.

> Una tarde de septiembre de 2014, sobre las 19.00 horas, me disponía a entrar a un centro comercial, había aparcado y me dirigía a la puerta de acceso cuando de repente sentí un profundo dolor en el pecho, tuve que pararme un momento porque era un dolor muy profundo que se desvaneció en cuestión de segundos. Después de terminar de hacer la compra fui a mi casa, a los pocos minutos mi hermana me llamó para decirme que mi tío, que hacía un mes había sido trasplantado de corazón, había muerto escasamente una hora antes.

> Mi esposo falleció en un accidente de moto. El día y la hora que falleció mi bebé despertó llorando y no podíamos callarla, y aún no sabíamos que mi marido había muerto, pero después nos dimos cuenta de que fue a la misma hora en la que ocurrió el accidente.

En este testimonio, la paciente es ingresada por una angina de pecho al día siguiente a la muerte de su hermana:

> P: Mi hijo dice que su hija a las tres de la mañana empezó a llorar.
>
> E: La niña ¿qué edad tiene?
>
> P: Tres años. Y empezó a llorar, a llorar, y mi hijo le dijo: «A., ¿qué te pasa?». La niña: «¡La tita, la tita, que ha venido a verme, la tita ha venido a verme!», y llorando, a la misma hora que mi hermana falleció. Qué cosas más raras, ¿no? Pasan cosas

> raras. Ayer me dijo mi hijo: «Mamá, es que nos dejó...». Porque estaba con ella..., porque tengo once nietos, pero esta como está malica..., siempre estaba (mi hermana): «Ay, que no voy a ver a A., ya no la voy a ver», ella estaba que ya no podía hablar.

Las EFV con significado final se refieren a la disposición del paciente para solucionar los asuntos pendientes y mejorar los vínculos familiares difíciles o complicados. En muchas ocasiones las personas en su lecho de muerte experimentan momentos de lucidez repentina tras un estado de coma o demencia. Esto les da la posibilidad de despedirse de sus familiares, lo que culturalmente se conoce como «la mejoría de la muerte».

Tanto en las EMT como en las EFV, el lugar en el que se adentra el paciente es de una realidad absoluta. En las EFV ambas circunstancias ocurren al mismo tiempo, y lo llamativo es que hay ausencia de confusión. Entienden perfectamente, sin que les resulte sorprendente, que solo ellos puedan estar, vivir o ver esa realidad. Preservan su consciencia social y son capaces de mantener conversaciones distintas diferenciando perfectamente ambos grupos.

Hay testimonios sorprendentes de personas que han atrasado su muerte esperando que llegara un ser querido del que querían despedirse. Recopilo algunos de ellos:

> Mi padre tenía un cáncer avanzado cuyos síntomas se habían presentado solo tres meses antes. Fue operado y el cirujano apreció que estaba tan extendido que no podía hacer nada, y volvió a cerrar sin más. Para llegar a su lado tuve que dejar a mi mujer embarazada con amenaza de aborto, a un hijo chico, sortear dificultades en el trabajo y viajar más de 11.000 kilómetros. Mi

único hermano recorrió 1.600 kilómetros, en coche, y ya estaba allí. Llegué junto a él, y en menos de 24 horas se fue en paz...

Mi abuela aguantó hasta que viniera mi padre, y cuando lo escuchó soltó el último suspiro. Y mi abuelo por parte de madre también estuvo esperando a ver al último hijo, se despidió con sus dos manos moviéndolas entrecruzadas antes de su partida.

Dos bisabuelas de un mismo niño. Una de ellas estaba ingresada en la planta del hospital donde trabajó. Era una señora muy agradable y serena, noventa y cuatro años. Me habló una mañana de su bisnieto, iba a hacer la comunión y le había comprado un anillo. Dijo que hasta que él no hiciera la comunión no se iba a ir de este mundo.

Al mismo tiempo, su otra bisabuela se puso mal y la ingresaron en otra planta y comentó lo mismo: que hasta que su bisnieto no hiciera la comunión no pensaba morirse. La señora que estaba en mi planta llegó muy mal, dábamos por hecho que se iba a morir no tardando, pero para nuestra sorpresa estuvo cerca de un mes, y con notable mejoría para más inri. A los dos días de comulgar su bisnieto murió plácidamente, y luego con el tiempo me enteré de que la otra bisabuela también. Lo supe porque la madre de este niño es compañera mía de trabajo, un día coincidí con ella de noche y hablando salió el tema.

Mi madre esperó a que yo llegara, me cogió la mano y me dijo: «Creí que no te veía más, ahora voy a descansar». Cerró los ojos y dos horas después estaba muerta.

El caso más cercano fue el de mi madre, que le preguntó el día antes de morir a su mejor amiga: «¿Mañana vas a venir a verme?», a lo que le contestó su amiga: «Sí, claro, como todos los días», y mi madre respondió: «Pues no vengas muy tarde, porque no me verás ya». Y así fue, a media tarde partía para el otro lado sin que su amiga pudiera despedirse de ella.

Mi padre estaba en coma, estábamos mi hermana y yo con él, pero mi hermano venía a estar a su lado. Al poco de llegar mi hermano, abrió los ojos y hasta que no lo vio y se despidió de él, mi padre no murió. Fue raro porque los médicos dijeron que era un coma irreversible, pero mi padre abrió los ojos para ver a su hijo y despedirse de él.

En este testimonio se narra un suceso que, aunque no es desconocido, no es tan común encontrar en los relatos que cuentan los entrevistados, pues además de la espera a que llegue el ser querido, el moribundo es visto y se ha comunicado con su familiar en otro lugar geográfico en el que su cuerpo en coma se encuentra.

Cuando mi padre entró en coma para morir, un hermano mío que vive en Canarias pensaba yo que no le daría tiempo a venir hasta Cádiz, pues el 27 de diciembre de 2014 vio una luz muy potente y a mi padre en ella a las ocho de la mañana y le dijo que se despedía de él, pero mi hermano le pidió que esperara, que él venía en avión por la madrugada, y mi padre asintió, pero le dijo que ya no estaba en el cuerpo, que estaba fuera. Mi padre le esperó, cuando llegó a las dos en punto, se sentó frente a él y no dijo palabra alguna. A partir de ahí, los niveles de dióxido pudieron con mi padre y por la mañana expiró a las diez. Mi hermana mayor y yo vimos cómo se vino abajo del tirón a partir de que vino mi hermano.

Otro tipo de encuentros se producen comúnmente tras varios meses o años después de la muerte de un familiar o amigo. Estos encuentros son a veces entendidos como mecanismos psicológicos en el proceso de duelo, pero a veces aparecen cuando el duelo ya ha sido superado.

> Una noche, meses después de que mi abuela muriera, tenía yo entonces diecisiete años, me desperté sintiendo su beso en mi mejilla, no vi su imagen, pero aún sentía el débil roce de sus labios en mi cara y sus palabras: «Me tengo que ir». Aunque yo la echaba de menos, tenía muy superada su partida, nunca había soñado con ella tras su muerte. Recuerdo que una sensación de paz y alegría me invadía, algo que nunca había sentido de una forma tan intensa, pese a las situaciones que he vivido en mi vida, era algo distinto, inexplicable, tuve y tengo la sensación de que realmente vino a despedirse de mí.

> Mi padre murió el 26 de agosto de 2004, yo me encontraba en Perú con mi esposo en casa de su familia. Mi padre murió en Estados Unidos, donde yo vivo también. Me acuerdo de que mi hija me llamó desde California para darme la noticia; yo no podía creer lo que mi hija me estaba diciendo, parecía estar en un sueño. Ese mismo día llamé a la agencia de viaje para comprar un pasaje de regreso, finalmente conseguí un pasaje para viajar en dos días, me encontraba muy confusa y triste porque no puede despedirme de él.
>
> Al día siguiente de haber fallecido mi padre estaba todavía acostada en cama, era temprano por la mañana, mi esposo estaba en la misma habitación haciendo un trabajo en su computadora, yo no estaba dormida cuando sentí que mi esposo salió de la habitación; en cuanto salió, sentí que alguien estaba a los pies de la

cama; después sentí, y esto es lo más curioso o raro, es que tuve un sueño muy profundo no sé si fue un sueño pero desperté en la misma habitación, pero ahora la habitación ya no tenía muebles, solo un espejo grande y yo estaba parada enfrente del espejo. En él se reflejaba mi padre detrás de mí, lo veía muy joven y traía un traje negro, se veía tan elegante y feliz, alzó sus brazos para abrazarme, pero en ese momento mi esposo entró a la habitación y desperté. Yo hubiera jurado que el sueño duró una eternidad, como si en el sueño no hubiera existido el tiempo. Le pregunté a mi esposo cuánto tiempo había estado fuera de la habitación y me dijo que ni tres minutos. A pesar de la distancia, mi padre fue a despedirse de mí.

Fue con mi marido: no lo vi morir, pero lo sentía a mi lado, estaba mucho tiempo, no lo sé explicar, no lo veía, pero lo sentía en los momentos que yo estaba muy mal, a mi lado. Tuve un sueño en el hospital: él diciéndome adiós con la mano, era un sueño como si fuera verdad.

Vino a despedirse un tío por el que yo, a 170 kilómetros de distancia, estaba rezando. Vino en el momento que partía y me dijo: «Gracias, J., por todo lo que estás haciendo por mí», y desapareció. Lo que más me chocó fue que me dijo también: «Ya no nos volveremos a ver más». Claro que no sé si se refería como persona o como espíritu, pero eso fue lo que pasó.

Estaban enterrando a un amigo, un funeral al que no pude asistir, y yo sufría por no darle el último adiós, cuando con su aliento y su voz dijo mi nombre al oído; estaba allí en medio del salón despidiéndose de mí.

Todas las culturas han tenido a lo largo de la historia sus propias creencias mitológicas en torno a la muerte, y especialmente al momento previo en el lecho de muerte (Fenwick y Fenwick, 2015). Muchas de ellas se relacionan con la presencia de ciertos animales que presagian la muerte de alguien.

En muchas culturas las VLM tienen una doble misión: por un lado, ser mensajero de la muerte, y por otro, ayudar a los recién desencarnados en el tránsito a la otra vida. Hay muchos ejemplos que podemos citar.

Visiones en el Lecho de Muerte (VLM)

Son muchos los casos en los que personas moribundas, antes de fallecer, creen ver y oír a sus familiares o amigos ya fallecidos, y en algunos casos el moribundo viaja en varias ocasiones durante los días u horas previos a la muerte, con este familiar, a un lugar luminoso lleno de amor que considera más real que la vida que conoce.

Muchas de estas visiones pueden corresponder a alucinaciones. Esto sería así si definiéramos las alucinaciones como una experiencia sensorial que no se basa en la percepción física y que no es compartida por los demás. Desde este punto de vista sí podríamos considerarlas alucinaciones, pero ¿carecerían de significado para quienes las experimentan? El *Diagnostic and Statistical Manual of Mental Disorders* (Manual Diagnóstico y Estadístico de los Trastornos Mentales) DSM-V (APA, 2014) considera que las alucinaciones «son percepciones que tienen lugar sin la presencia de un estímulo externo. Son vívidas y claras, con toda la fuerza y el impacto de las percepciones normales, y no están sujetas al control voluntario».

A veces se consideran normales las alucinaciones dentro del contexto de la pérdida o el duelo, como escuchar la voz de un ser querido recientemente fallecido o sentirlo al lado. En el caso que nos ocupa, no se trata exactamente de tener la visión por un momento de un familiar que acaba de morir, dado que hablan con ellos durante un tiempo prolongado y/o varias veces a lo largo de los días o incluso semanas previas a la muerte, y tampoco se da el caso de que están en proceso de duelo, ya que son los propios moribundos quienes viven esta situación. Tampoco se trataría de delirios, pues el DSM-IV establece como criterios diagnósticos del delirio:

a. **Alteración de la conciencia** (por ejemplo, disminución de la capacidad de prestar atención al entorno) con reducción de la capacidad para centrar, mantener o dirigir la atención.
b. **Cambio en las funciones cognoscitivas** (como deterioro de la memoria, desorientación, alteración del lenguaje) o presencia de una alteración perceptiva que no se explica por una demencia previa o en desarrollo.
c. **La alteración se presenta en un corto periodo de tiempo** (habitualmente en horas o días) y tiende a fluctuar a lo largo del día.

A tenor de lo que sabemos sobre las ECM, y en concreto sobre las EFV, no podemos catalogarlas como delirios, pues durante estas experiencias no se reduce la capacidad de mantener o dirigir la atención, sino que quienes las viven conservan la mente clara, no hay desorientación ni deterioro de la memoria, están bastante orientados y lúcidos, como bien apuntaba William Barrett.

Desde una óptica científica, estas visiones que se producen al final de la vida se deben a la respuesta psicológica ante el conocimiento de su inminente muerte, ya que los pacientes saben que se van a morir pronto, y han oído que a veces, en las puertas de la muerte, se puede ver a familiares ya fallecidos. También son atribuidas a los fármacos o a los procesos fisiológicos de esos momentos previos; pero estas visiones no son debidas a una visión normal; si fuera el caso, todos los presentes podrían verlo. Una de las cuestiones que se plantean en esta situación es cuál sería la razón entonces de acordarse en el momento de la muerte de los seres queridos fallecidos en lugar de quienes los acompañan en su día a día.

Las investigaciones muestran que estas experiencias ocurren cuando la mente está clara y no son producto de las alucinaciones inducidas por fármacos. De hecho, como bien apuntaba la enfermera Penny Sartori (2008), con quien tuve el placer de conversar en varias ocasiones sobre estas cuestiones, los pacientes que recibieron analgésicos eran menos propensos a reportar una ECM o EFV, y tenían experiencias confusas. Por lo tanto, grandes dosis de fármacos analgésicos pueden inhibir los aspectos espirituales que pudieran emerger durante el proceso de muerte.

Mientras que las alucinaciones pueden dar lugar a ansiedad o confusión, las EFV dan como resultado la aceptación de la muerte y una inmensa sensación de paz.

Osis afirma: «Los análisis demuestran claramente que no es el delirio la base de estas apariciones en el lecho de muerte, por lo que la balanza se equilibra hacia la hipótesis de la otra vida». Osis y Haraldsson (1977) añaden: «Las alucinaciones ordinarias dependen de la personalidad, las visiones de los moribundos no están afectadas por este factor; las apariciones parecen tener una fuente externa, en lugar de ser meras proyecciones de pensamientos o deseos insatisfechos».

En el estudio liderado por Sam Parnia (2014) llegan a la conclusión de que las experiencias que los pacientes recordaban en estos momentos críticos cercanos a la muerte no coinciden con las características de las alucinaciones, las ilusiones o las experiencias inducidas por drogas psicodélicas.

El doctor William Barrett en su libro *Deathbed Visions* cita a Charles Robert Richet, premio Nobel de Fisiología y Medicina en 1913, a propósito de las VLM atribuyéndole las siguientes palabras:

> Los hechos de esta índole son de gran importancia. Resultan mucho más explicables según la teoría espiritista que por la hipótesis de la mera criptestesia. De todos los hechos admitidos para probar la supervivencia, estos son, a mi parecer, los más desconcertantes (esto es desde el punto de vista materialista). Por consiguiente, he juzgado un deber mencionarlos con toda escrupulosidad.

La escritora irlandesa Frances Power Cobbe reflexiona en su libro *The Peak in Darien* (1882) sobre las VLM que no dejan de estar vigentes en la actualidad:

> El moribundo yace tranquilo cuando, de pronto, en el mismo momento de expirar, alza la vista —a veces se incorpora en el lecho— y se queda mirando fijamente en el vacío (o lo que tal parece) con una expresión de perplejidad, que unas veces se transforma instantáneamente en alegría, y otras acorta la primera sensación de un asombro y un temor solemnes. Si el moribundo fuera a percibir una visión totalmente inesperada, pero

> instantáneamente reconocida, que le causara una gran sorpresa o una exultante alegría, su rostro no podría revelar mejor el hecho. En el mismo instante en que se produce este fenómeno tiene lugar la muerte, y los ojos se vidrian, sin dejar de contemplar el espectáculo ignorado.

Según apunta Osis en su monografía *Deathbed Observations* (1961): «Los pacientes en el lecho de muerte ven apariciones con más frecuencia cuando están plenamente conscientes y tienen capacidad de respuesta ante el entorno que cuando la conciencia y la comunicación se hallan dañadas».

Osis y Haraldsson afirmaban que en su estudio piloto (1977):

> ... en la mayor parte de los casos las visiones no parecían alucinaciones ordinarias. Por ejemplo, el paciente podía ser muy racional y bien orientado en todos los aspectos, pero seguir insistiendo en que veía apariciones que «venían para llevárselo» a otro mundo. Generalmente, estas experiencias eran más breves, más coherentes y relacionadas con la situación del moribundo y de otra vida que los desvaríos de un cerebro enfermo. [...] Con ello se confirmaron los descubrimientos previos de las más antiguas observaciones de casos clínicos debidas a Barrett (1926) y Hyslop en 1908 (2014): principalmente que la mayor parte de las alucinaciones de personas eran verdaderamente apariciones en el sentido de que solo una persona era alucinada o percibida por ESP (percepción extrasensorial) mientras permanecían intactas la percepción que tenía el paciente de la habitación y la atención que prestaba al médico.

Pero el aspecto evidente y manifiesto de muchos testimonios en los que el moribundo no conocía la muerte previa de alguna de las personas a las que veía en su lecho de muerte constituye, según William Barrett, una de las evidencias más concluyentes de la supervivencia tras la muerte.

He podido recoger durante mi investigación testimonios al respecto:

> Mi hermano tenía cáncer y coincidía con compañeros de quimio, un compañero de él, P., falleció, pero decidimos no decirle nada para que no lo pasara mal. Estaba durmiendo y cuando despertó me empezó a llamar y me dijo que P. había muerto. Yo le quise quitar importancia preguntando qué P., y entonces me dijo que el de Huelva, le pregunté que quién se lo había dicho y me dijo que había venido a la habitación, que se reía y que él murió con la pipa de la paz, llamábamos pipa de la paz al espirómetro.

> Mi madre hablaba con su vecino A., que acababa de fallecer meses antes y tampoco se lo dijimos. Decía que se reía y decía que estaba muy bien, ¡cuántas veces he ido con mi madre y él en las ambulancias!, aunque solo lo veía ella, pero me lo contaba.

En estos casos suelen tener la certeza de hablar con personas cuya muerte no siempre es conocida por ellos, tal es el caso de quienes relatan estar viendo a un familiar o amigo ya fallecido y cuya muerte no le ha sido comunicada. Pero ¿qué explicación podría darse a tales visiones?

Quizá la más frecuente o la más racional es la de las alucinaciones. La cuestión, como comentaba Barrett, es si se trata de una mera alucinación ilusoria (que no se correspondería con nada) o verídica (correspondiente con un acontecimiento real, pero que es invisible a la vista normal), ambas diferentes de la ilusión, que no remite a ninguna realidad, o de una idea mágica, como la transferencia del pensamiento o la acción telepáticas de las personas que se encuentran alrededor del moribundo. Barrett asegura que quizá el azar podría causar o la casualidad podría explicar algunos de los casos, pero la casuística que se ha encontrado a lo largo de la historia hace muy improbable tal explicación.

En este sentido, Osis y Haraldsson (1977) argumentan: «Ni el condicionamiento médico, ni el psicológico, ni el cultural pueden explicar las VLM; visiones que, además, son independientes de los factores de edad, sexo, educación, religión y estatus socioeconómico».

Un ejemplo de ello lo pude recoger en una entrevista que realicé a una señora que acompañó a su padre en el lecho de muerte: a los pocos meses de esta entrevista ella falleció.

> Mi padre era ateo, había tenido muchas pérdidas familiares en su vida y el sufrimiento tal vez le llevó a no creer en nada y a no querer saber nada de la religión. Estaba convencido de que cuando nos morimos ya no hay nada más. En su lecho de muerte, en los años cincuenta, nos dijo a los que estábamos con él: «Se ve algo sobrenatural. Me pesa no haber creído en nada durante toda mi vida, ahora sé que estaba equivocado, sé lo que hay». Besó el crucifijo y al poco tiempo murió.

En la actualidad son pocos los estudios dedicados al proceso de la muerte, especialmente sobre las EFV. Esta falta de interés desde el ámbito médico puede radicar en el hecho de que importa poco o nada lo que no sea la vida, y ciertos aspectos relacionados con la continuidad de la consciencia pueden no interesar por no encontrarse evidencia científica.

Visitantes en el lecho de muerte

Las VLM han ido variando con el paso del tiempo. En la Antigüedad, a menudo se relacionaban con seres religiosos, como Jesús, san Pedro, la Virgen María, los ángeles. En la actualidad, además de atribuir esas identidades a seres espirituales, son más comunes las visiones en las que los moribundos ven a familiares o amigos sin los defectos físicos que pudieran tener en vida, sino más jóvenes en la mayoría de los casos y en su época de mayor esplendor, no como murieron ni como fueron vistos por última vez y quedó en su recuerdo:

> Yo he podido ver a varios y estaban con el mismo aspecto que tenían, e incluso a un primo mío que no sabía de él hacía mucho, lo vi con el pelo muy corto, mi tía me dijo que se había cortado el pelo unos días antes de morir.

> Mi madre, que murió con ochenta y dos años, al despedirse de mí aparentaba unos cincuenta y pocos. La sorpresa nos la dio mi padre, que tendría unos dieciocho o veinte años. Digo que nos la dio mi padre porque mi hija me contó que había soñado con él y parecía un chaval. Le pregunté cómo estaba y su sueño coincidía con el mío.

La explicación que podemos dar a este cambio significativo de las VLM es que estas hayan evolucionado culturalmente, y cuando antes se interpretaba que era un ser místico el que aparecía en el lecho de muerte, sobre todo en la época medieval, caracterizada por el auge del cristianismo, ahora se le da un nombre concreto de alguien que ha sido conocido en vida.

Según Osis y Haraldsson, en la muestra estadounidense recogida para su estudio, la proporción de los visitantes de naturaleza mística era de un 13 por ciento frente al 70 por ciento atribuido a los familiares y conocidos. Sin embargo, en la India el porcentaje era del 50 por ciento atribuido a personajes religiosos frente al 29 por ciento correspondiente a los familiares. Esto podría demostrar que la cultura y la religión son un factor importante a la hora de interpretar la propia experiencia. De hecho, para quienes han tenido fuertes lazos con la religión, vivir estas experiencias les intensifica aún más sus propias creencias en relación con la vida después de la muerte, y quienes no se han considerado creyentes pueden empezar a abrazar la fe o ser personas más interesadas por el mundo espiritual.

Estas personas que han tenido una visión en el lecho de muerte e incluso sus acompañantes consiguen dar un sentido a tales visiones convirtiéndolas en una guía para el moribundo en el tránsito hacia la otra vida. De los testimonios que he podido obtener respecto a la creencia de este propósito destaco los siguientes:

> Pienso que con el propósito de que en el tránsito no teman nada, de que se sientan tranquilos y tengan, digamos, un buen recibimiento.

> Para que la persona que marcha esté más preparada y digamos que se siente como guiada por sus seres queridos que marcharon antes.

> Los ven para hacer el tránsito más llevadero.

Yo creo para acompañarnos y recibirnos igual que aquí los despedimos o nos despiden, es un viaje.

Para tranquilizarles y hacerles saber que no estarán solos.

Hacerles sentir todo el amor y que estén seguros y no tengan miedo de empezar un nuevo cambio.

Para que estemos tranquilos, para que no nos preocupemos por ellos, como si nos estuviesen diciendo con su aparición: «Mira, me aparezco para que sepas que sigo existiendo».

Para acompañarlos en el tránsito y darles tranquilidad.

Pienso que para ayudarle y acompañarle en el «viaje». En el caso de mi madre, vio a los padres de mi padre y a extraños.

Para recoger a sus seres queridos y quitarles el miedo.

Esta misma sensación de paz y tranquilidad invade también al moribundo y se relaciona con un desenlace inminente. Pero son acogidas por el propio moribundo con alegría y paz, lo que para Fenwick y Fenwick (2015) constituye un proceso desligado de cualquier tipo de confusión, proceso psicótico, satisfacción de una expectativa o consuelo; es más, concluyen: «En el estado actual de nuestros conocimientos científicos, es difícil mencionar un mecanismo cerebral específico que explique las experiencias cercanas a la muerte». Por lo tanto, lo que sería más significativo de estas experiencias son tanto la validez como el significado que tienen para quien va a morir, y también para sus acompañantes.

Experiencias de Muerte Compartida (EMC) o empática

Las EMC son Visiones en el Lecho de Muerte vividas por quienes los acompañan. Moody y Perry (2010) dicen que son «como las ECM, solo que se producen en una persona que no está enferma. Suelen suceder a una o varias personas que están junto al lecho de muerte de otra, y tienen lugar cuando la persona enferma está próxima a la muerte o cuando acaba de morir. Pueden suceder a una persona, o a varias».

Una de las explicaciones son las neuronas espejo. En este sentido sería posible que en el momento de la muerte tenga lugar una transmisión del pensamiento a través de estas neuronas, la telepatía, alucinaciones o histerias colectivas.

Moody declara:

> No tengo en cuenta la posibilidad de que estas EMC sean casos de contagio social o del efecto emocional del estrés, como han dicho algunos. He pasado muchas horas junto a lechos de muerte, y muchas más junto a personas que han tenido estas experiencias increíbles, y puedo decir, como psiquiatra, que el ambiente del lecho de muerte no es un ambiente de desorden e histeria. También puedo afirmar que las personas que me cuentan sus casos no son histéricas ni tienen alucinaciones. Son, más bien, personas corrientes que han tenido unas experiencias extraordinarias.

En una entrevista realizada al doctor Moody durante la celebración de un congreso internacional en Marsella este me contó:

> Estas mismas experiencias les suceden frecuentemente también a los testigos de personas que están muriendo. Estos testigos poseen todos los elementos de lo que nosotros llamamos una ECM. Así que no es necesario estar a punto de morir para vivir esta experiencia. Esto da lugar a una situación difícil de explicar: ¿cómo es posible que el oxígeno salga del cerebro si los testigos no se encuentran enfermos ni dañados? [...]. Esas experiencias son diferentes en calidad si las comparamos con el tipo de conciencia ordinaria que experimentamos en un día normal. La gente afirma que este tipo de conciencia es mucho más trascendental, que la percepción se expande y los sentimientos se intensifican. Llegan a entrar en un estado de hiperrealidad, donde las cosas parecen ser más reales que en la realidad física común.

En relación con lo que Moody plantea inserto este testimonio recogido en la investigación:

> Yo estuve con mi madre en sus últimas horas agarrada de su mano. En su último suspiro apareció una luz bella, esa es la palabra, la vi adentrándose en ella, ella se giró y sonrió. Era una paz inmensa, nunca viví algo parecido, y esa luz que vi y la paz que me dio no se pueden describir con palabras, es maravillosa, es paz profunda, no sé, es difícil decirlo con palabras.

Este testimonio es una experiencia subjetiva, pero para la acompañante es algo muy real en el lecho de muerte de su padre:

> Esto es difícil de explicar. Primero por recordar el momento más doloroso de mi vida, el fallecimiento de mi padre, y segundo porque no es un hecho cotidiano, se trata de una experiencia,

incomparable, complicado para encontrar similitudes y palabras para describirlo.

Mi padre había ingresado en el hospital hacía tres días a consecuencia de un derrame cerebral. Ingresó consciente, pero al día siguiente, mientras le hacían un TAC, entró en coma.

Era de madrugada, yo desde el ingreso no me había separado de su cama, agarrada a su mano. Observaba su respiración, cada mínimo movimiento... Mi padre tenía insuficiencia respiratoria, por lo que llevaba una mascarilla de oxígeno, aunque él, a pesar del coma, tenía todos sus órganos en perfecto estado y no necesitaba máquinas. A pesar de la mascarilla, respiraba muy fuerte y seguido, igual que hacía cuando dormía normalmente.

Yo realmente estaba agotada, pero no podía separarme ni un metro, era imposible. Mi familia, amigos, me decían que por favor descansara, que me diera una vuelta, pero no lo conseguían.

Por las noches venía mi amiga, como una hermana, como una sobrina para mi padre. Pasaba la noche con nosotros, pegada conmigo y con mi padre a la cama. Esa tercera noche yo no conseguía mantener los ojos abiertos, pero tampoco conseguía cerrarlos para dormir. Llegó un punto que, en la misma cama de mi padre, me tumbaba junto a él para no caerme. Mi amiga entonces me pidió que me acostara quince minutos en el sofá estirada, yo acepté con la condición de que al soltarle la mano se la cogiera ella y que cualquier mínimo cambio me dijera. Cuento todo esto porque creo que es muy importante que quede reflejada la unión emocional que tenía con mi padre.

Durante todo este tiempo yo no hacía más que hablarle, física y mentalmente, toooooodo el tiempo.

Me eché en el sofá, a menos de un metro de distancia de su cama. Estaba realmente agotada, pero, aun así, mi obsesión era no perder ni dormida cualquier sonido, era como encender el sentido del oído al mayor nivel, para seguir conectada con él, y ¿cómo podía hacerlo?, con su respiración.

Así que, igual que un mantra, su respiración consiguió unirme otra vez a él. ¡Sin poder dormirme, de pronto, ufff, no sé cómo explicar esto! Vi una serie de luces, fue casi de pronto, mis ojos se cerraron, todo era negro, me concentré en la respiración y ahí estaban, unas lucecitas en cadena con formas geométricas y en círculo, ¿cómo decirlo?, una especie de mandala, pero no estaban quietas, se unían y se movían, pero como un dibujo perfecto, era como un hilillo de lucecitas que se conectaban entre sí, todas haciendo un dibujo dentro de una esfera mayor. ¡No estaba soñando!, quiero que quede muy claro, lo sé porque estaba tan alucinada de lo que estaba viendo, la sensación era de tener los ojos abiertos, quería decírselo a mi amiga, pero no me atrevía a hablar para no perder la visión, estaba concentradísima, porque no tenía ni idea de lo que estaba sucediendo y no sabía si iban a pasar más cosas, por eso sé perfectamente que estaba despierta. La respiración de mi padre y el movimiento de las lucecitas estaban sincronizados, era como una danza. También otro detalle de que estaba completamente despierta es que escuchaba cualquier movimiento de mi amiga, todo era superintenso.

Acabó igual que apareció..., de pronto. Lo último que recuerdo es que del centro venían como hacia mí unas luces creo que roja y otra azul, y zas, la oscuridad de tener los ojos cerrados. Intenté hacer el esfuerzo de que volvieran a aparecer, pero fue infructuoso.

Entonces abrí los ojos y muy excitada le conté lo que me pasó a mi amiga, me dijo que había estado unos veinte minutos y que ella notó que no dormía.

Sinceramente, no sé qué ocurrió, lo único que sé es que me dejó una sensación extrañísima, eso no era normal.

De hecho, cuando mi padre falleció, mi obsesión fue saber qué me había pasado ahí. Han pasado tres años y aún no lo sé.

Pero... hay algo que mi sensatez me obliga a ser escéptica y a la vez una fuerza mucho mayor que me dice: «Sabes perfectamente lo que pasó, no te lo tiene que decir nadie». Esa fuerza me dice que estaba viendo lo mismo que estaba viendo mi padre.

Lo que este testimonio parece decir es que había un fuerte vínculo entre el paciente y la hija. Y en este momento de expansión de la consciencia del padre y el estado de no vigilia de la hija podría crearse esa experiencia compartida.

El día que murió su respiración iba haciéndose más suave y lenta. Eran las cinco en punto de la tarde y en la habitación había un gran ventanal. Era 1 de marzo y ese día amaneció soleado, pero en el momento que mi padre iba expirando fue entrando una luz supercálida y te aseguro que, siendo lo más terrible que a toda familia le puede suceder, ver cómo se te va lo que más quieres, mi madre, mi hermano y yo sentimos lo mismo, sin hablar, en completo silencio, solo adorándole y cogidos todos de las manos a su alrededor.

Lo hablamos, meses más tarde, los tres recordábamos lo mismo, que entró una luz muy cálida, como que incluso deshacía las formas y una paz y amor que te envolvían de dentro hacia afuera, era una sensación... entre dolor-amor inmenso, y todo ese dolor te lo compensaba esa paz, una paz que te calmaba completamente, te liberaba de cualquier miedo... Es muy difícil explicarlo.

Expresiones lingüísticas utilizadas en las EFV

Son interesantes las expresiones eufemísticas que se suelen usar para hablar de la muerte. Por lo general, en todas las culturas nos referimos a la misma en términos de «pasar a mejor vida», «irse», «cruzar», expresiones que coinciden con las que los moribundos suelen decir en sus últimos momentos, asumiendo, de alguna manera, que la muerte no es un fin en sí misma, sino que es la expresión de una continuación, un viaje hacia algún otro destino, asumiblemente misterioso.

Las expresiones que se han podido recoger en los testimonios de esta investigación muestran la claridad con que los moribundos expresan la idea de su próxima muerte: «Tengo que irme», «Me voy». Tal vez podría interpretarse como un mecanismo psicológico de autodefensa ante la percepción de la propia muerte para sobrellevar dignamente la aceptación de esta, ya que la muerte no sería un concepto reconocido o asimilado por el propio moribundo.

Otras palabras muy comunes para designar el momento de la muerte son: viaje, partir y tránsito. Palabras usadas tanto por los moribundos como por los familiares, así como «Vienen a por mí», «Vienen a recogerme», «No me voy solo». Palabras que están relacionadas con dos ideas: por un lado, el traslado de algo inmaterial que forma parte de la propia identidad hacia otro lugar o destino, es decir, la creencia en un paraje de orden místico, y por otro lado, la idea de estar acompañado de seres queridos durante el momento de la partida. Ejemplos de ello que he podido recoger son: «Acompañarle en el "viaje"», «La persona que marcha», «Hacer el tránsito más llevadero», «Dan tranquilidad en ese trance al cruzar al otro lado».

Otras experiencias

Muchos testimonios que he podido recopilar no están tan estrictamente relacionados con las VLM y las experiencias compartidas, sino más bien con las experiencias de comunicación después de la muerte. Aunque este tema puede quedar en lo simplemente anecdótico, y no es el objeto de este libro, han sido tantas las personas que se han dirigido a mí para contarme estas experiencias que por el valor antropológico y de la creencia en un más allá creo interesante reflejar algunas.

Si bien es cierto que, en muchos casos, la aflicción por la pérdida y el dolor pueden provocar sensaciones alucinatorias, especialmente en los más allegados al difunto, hay ciertos testimonios de personas que refieren esa comunicación sin haber tenido un contacto muy directo con el fallecido. El siguiente relato corresponde a una señora a propósito de la muerte del padre de una amiga:

> Estaba en el funeral del padre de una amiga. Había acabado la ceremonia y estaban sacando el ataúd de la iglesia. Justo cuando pasa muy cerca de mí (unos cuatro metros) escucho una voz (la de su padre, con su timbre de voz) que dice: «Dile a mi hija que, aunque no se lo puede decir, la quiero mucho». Me quedé atónita. ¿De dónde había salido esa voz? No era un sonido normal que escucho exterior, no era un pensamiento interior que genero; nunca había escuchado nada de esa manera. En el momento anterior a escuchar esa voz me sentía simplemente presente donde estaba, sin pensar en nada; no interrumpió ningún pensamiento; y de repente escucho.
>
> Me empecé a sentir inquieta y a cuestionarme lo que me había ocurrido. No me parecía muy apropiado decirle eso a mi ami-

ga en esos momentos, no sabía cómo le podía sentar. Yo sabía que su padre no era muy comunicativo para expresar emociones de cariño con ella, pero aun así los días previos a su muerte podía haberlo hecho. Dudaba de lo escuchado. Pero ¿y si era verdad? ¿Y si su padre se quedó con ganas de expresarle su afecto y no se lo decía? Me pasé dos días agitada decidiendo qué hacer. Ella se iba de viaje hacia donde vivía ahora y no sabía si se lo podría decir algún día.

Finalmente decidí decírselo, aquello fue realmente extraño.

Quedé con ella la tarde en la que se iba a ir. Tras hablar un rato esperando el momento adecuado, le comenté que le iba a contar algo extraño y que sentía si no era el momento más apropiado. Le dije que había oído la voz de su padre y me había dicho que le dijera que la quería mucho, aunque no se lo pudo decir. Ella asintió, me dijo que se había quedado con esa sensación, de que quisiera haberle dicho algo, pero no lo hizo. Nos abrazamos. Me invadieron una alegría y gozo inmensos, parecía que lo que había escuchado, de donde quiera que viniese, había sido real. Ella se fue y volví a casa con una gran satisfacción de haberme arriesgado a comunicarle algo que no me era fácil de transmitir y haber contribuido a la felicidad de mi amiga, gozo que duró tiempo.

El siguiente testimonio pertenece a una enfermera que se encontraba en la Unidad de Cuidados Intensivos (UCI):

F: Pues yo tenía mis días libres normales y me bajé el viernes a V. (pueblo). Entonces ya mi hermana pequeña me había dicho que el bebé estaba en la casa, que lo cuidaba ella porque mi tía tenía que hacer cosas. Entonces llegué a casa con ganas de ver al crío. El niño estaba en el carricoche, sentado, y mi hermana estaba haciendo cosas en el comedor.

E: ¿Qué edad tenía el niño?

F: Pues cuatro meses. Lo primero que hice fue, pues ya ves tú, irme para el crío, la maleta y todo en el pasillo, y yo me fui para el zagal, entonces lo saqué del carricoche, lo tomé, lo abracé, me senté en el sofá, y entonces fue cuando sentí una sensación rara, lo aparté y lo tomé así (separando los brazos del cuerpo), y un miedo que me dio que vamos, que me acordé de mi abuelo J. y dije: «Si es que está aquí», una cosa muy rara. Tenía miedo, sensación de miedo.

E: ¿Al coger al niño?

F: Al coger al niño, al mirarlo.

E: ¿Y antes no te había pasado?

F: No, yo estaba con el niño desde que nació y nada, pero tuve una sensación más rara y un miedo, una cosa, que yo me vi extraña, dejé al crío, y dije: «Ay, que me tengo que ir», y ya en todo el fin de semana no pude ir a verlo. Me daba miedo, me daba cosa ir a verlo. Y eso que me llamaron porque el sábado había fútbol y había ganado la Juventus y estaban de celebración en casa de mi tía, porque mi tío es italiano, y vistieron al niño de la Juventus, con la camisa blanca y negra, y le hicieron fotos y yo no fui porque me daba cosa ir.

Entonces el lunes, cuando yo iba a ir a verlo antes de venirme a Murcia, fue cuando yo estaba en la calle, paro con el coche haciendo un stop que hay para ir a casa de mi tía, y me dije: «Mira, si es que es muy tarde...», buscando excusas. «No voy a ir a ver al crío, ya lo veré otro día», y me fui a por mi compañera, que me estaba esperando para traérmela para Murcia también [...]. Empecé a poner excusas, de que se me iba a hacer tarde, de que tal, ya ves que yo no trabajaba hasta la noche, salimos antes de comer y entraba a las diez de la noche [...]. Y me fui, entonces cuando llegué a Murcia, sobre las cuatro o así de la tarde, me llamó mi prima y me dijo que se había muerto. Y yo, cuando di la vuelta y fui a casa de mi amiga, escuché la ambulancia (pero no sabía que era para él).

E: ¿Coincidió que al niño le pasara algo con el momento en que decidiste no ir?

F: En el que murió, sí.

Al igual que en las EFV, en que los enfermos tienen sueños con sus familiares ya fallecidos que les ayudan a reconciliarse con aspectos de su vida antes de fallecer, las personas allegadas también suelen tener sueños que en la mayoría de las ocasiones les ayudan a llevar el duelo y sobreponerse. He aquí uno de los relatos testimoniados:

Yo era responsable de una planta del hospital, tenía a cargo a personal, tanto enfermeras como auxiliares. Una de las auxiliares era diabética, hipertensa, tenía problema renal y al final falleció con unos cuarenta y tantos años. Era una persona muy querida por nosotras, sus padres eran muy mayores [...]. Yo fui un día a su casa, ella ya había perdido la vista por el azúcar, empezó a tener fallos renales, estuvo ingresada en la Arrixaca, fui una vez, pero ya no volví, la vi muy deteriorada, pero ya no volví. Fui a la misa de duelo, estuve en el entierro y yo lloraba mucho, mi madre se vino conmigo porque como me veía como estaba... [...]. Una noche, acordándome y llorando por ella, sintiéndome culpable como que la había abandonado, cuando me quedé dormida, en el sueño vi una luz grande, como cuando miras al sol pero no puedes mirarlo, era una luz completamente blanca (me estoy erizando), era resplandeciente, porque la podías mirar, y la vi a ella como sentada en una nube, noté que me tocaba y me dijo: «M. D., no llores más por mí, yo estoy muy bien donde estoy, estate

> tranquila, no llores, y lo que quiero es que digas a las compañeras (las nombró) que estoy muy bien donde estoy y que no se preocupen por mí, no llores más». Ya se fue, y a raíz de ese día me quedé más tranquila y dejé de llorar.

Yo misma tuve uno de estos sueños dos semanas después de fallecer mi madre. Por fortuna conocí quince días más tarde al doctor Pim van Lommel en un congreso, y durante una grata conversación junto a su esposa acerca de las ECM y las VLM, le conté mi sueño. El doctor, tajante y contundente tras preguntarme por las características de este, me dijo: «No fue un sueño, fue un contacto, ellos así se pueden comunicar, a través del sueño, y quería transmitirte lo que querías saber». Sus palabras fueron un bálsamo para mi alma, por provenir de quien me las regalaba y por el contenido de estas, que tranquilizan y consuelan sobremanera. Podrían darse muchas explicaciones, especialmente desde la psicología, pero lo cierto es que hoy, tras años de haberlo experimentado, lo recuerdo de manera intacta.

4

Impacto social de las ECM y perspectiva científica

> El progreso de la ciencia se ve refrenado al imbuir en las mentes jóvenes un concepto falso de la naturaleza de la realidad, y la perniciosa idea filosófica de que el hombre está compuesto de materia concebida al modo clásico no se revela como incompatible con los hechos empíricos.
>
> HENRY STAPP

Después de vivir una ECM es muy común que al experimentador le cueste adaptarse de nuevo a la vida, ya que supone asumir muchos cambios y porque esta experiencia vital no es conocida y/o en muchos casos no es comprendida por quienes le rodean, e incluso a la misma persona le cuesta trabajo entenderlo, ya que nada es comparable. Según la doctora Sartori (2015), estas personas son reacias a compartir su vivencia por miedo a ser ridiculizadas, y es que la primera persona con la que se comparte la experiencia suele ejercer un gran impacto en la forma en que la persona la integrará en su vida. Sartori identifica varios efectos secundarios:

- **Sentimientos desagradables.** En algunos casos crece el nivel de angustia personal y aumenta el número de divorcios. Quienes han protagonizado la ECM pueden desear volver al estado en el que estaban antes, e incluso caer en depresión. No obstante, se ha apuntado que estos problemas podrían ser el inicio de un avance a nivel psicológico.
- **Perder el temor a la muerte.** Quienes no conceden un gran significado a su experiencia aún poseen un cierto grado de incertidumbre respecto a la muerte; quienes informaron de una ECM significativa aseguran que no hay que temer a la muerte, y esto se deba a que ya han estado allí, según cuentan.
- **Más tolerantes, amables y compasivos.** Muchos optan por trabajar en profesiones dedicadas a la atención a los demás y estudian Enfermería o Medicina, o trabajan como voluntarios en hospicios.
- **Renuncia al materialismo y la búsqueda de estatus.** Se produce una reevaluación de la vida y cobran más prioridad las cosas sencillas, como pasar más tiempo con los seres queridos.
- **Una nueva apreciación de la vida.** Dejan de preocuparse por cosas que antes les molestaban, y valoran lo que es importante en sus vidas.

E: ¿Cambió algo en su vida esa experiencia, en su percepción de la vida y la muerte?

P: Pues mira, eso sí, porque te hace ver que todo es muy relativo, que en un momento se te puede ir todo al garete, que a veces les damos importancia a cosas que no las merecen, y eso te hace relativizar mucho las cosas. Aun así, cuando pasa mucho tiempo te hace caer otra vez en la rutina, pero de momento sí es verdad que te paras a pensar en lo que realmente merece la pena.

- **Cambian los valores espirituales.** Algunos tienden a ser más religiosos, incluso hay quien se ordena sacerdote tras la experiencia vivida; para otros, su religión no explica adecuadamente lo que les ha sido revelado durante su ECM. Suelen volverse más considerados con los demás, sienten gratitud por tener otra oportunidad de vivir y perciben un propósito espiritual.
- **Sensación de una misión o propósito en la vida.** Es muy posible que desconozcan la naturaleza de tal propósito, aunque adquieren la certeza de que tienen algo que cumplir.
- **La ECM es un recuerdo vívido.** Incluso años después, la vivencia es recordada con todo lujo de detalles, como si hubiera ocurrido el día anterior.
- **Aumento de la preocupación por cuestiones ecológicas y medioambientales.** Sienten un profundo respeto por la naturaleza y consideran el efecto global que los seres humanos causan en ella.
- **Sensibilidad eléctrica e incapacidad de llevar un reloj de pulsera.** En algunos casos, el reloj de pulsera se para cuando lo llevan puesto, aunque con otras personas funciona con normalidad; otras veces no da la hora correctamente. Esta sensibilidad a los campos magnéticos es mayor en personas que han experimentado una ECM que en quienes han estado al borde de la muerte.
- **Algunas personas desarrollan capacidades intuitivas y sensitivas muy altas.**

- **Ser curado o desarrollar la capacidad de curar.** Hay casos en los que tras haber vivido una ECM la persona desarrolla la capacidad de curar a los demás. También hay casos en los que desaparecen las enfermedades de los experimentadores tras vivir la ECM (Moorjani, 2014).
- **Enorme impulso espiritual.** Las ECM pueden tener un gran impacto en la vida personal y puede incluso ser un verdadero motivador para lograr proezas increíbles.

De acuerdo con la Asociación Internacional para los Estudios al Borde de la Muerte (IANDS, por su sigla en inglés), cerca del 80 por ciento de quienes experimentan los estados de casi muerte aseguran que sus vidas cambiaron para siempre. Los experimentadores no regresan solo con un entusiasmo renovado por la vida y una perspectiva más espiritual, sino que sienten diferencias fisiológicas y psicológicas importantes que les pueden causar grandes dificultades de reajuste durante bastante tiempo. Esto se aplica tanto a niños como a adolescentes o adultos.

En 2006, y al amparo de IANDS, se reunieron veinticinco personas para compartir sus experiencias. Allí identificaron seis retos principales que los experimentadores debían encarar:

- Asimilar un cambio radical en la visión de la realidad.
- Aceptar volver a la vida.
- Compartir la experiencia.
- Integrar nuevos valores espirituales con expectativas terrenales.
- Ajustarse a una sensibilidad elevada y a regalos sobrenaturales.
- Encontrar el propio camino vital y seguirlo.

La investigadora australiana Cherie Sutherland entrevistó a cincuenta experimentadores de ECM y comprobó que los efectos en sus vidas habían sido admirablemente consistentes y muy diferentes de los efectos producidos por las alucinaciones inducidas por drogas o por químicos. Ella identificó efectos como los siguientes:

- Creencia universal en la vida posterior.
- Una proporción elevada (80 por ciento) cree en la reencarnación.
- Ausencia total de temor a la muerte.
- Cambio importante de la religión organizada a la práctica espiritual.
- Aumento estadísticamente significativo de la sensibilidad psíquica.
- Visión más positiva de sí mismo y de los demás.
- Aumento del deseo de estar solo.
- Mayor sentido de propósito.
- Falta de interés en el éxito material junto con un marcado aumento en el interés del desarrollo espiritual.
- El 50 por ciento experimentó mayores dificultades en sus relaciones íntimas como resultado del cambio de prioridades.
- Mayor sentido de la salud.
- La mayoría de ellos pasó a tomar menos alcohol.
- Casi todos dejaron de fumar.
- La mayoría dejó de usar las medicinas de la industria farmacéutica.
- La mayoría pasó a ver menos programas de televisión.
- La mayoría leyó menos diarios.
- Aumento del interés por las curas alternativas.

- Mayor interés de aprender y del autodesarrollo.
- El 75 por ciento experimentó grandes cambios en sus carreras hacia áreas en las que se ayuda a los demás.

Por su parte, la IANDS cree que los efectos de las ECM pueden entenderse mejor si se diferencian dos tipos de cambios: por un lado los psicológicos, y por otro los fisiológicos. Veamos lo que apuntan.

Características psicológicas principales. Se refiere a que estas personas pierden el miedo a la muerte, son más espirituales y menos religiosas, participan fácilmente en el pensamiento abstracto, son más filosóficas. Pueden pasar por varios episodios de depresión, son más generosas y caritativas que antes, forman conceptos expansivos de amor, y al mismo tiempo inician y mantienen relaciones satisfactorias. El «niño interior» o los problemas no resueltos de la infancia tienden a manifestarse. Son menos competitivas, están convencidas de que hay un propósito en la vida. Rechazan las limitaciones anteriores y los roles «normales». Sienten aumentados los sentidos del gusto, tacto y el olfato. Experimentan un aumento de la capacidad intuitiva o psíquica, además de la posibilidad de conocer o «re-vivir» el futuro. Son más carismáticas. Experimentan sensaciones de asombro y alegría, tienen menos estrés, son más independientes y objetivas. Son muy curiosas, les atrae el conocimiento y el aprendizaje.

Características fisiológicas principales. Se sienten cómodas con la ambigüedad, demuestran altos coeficientes de inteligencia, tienen más creatividad e inventiva. Poseen una inusual sensibilidad a la luz y los sonidos. Su presión arterial es menor, junto a una mayor tasa de absorción de sustancias y aceleración del metabolismo, así como una disminución de la tolerancia a los productos farmacéuticos y los tratados químicamente, por ello a menudo recurren a tratamientos de salud alternativos. Tienen más sensibilidad eléctrica, más alergias y pueden poseer la capacidad de curar. En la alimentación sienten preferencia por las verduras y cereales frente a la carne, y físicamente están más jóvenes.

La IANDS apunta que los efectos secundarios no se pueden falsificar. Tampoco se puede ocultar la respuesta de los experimentadores a la forma en que les afectan. Es posible que se pueda retrasar su aparición o disminuir el impacto, pero no se pueden evitar los efectos que estas experiencias traen consigo.

Independientemente del drama provocado por los estados cercanos a la muerte, el verdadero valor y significado se establecen en lo que sucede después.

El doctor Melvin Morse encontró efectos secundarios muy parecidos a los de la IANDS. Él determinó que los supervivientes de las ECM tienen tres veces más experiencias psíquicas verificables que la población en general; frecuentemente no pueden usar relojes de pulsera y, a menudo, sufren problemas de conducción de electricidad, tales como el de causar cortocircuitos en los ordenadores o inhabilitar tarjetas de crédito (Morse y Perry, 1993). Morse concluyó también que las personas que habían tenido una ECM dan más dinero a las instituciones de caridad que los sujetos de control, son más propensas a trabajar como voluntarias en la comunidad o en profesiones de ayuda a los demás, no sufren de abuso de drogas y comen más frutas y verduras que la población de control.

En un artículo publicado en noviembre de 2015, el doctor Bruce Greyson afirmaba: «Independientemente de las causas o las interpretaciones de las ECM, estas se asocian consistentemente con efectos secundarios profundos y duraderos en experimentadores, y pueden tener implicaciones importantes para los no experimentadores también».

En definitiva, quienes tienen una ECM pueden mostrar cambios que trascienden el tiempo y lo material, y que van a determinar muchos aspectos de su vida. Saber gestionar la experiencia va a ser muy importante, ya que ayudará a concretar de una manera más natural esos cambios al sentirse más en conexión con esta nueva necesidad.

ECM en niños

Desde que Raymond Moody publicara en 1975 *Vida después de la vida,* el tema de las ECM ha fascinado a mucha gente. Sin embargo, las ECM en niños raramente se mencionaron hasta que en 1983 Melvin Morse publicó el caso de Katie, una niña de siete años que estuvo a punto de morir ahogada.

Morse la resucitó en la sala de urgencias de un hospital cercano, y cuando le preguntó si recordaba algo de su experiencia, ella respondió: «¿Se refiere a cuando visité al Padre celestial?». Una semana más tarde Katie describió que había viajado por un túnel oscuro que se convirtió en brillante cuando apareció una mujer alta con el pelo de color amarillo reluciente. Esta guía de otro mundo la acompañó al cielo, donde se encontró con familiares fallecidos y dos almas que esperaban para renacer y entonces se encontró con el «Padre celestial y Jesús». Se le preguntó si quería ver a su madre otra vez y ella dijo que sí y despertó en su cuerpo (Morse y Perry, 1991).

Tras la publicación del artículo de Morse sobre este caso, Nancy E. Bush (1983) informó de diecisiete casos de ECM en niños; Gabbard y Twemlow (1984) publicaron tres casos más, este último había tenido una ECM de niño. Las publicaciones sobre las ECM infantiles, aunque pocas, comenzaban a producirse porque se creía que los testimonios de los niños, especialmente los más pequeños, estaban libres de influencias culturales.

A edades tempranas es difícil imaginarse que un/a niño/a pueda crear o elaborar acontecimientos que superan su comprensión, ya que, además, la información que puedan tener acerca de estas experiencias tanto social como culturalmente es bastante inferior a la de los adultos, especialmente cuanto menor es el infante. Los recuerdos de las ECM se mantienen intactos, no son adornados con el paso del tiempo; según apuntan los estudios, los relatos retrospectivos de adultos eran indistinguibles de las ECM pediátricas que podemos conocer en la actualidad. A diferencia de los recuerdos o sueños ordinarios, no parece que las ECM sean reorganizadas o alteradas con el tiempo.

Aunque en la actual sociedad occidental el nivel de conocimientos religiosos recibidos por la población infantil es a menudo bajo, y por ello muchos investigadores tienen interés en las ECM de este segmento de población, otros muchos se han cuestionado los condicionamientos culturales. Sin embargo, Sutherland (2012) señala que ella misma se había encontrado casos de niños que comentaban lo diferentes que eran ciertos aspectos de sus experiencias de lo que podrían esperar por sus antecedentes culturales y religiosos. Como señala Bonenfant (2001): «Los testimonios de los niños son a menudo simplemente informativos porque ellos informan exactamente de lo que ven sin grandes preocupaciones por la interpretación racional de sus observaciones»; es decir, a tenor de los testimonios, sus relatos parecen no estar contaminados por los conocimientos del tema ni por las explicaciones que pueden elaborarse en la actualidad. La autora apunta que se ha encontrado con adultos que relatan sus ECM de la infancia con términos infantiles.

El doctor Melvin Morse entrevistó a doce niños supervivientes de paro cardiaco y vio que, en prácticamente todos, había al menos un elemento de las ECM. Por su parte, el doctor Jeffrey Long afirma en su estudio: «No encontramos diferencia alguna en el contenido de una ECM cuando se es tan joven en comparación con una ECM en un adulto. Es el mismo patrón, no importa la edad».

Para Peter y Elisabeth Fenwick (1995), «parece haber muchas más semejanzas que diferencias entre las experiencias infantiles y adultas. Son vistas las mismas características, y estas parecen ocurrir con más o menos la misma frecuencia».

Las experiencias vividas en niños son prácticamente similares a las de los adultos en contenido y elementos, aunque en los niños los colores son más intensos. Experimentan también grandes sentimientos y conocimientos, perciben una presencia y oscuridad protectora y bondadosa que deja una profunda impresión en ellos. Los niños hablan de amigos, animales y familiares fallecidos, de figuras religiosas; y cuentan haber visto a familiares que aún están vivos. En muchos casos, como en los adultos, a los niños se les ofrece volver a la vida y lo hacen para no inquietar a su familia.

Otra diferencia entre las ECM de los adultos y las infantiles es la reacción ante el fenómeno (Sutherland, 1995a): los niños no suelen cuestionar la experiencia, no es algo extraordinario, su aceptación es mayor que en los adultos, no hablan de ello porque creen que es algo natural que le pasa a todo el mundo.

Se ha visto en las investigaciones en referencia al elemento de la revisión vital que, a diferencia de las primeras investigaciones que apuntaban a que no se daba en la infancia, los niños también la tienen en sus ECM. Una de las interpretaciones que se da con respecto a la aparición de las ECM es que cuanto mayor es el niño al tener la experiencia, mayores serán los efectos vitales que sucederán a la misma.

Los adultos que tuvieron una ECM cuando eran niños recuerdan con mucho detalle sus experiencias, aunque estas ocurrieran a una edad muy temprana, incluso en la edad prelingüística (Sutherland, 1995a); esta autora afirma que la edad de los niños en el momento de la ECM no determina su complejidad, incluso niños prelingüísticos han informado más tarde experiencias muy complejas.

El siguiente es un testimonio de una señora de cincuenta y siete años que tuvo una experiencia a la edad de siete años, fruto de una caída:

> Yo vivía en una finca en Cehegín, había otra casa cerca, de una vecina [...]. Me bajé a jugar [...]. Allí tenían una parra y jugábamos los niños. Yo me subí arriba del todo y cuando estaba en la punta de arriba, se resbaló el ovillo aquel donde estaba y caí de cabeza. Yo no pensaba que me iba a matar, solo pensaba: «¡Uhhh, cuánto daño me voy a hacer!», pero no sentí nada, solo recuerdo que me levanté del suelo y flotaba, y decía (o pensaba): «¡Qué bien me siento! (flotando por la placeta)». Nada más que me acuerdo de eso. Entonces sé que mi vecina salió y cogió un

> delantal que llevaba y me lio en él y me entró a la casica y me sentó en una sillica. Entonces la mujer gritaba: «Socorro, socorro», y pasó un hombre que tenía la cara muy blanca [...] y me curaron con vino.
>
> Yo pasé de flotar y pensar: «Con el porrazo que me he dado y no me he hecho daño», a despertarme en el delantal y con dolores.

Sartori (2015) se hace eco del testimonio de un niño que experimentó una ECM a los seis meses de vida, y sintió ansiedad mientras reptaba por el túnel con sus hermanos (Herzog y Herrin, 1985). A los tres años de vivir esa experiencia le explicaron que su abuela se estaba muriendo y preguntó si tendría que recorrer el túnel para encontrarse con Dios.

La edad más temprana a la que se puede tener una ECM no se puede establecer en estos momentos con un poco de rigor, lo que sí podemos es recopilar información sobre las edades más tempranas de las que se tiene testimonio según los investigadores.

Melvin Morse comentó que encontró testimonios referidos a una experiencia perinatal, otra ocurrida a los cuatro meses de edad y otra a la edad de nueve meses. Por su parte, Sutherland recogió el testimonio de una niña de diez años que decía haber tenido una ECM en su primer día de vida, y el de otra de cinco años que decía haber tenido una tres años antes.

A continuación muestro un testimonio que he podido obtener sobre una ECM a la edad de tres meses:

> Yo nací el 19 de marzo de 1956, me crie muy bien los tres primeros meses, mi madre tenía mucha leche, ahí es donde empezó quizá el problema, tenía demasiada leche y le salieron unos bultos que se los extirparon, pero mientras se lo detectaron yo

> estuve mamando esa leche. Eso me produjo deshidratación e inanición. Todo lo que comía lo devolvía, el agua..., cualquier cosa que comía, todo lo que me entraba por la boca iba fuera. Hasta que llegó un punto que mi madre me llevó al médico [...], que le dijo: «Llévatelo a tu casa, que no tiene remedio». Me mandó unas inyecciones (suero) por si salía, me llevaron a mi casa hecho un pajarico, muerto, y lo que sí recuerdo es ver un túnel azul y me encontraba en una situación placentera completamente [...], me acuerdo perfectamente, y según me contaron, y esa imagen la recuerdo muy bien, un tío de mi madre, que me lleva veinte años a mí, silbó al bajar unas escaleras y ante eso yo reaccioné y desperté.

Tales historias, de acuerdo con Peter y Elisabeth Fenwick (1995), son importantes porque indican claramente que «las ECM no dependen de la maduración y el desarrollo del cerebro», y posiblemente incluso «reflejan algunas de las características fundamentales de la experiencia a la que el cerebro moribundo, a cualquier edad, tiene acceso».

Según Atwater (1999), si la ECM ocurre a muy temprana edad, es posible que la persona tenga más de una a lo largo de su vida; si esto ocurre, a menudo la última suele dar sentido a la anterior.

En cuanto a las causas, según la autora, que pueden desencadenar una ECM en la infancia se ha puesto de manifiesto en las investigaciones que la principal es el ahogamiento, seguida de la asfixia, la cirugía, la extirpación de las amígdalas y el abuso de menores. Sutherland asocia las ECM como causa principal de enfermedades como la neumonía, el asma y la cardiomiopatía, seguidas por el ahogamiento y, por último, el abuso o violencia contra menores.

Varios investigadores consideran que, aunque las ECM en la infancia son escasas, las hay, y algunos se preguntan si podrían deberse a un hecho real o a la reticencia de asociar la infancia con lo malvado y lo desagradable.

Entre los niños también hay efectos secundarios de las ECM, y son muchos y variados: fisiológicos, neurológicos, psicológicos, emocionales, sociales, comportamentales, actitudinales, espirituales y hasta paranormales, pero un gran número de ellos se integran con éxito y se viven como positivos (Sutherland, 2012). Muchos de estos niños aseguran querer volver al lugar en el que estuvieron, aunque para ello tuvieran que quitarse la vida (Sartori, 2015). La mayoría deja de tener miedo a la muerte tras la experiencia, en el estudio de Sutherland (1992) fue el 98 por ciento de los casos.

Según Atwater (1999), la mitad de los niños de su estudio padecían depresión y el 21 por ciento había intentado suicidarse, frente al 4 por ciento de los adultos, lo que nos hace pensar, de nuevo, en la necesidad de un profesional de la psicología para ayudarles a integrar esta experiencia, también en la infancia.

Un comportamiento que suelen tener algunos es que dejan de hablar de su experiencia, se vuelven más tímidos, y otros son considerados más problemáticos o introvertidos. Otros comienzan a practicar la meditación. Sutherland (1992) afirma que cincuenta niños (el 76 por ciento de su estudio) dijeron ser más espirituales que religiosos después de sus experiencias.

Hay otro tipo de efectos muy comunes entre los niños. Algunos comienzan a contactar con familiares fallecidos y otros hablan de figuras como «el ángel de la guarda» que se comunica con ellos. Otros tienen precogniciones, o conocimiento de cosas antes de que ocurran, como saber quién está llamando por teléfono y tener sueños o visiones que pueden ser tan angustiosas que desean no tener esa capacidad. Otros comienzan a vivir Experiencias Fuera del Cuerpo (EFC) y hay quienes sienten saber cosas de otras personas e incluso pueden leer la mente.

Los niños suelen mostrar buenos resultados académicos, desarrollan habilidades creativas y suelen demostrar un alto coeficiente intelectual (Sartori, 2015). Muchos destacan en artes, humanidades e informática (Atwater, 1999). Según Sartori, es probable que muchos terminen trabajando en empleos relacionados con la atención y la curación de los demás.

Como señala Atwater, estos niños de adultos tienden a tener relaciones afectivas duraderas, mientras que las ECM en adultos suelen suponer una elevada tasa de divorcios. Estos niños, en la adultez, no van a considerar el dinero ni la posición social como factores importantes en su vida, aunque sí la estabilidad; el 80 por ciento estaba satisfecho con su trabajo y el 68 por ciento poseía su propia casa.

Algunos autores sostienen que hay aspectos relacionados con la salud en los adultos que de niños tuvieron una ECM, muy vinculados a la misma; por ejemplo, los experimentadores creen que su buen estado de salud se debe a su actitud espiritual ante la vida y las terapias complementarias. Otro aspecto es que toleran menos los productos farmacéuticos a medida que crecen y suelen tener una baja presión sanguínea y mucha sensibilidad a la luz, el sonido y los objetos eléctricos (Atwater, 2003).

Hay niños y adolescentes que describen experimentar otro tipo de fenómenos, como por ejemplo no poder llevar relojes porque siempre se rompen. Bonenfant (2004) tuvo muchos ejemplos de sinestesia (sentir colores, saborear palabras u oler sonidos).

ECM en ciegos

Son muy pocas las ECM registradas en personas con discapacidad, pero las hay en casos de discapacidad intelectual y tetraplejia. Quizá los que más llaman la atención son los casos de los ciegos, por el hecho de que muchos de ellos pueden «ver» durante su experiencia.

En 1997 se publicó un artículo (Ring y Cooper, 1997) donde se describían casos de personas ciegas que tienen experiencias visuales vívidas cercanas a la muerte, experiencias extracorpóreas no asociadas a una ECM, aunque lo que más destaca son los casos de personas ciegas de nacimiento que habían tenido una ECM con los elementos descritos en las personas no ciegas y con contenido visual organizado (Long y Perry, 2011).

Los autores Ring y Cooper (2008) realizaron el primer estudio sobre ECM en ciegos, cuyo objetivo era saber si los ciegos tenían ECM, y si era así, si son diferentes o iguales a las del resto de los experimentadores. También querían saber si tienen percepciones visuales durante sus ECM y EEC, y por último si podían corroborarse las percepciones visuales que los ciegos tenían durante sus ECM y EEC (Fernandez-Palacio, 2013).

Contactaron con 31 personas, de 46 consideradas, que encajaban con los criterios de la selección (haber tenido una ECM o una EEC y poseer cierto grado de ceguera). Los datos se obtuvieron mediante entrevistas en profundidad con los experimentadores, y de fuentes externas cuando así fue posible (Ring y Cooper, 2008).

Uno de los principales rasgos de esta investigación fue el descubrimiento de que las ECM de las personas ciegas no se diferencian de las que comúnmente tienen las personas que pueden ver. El punto fundamental en el que se centró el estudio fue intentar descubrir si los ciegos tienen experiencias visuales durante sus ECM y EEC.

De estas 31 personas, 15 habían tenido una ECM, 3 no estaban seguras y 3 no la habían tenido. En cuanto a las EEC, 9 sí las habían tenido y 1 no. En relación a los 3 experimentadores que no estaban seguros de haber tenido experiencias visuales y los otros 3 que creían que no, Ring y Cooper matizan que no está claro si realmente no tuvieron esas experiencias visuales, porque no supieron identificarlas como tales (Fernandez-Palacio, 2013), ya que no sabían lo que era «ver»; por lo tanto, se considera que hay quince ciegos que afirmaban haber visto durante sus ECM, y el resto, seis personas, que no se sabe con certeza si pudieron o no haber tenido experiencias visuales durante sus ECM.

Long y Perry afirman en *Evidencias del más allá* (2011) que el que una persona ciega de nacimiento tenga una experiencia visual detallada y organizada resulta inexplicable para la ciencia médica, y que como durante la ECM no funciona la capacidad fisiológica normal de ver, todo apuntaría a que la vista que se describe durante las ECM es diferente a la vista terrenal con la que estamos familiarizados.

Explicaciones científicas

A pesar de que el contenido de algunas ECM puede ser influido por las expectativas culturales y los parámetros de estar cerca de la muerte, el núcleo central de la fenomenología cercana a la muerte no ha variado a lo largo de los siglos en todo el mundo.

A las ECM se les ha intentado dar explicaciones que podríamos encuadrar en tres ámbitos del conocimiento (Owens, Cook y Stevenson, 1990). En primer lugar, la trascendental, es decir, que las experiencias sean vislumbres de lo que aguarda al ser humano tras la muerte; en segundo lugar, la fisiológica, las experiencias son el resultado fisiológico o farmacológico de los estados que acompañan a la muerte, y en tercer lugar, la psicológica, la respuesta del individuo ante la percepción de una inminente muerte. Pero en esta última hipótesis ocurre que a las llamadas alucinaciones vinculadas a las VLM se las relaciona con la necesidad de ratificación de sus creencias mediante una visión que le ayude al individuo a afrontar su propio destino y que sea tranquilizadora. En esta cuestión, Barrett (1926) dice que las visiones que experimentan estas personas en el lecho de muerte no se corresponden a las creencias ni a las ideas culturales concebidas previamente.

Durante una entrevista el doctor Raymond Moody me comentó:

> La realidad es que en 2013 el método científico no es aún el adecuado para probar que hay vida más allá. Por ello, en ese sentido, considero que Platón estaba más cerca de encontrar un razonamiento para explicar lo que ocurre tras la muerte. Estoy completamente seguro de que para alcanzar una prueba racional de la vida más allá de la muerte vamos a tener que retroceder y observar lo que los griegos decían sobre esto, porque, por ejemplo, lo que Platón dijo se asemeja más a la realidad racional de la situación de lo que los parapsicólogos afirman. Platón era consciente de que se trataba de una cuestión conceptual, es decir, que lo que hace falta no es un test científico, sino una serie de conceptos. No conocemos todas las cuestiones racionales o científicas,

hay muchas que son perfectamente racionales pero carecen del formato adecuado para ser probadas por esta ciencia. En este punto es donde considero que nos encontramos con este asunto de la vida después de la muerte, sin un formato para abordarlo vía métodos científicos.

Explicaciones fisiológicas

En este contexto, el fenómeno de las ECM ha atraído la atención de muchos científicos, de diferentes áreas de la salud, interesados sobre todo en darles una explicación fisiológica. Para ello proponen dos estados fisiológicos: la hipoxia o falta de oxígeno en sangre, células y tejidos del organismo que compromete las funciones de estos, y la hipercapnia o aumento de dióxido de carbono en la sangre (Rodin, 1980; Blackmore, 1993). Y les atribuyen ser los causantes de esas visiones que ocurren en las ECM.

Pero debemos tener en cuenta un hecho que debilita la hipótesis de la hipoxia: muchas de las ECM ocurren en situaciones que no se consideran amenazantes para la vida y, por tanto, suceden sin esa falta de oxígeno en la sangre. Un ejemplo son los síntomas de hipoxia en pilotos de caza (Mobbs y Watt, 2011), cuyas manifestaciones, como la pérdida de la memoria que se produce antes que la de la consciencia, el hormigueo en las extremidades, la confusión, etcétera, no ocurren en las ECM. Además, las imágenes que estos pilotos tenían eran de personas vivas, no de fallecidas como en las ECM, y tampoco vivenciaban la revisión vital o las Experiencias Fuera del Cuerpo. Además, estas experiencias son difíciles de recordar y ninguno de los pilotos parece haber experimentado los cambios vitales que aparecen tras una ECM (Sartori, 2015). Hay un testimonio recogido de un piloto que vivió ambas situaciones, una ECM y las consecuencias derivadas de la hipoxia en altitud elevada, y afirmaba que las experiencias eran completamente distintas (Fenwick y Fenwick, 1996a).

Otra de las explicaciones es que la hipoxia y los medicamentos que se administran en la reanimación (Blackmore, 1993), como la adrenalina y la atropina, provocan la visión del túnel y la luz brillante. Sartori (2015) defiende que la reacción cuando se iluminan las pupilas con una luz es cerrar los ojos porque molesta, por lo que la luz no se puede describir como brillante; la luz que aparece en las ECM no molesta, incluso uno de los adjetivos más comunes es la de «no cegadora».

Esta teoría tampoco explicaría los casos en los que no se administraron esos medicamentos ni se realizaron procedimientos de reanimación tras la hipoxia.

En cuanto a la hipercapnia, se le atribuye parte de los hechos característicos de las ECM, ya que tiene síntomas parecidos a las experiencias, pero en estas no suele haber ese aumento de dióxido de carbono propio de la hipercapnia.

En 1950 el neurólogo húngaro Ladislas Meduna les pidió a sus pacientes que respiraran dióxido de carbono. Algunos experimentaron una sensación de disociación de su cuerpo; en algún caso, se mencionó la luz brillante, el túnel, sensación de sosiego y ráfagas de memoria (Van Lommel, 2012). Las imágenes eran esporádicas, muy fragmentarias, y no ocurría la revisión vital, el encuentro con personas fallecidas ni cambios vitales tras la experiencia.

Los autores Van Lommel, Van Wees, Meyers y Elfferich, en su estudio de 2001, afirman que, si el factor puramente fisiológico resultante de la anoxia cerebral causa las ECM, la mayoría de los pacientes con este cuadro deberían tener una experiencia, y no es así.

Otros científicos han abogado por la explicación neuroquímica de las ECM. Agentes como la endorfina podrían ser los causantes de algunos elementos como las emociones o sentimientos intensos (Carr, 1982; Saavedra-Aguilar y Gómez-Jeria, 1989). Las endorfinas pueden neutralizar el dolor y provocar sensación de paz y bienestar, pero los efectos suelen durar varias horas, al contrario que las ECM, que se desvanecen cuando se recobra la consciencia. Aunque según apunta Bonilla (2011) en *Experiencias cercanas a la muerte. Revisión,* la liberación de endorfinas no explicaría algunos de los elementos de las ECM como la visión panorámica, las EFC y la visión de otros seres.

También se ha atribuido a la ketamina (Mobbs y Watt, 2011), que actúa bloqueando los receptores NMDA (Bonilla, 2011), el principal neurotransmisor excitatorio en el sistema nervioso central implicado en la memoria y el aprendizaje, las sensaciones como atravesar un túnel o sensación de estar fuera del cuerpo (Liao *et al.,* 2011), pero estas experiencias suelen ser desagradables, terroríficas, reconocidas como alucinaciones, y los pacientes no desean volver a vivirlas, a diferencia de las ECM. Otra distinción significativa es que, tras la dosis de ketamina, no se experimenta la revisión vital, no se ve a personas fallecidas ni se tienen cambios positivos vitales.

Algunos científicos apuntan que un anormal funcionamiento de la dopamina puede producir alucinaciones y visiones, como por ejemplo en el caso de pacientes con alzhéimer y párkinson progresivo (Mobbs y Watt, 2011).

Entre los científicos que se apuntaron al estudio de las explicaciones neuroanatómicas de las ECM, existe la creencia de que tanto el estrés psicológico como la hipoxia son los responsables de la actividad anormal del lóbulo temporal y de la liberación de neurotransmisores que producen analgesia y euforia, atribuidas a las ECM (Saavedra-Aguilar y Gómez-Jeria, 1989). Afirman que la disfunción del sistema límbico y de los lóbulos temporales y las epilepsias en estos lóbulos ocasionan las ECM. Los estudios demuestran que los sujetos con epilepsias del lóbulo temporal tienen sensaciones de miedo, distorsionadas y fragmentadas (Gloor *et al.*, 1982). Sin embargo, Gabbard y Twemlow (1984), tras sus investigaciones sobre las Experiencias Fuera del Cuerpo (EFC), afirman que son muy escasas las distorsiones durante las mismas.

A la luz de estas explicaciones, podemos concretar que las experiencias vividas fruto de la administración de determinados fármacos, lejos de producir sensaciones de paz y tranquilidad, son más perturbadoras y menos significativas para el paciente y se pueden controlar mediante un cambio de la medicación.

Según el estudio realizado por Bonilla (2011), los tres marcos en los que los científicos se han movido para explicar las ECM no corroboran tal hecho. Bonilla afirma que cada elemento por separado podría tener una explicación psicológica o fisiológica, pero todos los elementos juntos que se presentan en una ECM no pueden ser explicados por las teorías expuestas.

En un artículo de la revista *Proceedings of the National Academy of Sciences* (Borjigin *et al.*, 2013), varios científicos de la Universidad de Míchigan escriben: «Si las experiencias cercanas a la muerte son un resultado de la actividad cerebral, estas se deberían poder medir poco después de la interrupción del suministro sanguíneo del cerebro».

Estos científicos implantaron electrodos por debajo del cráneo de nueve ratas, y lo primero que observaron fue la actividad cerebral durante los periodos de vigilia normales de los roedores. Después los narcotizaron. Cuando les inyectaron una solución de cloruro de potasio que desencadenó un paro cardiaco se obtuvieron valores más importantes. Continuaron registrando la actividad cerebral de las ratas agonizantes hasta treinta minutos después de la interrupción del flujo sanguíneo en el cerebro.

La intensidad de algunas ondas gamma aumentó considerablemente diez segundos después de producirse el paro cardiaco en los roedores. Después de otros veinte segundos, los animales mostraban un perfil de ondas cerebrales que apuntaba a una intensa actividad en el cerebro de entre 25 y 55 hercios, valores superiores a los medidos en estado de vigilia. También aumentó la sincronicidad de las ondas gamma, que se mantuvo durante más de quince segundos y en el que también participaron las ondas theta más lentas. Después las ondas cerebrales fueron disminuyendo poco a poco hasta que finalmente desaparecieron por completo. «Esta fuerte ráfaga de actividad podría ser el desencadenante de experiencias percibidas como altamente reales en la transición entre la vida y la muerte», comentan los científicos.

El neurólogo Michael Schroeter (1993), de Colonia, también considera que el estudio proporciona una explicación de las ECM. Según él, el rápido aumento de la actividad se explicaría por la carencia de una entrada de información desde el exterior. Sin embargo, estos resultados no proporcionan ninguna prueba de que esta hiperactividad del cerebro sea la causa de las ECM; de hecho, asegura que ciertos elementos pueden ser inducidos, por ejemplo, por la estimulación eléctrica del lóbulo temporal derecho o el uso de sustancias alucinógenas. Es posible que los transmisores alucinógenos (y endorfinas) del cerebro desempeñen un papel en la ECM. Sin embargo, hay elementos como la revisión vital, muchas veces reportados, y la adquisición de información externamente verificable en relación con el entorno físico durante la experiencia, que no pueden ser explicados por causas fisiológicas.

Los profesores Leary, Metzner y Alpert (1964) encontraron grandes semejanzas entre el LSD y la muerte tibetana. Metzner describe: «Lo que solía suceder era similar a una muerte del yo anterior, seguida de una fase intermedia, seguida finalmente por una especie de nacimiento de un nuevo yo, y ahí se encontraba la analogía con *El libro tibetano de los muertos,* de los que mueren realmente». Sin embargo, la muerte y la experiencia psicodélica son dos cosas muy diferentes, ya que esta última no muestra el patrón de la ECM (Sartori, 2015) y su comportamiento no corrobora una transformación debida a tal experiencia, como sí ocurre en las ECM.

Las sustancias psicoactivas DMT, la mescalina y la psilocibina tienen el mismo receptor S2 que la serotonina. La DMT se fabrica en la glándula pineal, que también produce sustancias que pueden transformar la serotonina en DMT y otras capaces de bloquear su descomposición enzimática (Van Lommel, 2012):

> La producción de DMT se ve estimulada por las hormonas adrenocorticotropas cortisol, adrenalina y noradrenalina. Durante un periodo de estrés, como un accidente de tráfico, una parada cardiaca o dolor agudo, el cuerpo libera grandes cantidades de estas hormonas, que, por turnos, activan una gran cantidad de DMT. Se cree que durante el proceso de agonía se alcanzan enor-

mes niveles de DMT debido a la muerte de las células de la glándula pineal.

La experiencia provocada por sustancias psicoactivas suele ser muy parecida a las ECM, especialmente con DMT, aunque según la dosis puede provocar percepciones aterradoras o confusas. Los componentes que aparecen son: experiencia extracorporal, sensación de separación del cuerpo, encuentros con seres de luz, sentimiento de amor incondicional, pensamientos lúcidos y acelerados, entorno celestial, profunda sabiduría y comunicación telepática con seres inmateriales (Van Lommel, 2012). En algunas ocasiones ocurre un cambio vital tras la administración de DMT o LSD, incluida la desaparición al miedo a la muerte (Strassman, 2001).

En un caso de estimulación eléctrica en epilepsia se ha mencionado la aparición de la experiencia extracorpórea, pero incompleta y distorsionada (Blanke, 2002). Van Lommel (2012) asevera que no es posible citar el efecto de la estimulación de un área del cerebro con epilepsia como evidencia de que esa área produce ese fenómeno.

Explicaciones psicológicas

Es posible evocar cierto tipo de experiencias en una situación de riesgo vital, como una forma de huir del miedo a la muerte. Como resultado de los deseos provocados por las expectativas culturales y religiosas, se puede generar una ensoñación inducida por estrés. Pero, como ya hemos visto, para muchas personas la ECM no cumple sus expectativas acerca de la muerte si el conocimiento previo altera el contenido o la incidencia de la ECM.

Una teoría psicológica para las ECM es la despersonalización. Aunque se refiere a la pérdida de identidad, disociación o irrealidad, durante una ECM se conserva la identidad y se experimenta una conciencia clara y lúcida. Al contrario que en la despersonalización, se presentan sentimientos positivos y se da en ambos sexos y en todas las edades, no se limita a las mujeres jóvenes como en la mayoría de los casos de despersonalización (Van Lommel, 2012). En los casos de disociación hay una huida de la realidad de un trauma. Aunque se ha intentado dar una explicación a las ECM, no es posible explicar mediante la disociación casos en los que la vida de las personas no corre peligro y se da la ECM.

Hay una teoría por la cual las ECM se construyen a partir de recuerdos falsos o de la imaginación, pero el hecho de que personas de todo el mundo informan de ECM prácticamente idénticas invalida esta teoría, según el doctor Van Lommel (2012), quien además asegura: «La evidencia demuestra que el contenido de una ECM, las palabras seleccionadas para describirla y las emociones que evoca siguen siendo en esencia las mimas cuando, años más tarde, estas personas traen de nuevo a su memoria su ECM».

En los casos en los que se pedía a los pacientes cardiacos que describieran su resucitación, estos cometían varios errores importantes, al contrario que los que habían tenido una ECM en ese proceso, que en cambio daban detalles asombrosos del proceso. Se ha dicho que los testimonios de EFC eran reconstrucciones de percepciones ocurridas antes y después de permanecer sin consciencia. Las investigaciones muestran que quienes han despertado de un coma no tienen recuerdos previos a ese lapso de tiempo, ni tampoco posteriores (Parnia y Fenwick, 2002).

Otra explicación relacionada con el lugar en el que ocurren las ECM son los recuerdos y fantasías durante el coma o la operación quirúrgica. En muchas ocasiones los pacientes anestesiados reproducen frases del cirujano o el anestesista, y normalmente este estado es llamado «consciencia», pero lo atribuyen a una falta de dosis adecuada de anestesia. Hay muchos testimonios de ECM ocurridos bajo anestesia general archivados en la Universidad de Virginia y que los atribuyen al 23 por ciento de los pacientes (Kelly y Kelly, 2007).

Otra teoría muy socorrida para las ECM es la alucinación. Esta suele asociarse a desórdenes psiquiátricos como la psicosis o esquizofrenia, también a las migrañas, al consumo de alcohol o drogas y al *delirium tremens*; sin embargo, la mayoría de quienes tienen una ECM son estables emocionalmente y no consumían alcohol o drogas antes de la experiencia (Van Lommel, 2012). Además, las alucinaciones no tienen base real, cuando una ECM da datos verificables; también el encuentro con personas fallecidas de quienes no tenían información sobre su muerte sería otro signo de que las ECM no son alucinaciones. Quienes han tenido ambas experiencias aseguran que son completamente diferentes (Kelly y Kelly, 2007).

En ocasiones se dice que las ECM podrían ser sueños, pero estos se dan durante la fase REM. Una ECM se produce a veces cuando no hay actividad cerebral. Aunque hay ciertas semejanzas entre un sueño y una ECM, como la ausencia de espacio y tiempo, la expansión de la conciencia, visiones premonitorias y el encuentro con personas fallecidas, los sueños tienden a olvidarse después de un breve periodo de tiempo y no van seguidos de un cambio vital (Van Lommel, 2012).

Hay quienes creen que una ECM puede derivarse de un delirio provocado por la medicación, según recoge Van Lommel (2012), pero hay que mencionar que con frecuencia las personas que han tenido una ECM no toman medicación.

Las teorías expuestas podrían explicar en parte algunas de las características de las ECM, pero no serían determinantes a la hora de explicar este fenómeno totalmente.

5

Investigación sobre las ECM

> El hombre no muere, sino que su esencia sufre una transformación tan grande que nuestros ojos de barro ya no lo pueden ver. [...] Lloramos por los difuntos, pero ninguno murió. Los encontraremos a todos.
>
> VICENTE FERRER

Averiguar hasta qué punto los factores sociales y culturales pueden determinar e influir en las actitudes ante la muerte propia y ajena, y en la atención al enfermo al final de la vida, ha sido un tema muy trabajado en la última década. El auge de los cuidados paliativos y la tanatología ha ayudado mucho en los procesos de morir. Desde una vertiente social y personal, las ECM ofrecen un nuevo punto de apoyo tanto al familiar/acompañante como al enfermo que tiene que enfrentarse al proceso de la enfermedad y la muerte.

Considerando todas estas premisas, el objetivo principal de este libro fue profundizar en la comprensión e incidencia del fenómeno de las ECM en general y en Murcia en particular, y valorar las implicaciones biopsicosociales relacionadas con las mismas dentro y también fuera del entorno hospitalario.

Para conseguir estos objetivos generales, tuve que plantearme objetivos más específicos:

1. Establecer la incidencia de las ECM en Murcia.
2. Analizar si el contenido de las EMT en Murcia es similar a las estudiadas en el extranjero.
3. Comparar los resultados de los datos hospitalarios (prospectivos y retrospectivos) con los extrahospitalarios, con el fin de valorar los puntos de unión y desunión.
4. Profundizar en la incidencia de las EFV y sus semejanzas y diferencias con las estudiadas en otros países.
5. Valorar si es necesario que el profesional sanitario esté informado sobre las ECM para mejorar la calidad asistencial del enfermo.
6. Proporcionar propuestas de mejora asistencial del enfermo en relación con el acompañamiento y el abordaje de las ECM.

En relación con los objetivos anteriores, establecí las siguientes hipótesis:

H_1- La mayor parte de las personas que tienen una ECM pierden el miedo a la muerte y creen en algo más allá de la vida.

H_2- El género y la edad no afectan a la incidencia de aparición de las ECM.

H_3- El conocimiento de las ECM es de gran ayuda para los profesionales que trabajan con enfermos terminales y con enfermos hospitalizados en:

H_{3a}. La integración de las experiencias en su vida cotidiana, especialmente en la superación del trauma de ECM negativas.

H_{3b}. El alivio del sufrimiento al final de la vida.

H_{3c}. Y una mejor elaboración del duelo de los familiares.

H_4- Las personas que al final de su vida tienen VLM mueren de forma apacible.

H_5- Los medicamentos administrados a los pacientes no son la causa de la aparición de todas las ECM.

Tras examinar la literatura existente, me planteé estas preguntas de investigación:

1. ¿Son similares las ECM en España, en cuanto a su contenido e incidencia, a las del resto de los países estudiadas?
2. ¿Influye el conocimiento previo de las ECM o de las VLM en su aparición?
3. ¿Tienen los relatos extrahospitalarios sobre las ECM más contenido y son contados con más vehemencia que los hospitalarios?
4. ¿Ayudaría a los pacientes a afrontar la ECM, especialmente cuando es negativa, que el personal de enfermería tuviera conocimientos tanto sobre las mismas como sobre la forma de abordarlas?
5. ¿Cambiaría en algo la competencia relacional del personal médico y de enfermería si se tomara en cuenta la trascendencia de la consciencia?

Los resultados de esta investigación pueden ser útiles, ya que este propósito de contribuir a una serie de finalidades, entre otros aspectos, puede ayudar a:

1. Ofrecer un conocimiento acerca de las ECM que pueda servir en un futuro para afrontar mejor la propia muerte y la de un ser querido.
2. Avanzar en el conocimiento en España con relación a las ECM y por lo tanto de la consciencia.
3. Conocer algunos procesos cognitivos y emocionales hacia la muerte que pueden incidir en la motivación de los profesionales para mejorar y afrontar de forma más adecuada el estrés que genera trabajar con la muerte de forma habitual.

Mi estrategia metodológica es mixta, es decir, aplico métodos y técnicas tanto de tipo cualitativo como cuantitativo, ya que esta idea se ha impuesto en las ciencias sociales, entre otras en la antropología. De esta manera, no solo se obtiene una riqueza de información a nivel cualitativo, sino que además se da validez externa a la investigación, ya que actuamos con una muestra representativa.

Actuaciones metodológicas

He de aclarar que recoger información acerca de las ECM no es sinónimo de rescatar información del paciente y su familia acerca de cómo están viviendo su momento próximo a morir y sus sentimientos y emociones al respecto, sino que se trata de analizar el discurso de esos últimos momentos, sobre todo a lo referente a la incorporación de elementos nuevos o que hagan prever un pronto desenlace, como por ejemplo la visión de sus familiares ya fallecidos que vienen a recogerlo, o que estén viendo una luz muy luminosa, etcétera.

Una de las cuestiones que se suscitó en el comité de investigación del hospital en relación con esta metodología fue si era apropiado entrevistar tanto a familiares como a enfermos en los momentos finales de su vida. Esta cuestión ha sido discutida desde las primeras investigaciones e intervenciones que se llevan realizando en el ámbito hospitalario con enfermos próximos a morir.

Una de las primeras investigadoras en el tema de la muerte y el morir fue la psiquiatra Elisabeth Kübler-Ross, que tuvo, en sus primeros momentos, no pocos obstáculos con el personal médico de los hospitales donde trabajaba. Más tarde pudo demostrar que no solo sus visitas a los enfermos «desahuciados», como ella les llamaba, no eran poco apropiadas, sino que resultaban beneficiosas para los enfermos y los familiares. Ambos se encontraban en un medio extraño, frío en ocasiones, y así tenían la oportunidad de desahogarse y liberarse de aquellas cuestiones personales que les preocupaban con respecto a su propia muerte y los últimos días de su vida, y también con respecto a la del familiar.

Como profesional de la psicología, especialista en pérdida y duelo y cuidados paliativos, y habiendo hecho prácticas de auxiliar de enfermería en un servicio de UCI años atrás, creo que, aunque puede haber algún caso en el que por diversos motivos el paciente o familiar no esté en disposición de comunicarse en este aspecto, la mayoría de ellos encuentran un alivio cuando pueden expresar libremente cualquier aspecto relacionado con esta situación.

Métodos de investigación

Las estrategias metodológicas empleadas en el trabajo de campo han venido marcadas por las características propias del objeto de estudio, por los pocos datos que se tienen en España sobre el mismo, las características de la población y por las condiciones, circunstancias y escenarios en los que se produce la investigación, y, en gran medida, también por la dimensión teórica que se pretende otorgar a los resultados, con el fin de que puedan compararse con estudios homólogos de otros países.

Los métodos cualitativos de recolección de datos, como entrevistas, observación y análisis de documentos, pertenecen a los llamados «métodos etnográficos» (Kawulich, 2005), y he utilizado los siguientes en esta investigación:

- Las entrevistas en profundidad realizadas a los pacientes, experimentadores y expertos sobre las ECM.
- Grupo de discusión virtual.
- Observación participante y no participante.
- Grabaciones en audio y vídeo.
- Notas de campo.
- Análisis de documentos.

Los métodos cuantitativos utilizados han sido:

- Diseño del cuestionario de ECM.
- Diseño del cuestionario de VLM.
- Administración de las escalas de Greyson, DACS y MBI.
- Pretest de la escala DACS.
- Análisis estadístico de los datos con el software SPSS-19.0.

Diseño de la investigación

Las estrategias metodológicas vinieron dadas por una serie de aspectos basados en las características de la población, el entorno y los resultados. Para ello elaboré varios cuestionarios y apliqué una escala validada con el fin de dar fiabilidad y consistencia a los resultados del estudio.

Establecí dos diseños de investigación diferenciados, el fenomenológico y el transversal descriptivo, histórico y correlacional —cualitativo y cuantitativo respectivamente—, según la etapa de la investigación.

En la parte cualitativa del estudio empleé un diseño fenomenológico con el objetivo de conocer las percepciones y los significados que la población de estudio da a un fenómeno o a un concepto. El diseño fenomenológico persigue apreciar las experiencias subjetivas de los entrevistados, atendiendo a su relato y discurso, que para el estudio antropológico es una buena fuente de información.

En resumen, esta investigación vino marcada por un carácter descriptivo, observacional, ya que el factor de estudio no era controlado por mí y me limitaba a observar y medir, así como retrospectivo en la fase de recogida de información en pacientes de UCI y entrevistas personales. Fue prospectivo en los casos de pacientes de cuidados paliativos, cuyo momento de inicio vendría marcado por el momento del pronóstico de vida y el punto final, el fallecimiento del paciente, en las entrevistas personales y el momento de transmisión de información de sucesos ocurridos en los informantes a través del correo electrónico o internet.

Elaboré unos cuestionarios *ad hoc* para recopilar información en los tres sectores que iba a entrevistar: pacientes, acompañantes y personal médico, especialmente en los casos de los pacientes de paliativos. Cuando fue posible, realicé entrevistas en profundidad semiestructuradas, con el fin de recoger cuanta información viene reflejada en la guía confeccionada y que se puede ver en los cuestionarios y escalas. Creí conveniente usar estas técnicas ya que el entrevistado puede expresarse de forma libre. Asimismo, me permitía recoger expresiones manifiestas de carácter no verbal, lo que considero de vital importancia.

Obtención de información

En las entrevistas hay que tener presente varios elementos. Uno de ellos es la selección de informantes. Un dato importante era que no se deben especificar de antemano ni el número ni el tipo de informantes, ya que el número de casos estudiados no es tan importante como el potencial de cada caso (Hernández, 2009). De este modo, traté de entrevistar a todos los pacientes que ingresaban en UCI y que hubieran tenido una ECM, y a familiares de pacientes que estuvieran en una fase crítica para su supervivencia, aunque tuve contacto con prácticamente todos los que ingresaban durante mi permanencia en el hospital.

Otro de los elementos es la aproximación a los informantes y el comienzo de las entrevistas, que en esta investigación tenían lugar en el transcurso de los dos primeros días posteriores a la aparición del problema que los llevó a la UCI, siempre que estuvieran conscientes y en condiciones para ello. Tanto en pacientes de UCI como en las entrevistas con familiares de pacientes de paliativos esta era la forma de aproximarme a los informantes. Comenzaba presentándome y les planteaba una primera pregunta: ¿conserva algún recuerdo del periodo de su paro cardiaco (quienes lo hubieran tenido) o de su tiempo de inconsciencia? Si la respuesta era afirmativa, explicaba el propósito de la entrevista y la confidencialidad y codificación de los datos, y tras estar segura de que el paciente se encontrara a gusto y pudiera contar cuantos más detalles posibles de su experiencia, realizaba y grababa la entrevista. Si era negativa, continuaba un tiempo con ellos, ya que algunos me informaban de que en esa ocasión no, pero la vez anterior sí. Otros simplemente deseaban hablar y desahogarse.

La entrevista se planteaba en varias fases. La primera constaba de la explicación detallada y/o lectura de la hoja de información para explicar al paciente el propósito del estudio, el procedimiento, los beneficios, la privacidad y confidencialidad, y la participación y el retiro voluntarios. La segunda fase constaba de una pregunta inicial donde le pedía que contara su experiencia, y a continuación, con el fin de ahondar más en el tema, le formulaba preguntas sobre cuestiones más puntuales. La tercera fase suponía la aplicación de la escala de Greyson para obtener datos tanto de tipo cualitativo como cuantitativo.

Durante las entrevistas iba anotando los detalles más relevantes. Siempre me acompañaba mi diario de campo, donde registraba la fecha, paciente, box, causa del ingreso, datos de la conversación y/o entrevista con el paciente o familiar, y con su enfermero/a y/o facultativo/a, cuando fue necesario.

Entrevistas a expertos

Con el objetivo de ampliar información y conocimientos, entrevisté a expertos en las ECM.

Ya en la investigación previa para mi trabajo de fin de máster, había entrevistado al doctor Raymond Moody, que me ofreció una perspectiva filosófico-científica. Desde su vertiente médica considera la vida después de la vida como un hecho cada día más próximo a ser demostrado por la ciencia.

En mi entrevista con el doctor Raymond Moody el 28 de octubre de 2011, este analiza los comienzos de sus investigaciones sobre ECM remitiéndose a las teorías de Platón reflejadas en *La República,* pues esta obra habla de una vida más allá de la vida y del sentido de la justicia. Otro hecho importante fue el tener conocimiento de un suceso increíblemente sorprendente entonces, ocurrido a un colega suyo, que supuso que se interesara por el fenómeno y comenzase a reflexionar e investigar lo que después denominaría ECM.

El doctor Moody comentó los factores o elementos que ocurren en las ECM destacando que hay muchas cosas que aún no se conocen y que, en un futuro cercano, se tendrán las herramientas cognitivas necesarias para entender este tipo de fenómenos.

Destaca el hecho de que las personas que han vivido una ECM experimentan cambios perceptibles en su forma de vivir, entre ellos, la eliminación del miedo a la muerte y, sobre todo, aprender a amar.

El doctor Moody cuenta que fue un poco más allá del estudio de las ECM y desarrolló un sistema basado en el oráculo de los muertos de la Antigua Grecia, denominado «psicomantium», que conecta ambos mundos, el de los vivos y el de los muertos, y es usado, sobre todo, en procesos de duelo, aunque podría ser considerado un sistema de transcomunicación.

Por otro lado, y con el fin de aportar una visión más antropológica, en noviembre del mismo año entrevisté a la prestigiosa médium y vidente Marilyn Rossner, cuya figura fue llevada al cine por Steven Spielberg en la película *Poltergeist*. Marilyn Rossner es profesora retirada de Educación Especial en la Universidad Vanier de Montreal (Canadá), McGill y Concordia en el mismo país. Está especializada en psicoterapia infantil y yoga y es fundadora del Instituto Internacional de Ciencias Humanas Integrales de Montreal.

Marilyn Rossner abordó el tema de la muerte partiendo de que el término tiene un significado de cambio, tránsito u otra forma de vida. Desarrolla el tema de los elementos de las ECM desde el punto de vista espiritual, el de los seres espirituales que vienen a acompañarnos durante nuestra existencia, no desde el lado del moribundo. Asimismo, explica el acompañamiento que los guías espirituales hacen desde que nacemos hasta que morimos y la labor que desempeñan durante toda nuestra vida.

Esta doctora cuenta que el espíritu, al salir del cuerpo, atraviesa algo que, al no tener la palabra exacta por no existir nada igual en la vida, llamamos «túnel». Y habla de la revisión de los acontecimientos vividos durante la vida y también de la necesidad de hacer todo el bien posible durante la misma, coincidiendo con las declaraciones del doctor Moody en su revisión vital.

Esto aparece también en los testimonios de varios de los encuestados para este estudio. Ambos expertos coinciden en que existe una especie de retribución por todo lo que hemos hecho, y una justicia que se produce en ese momento en el que nos enfrentamos a todo lo que hemos causado, bueno o malo.

Marilyn Rossner también aborda el conocimiento de ciertas situaciones que vamos a vivir a lo largo de nuestra vida y el aprendizaje que se nos brinda en las mismas. La entrevista termina abordando la evolución de las almas, el nivel de consciencia y el lugar que el alma ocupa durante los estados de coma.

En marzo de 2013 asistí a un encuentro internacional sobre la experiencia de muerte eminente en Marsella, organizado por Sonia Barkallah, productora de televisión S17 Production y cofundadora del Centre National d'Etudes, de Recherches et d'Information sur la Conscience (CNERIC). A este encuentro acudieron expertos sobre la consciencia y las ECM. Entre otros ponentes se encontraban: Raymond Moody, Eben Alexander, Jody Long, Jeffrey Long, Vanessa Charland, Penny Sartori, Jean Jacques Charbonier y Olivier Chambom.

En esta ocasión volví a entrevistar al doctor Moody y al doctor Jeffrey Long, fundador de NDERF en Estados Unidos. Este médico radioncólogo me habló del controvertido tema de la muerte clínica, de los elementos de las ECM y los efectos posteriores en la vida de los experimentadores, de las ECM en diferentes culturas, su consistencia, la separación del cuerpo y la consciencia.

En mayo de 2013 quise conocer más acerca de la relación entre los estados no ordinarios de consciencia y el chamanismo, así como las implicaciones de estos en la psicología transpersonal, cuyo fundador, Stanislav Grof, acudía a Madrid a un congreso donde pude entrevistarle. Grof es doctor en Medicina y Filosofía, y psiquiatra con más de treinta años de experiencia en la investigación de los estados no ordinarios de conciencia. Fue jefe del Centro de Investigación Psiquiátrica de Maryland y profesor asistente de Psiquiatría en la Universidad Johns Hopkins de Baltimore.

En julio de 2014, con motivo de la llegada a España de su

santidad lama Sakya Trizin, Kyabgon Gongma Trichen, solicité una audiencia para realizarle una entrevista. El sostenedor del linaje Sakya, una de las cuatro escuelas principales del budismo tibetano, es un gran maestro muy respetado no solo por su actividad como guía para la comunidad tibetana, estando al frente de varios monasterios, sino también por su gran labor en transmitir el dharma a nivel mundial, viajando regularmente para impartir enseñanzas por diferentes ciudades. En esta entrevista le pregunté acerca del sentido de la vida y la muerte, qué es la consciencia y dónde reside, qué pasa cuando morimos según el budismo o cómo podemos ayudar a un moribundo.

Tras realizar el trabajo de campo y estar muy en contacto durante estos dos años y medio con personas en estado crítico, creí interesante mantener una entrevista con profesionales que se dedicaran a trabajar en este campo, y para ello entrevisté a una enfermera de la UCI pediátrica y consejera en cuidados paliativos pediátricos.

Cuestionarios y escalas

Según apuntan Hernández, Fernández-Collado y Baptista (2006), un cuestionario puede aplicarse de forma autoadministrada, por entrevista personal o telefónica. En este caso, el cuestionario individual de ECM, así como la escala Greyson, se responden a través de una entrevista personal mientras que la aplicación del cuestionario sobre VLM se lleva a cabo de forma autoadministrada.

Instrumentos utilizados en el estudio

El cuestionario utilizado en la entrevista está compuesto de preguntas de diferente naturaleza. Algunas están basadas en los cuestionarios diseñados por expertos investigadores de las ECM, y, por lo tanto, en la literatura más relevante sobre las mismas. De este modo, tuve en cuenta las escalas que se habían creado ante la necesidad detectada de algunos investigadores de conocer la variedad del fenómeno de las ECM y su profundidad. Entre ellos se encuentra Kenneth Ring (1980), quien creó un índice de profundidad de las ECM basado en la creencia de que estas ocurren por etapas: sensación de paz, EFC, entrada por un túnel, visión de la luz y entrada en la misma (Bonilla, 2011).

En el diseño del cuestionario también tuve en cuenta los elementos vividos en las ECM, las sensaciones durante las mismas, visiones y encuentros, y los cambios vitales tras la experiencia.

Además de los cuestionarios que servían de apoyo a la entrevista, utilicé la escala que desarrolló el doctor Bruce Greyson (1983), compuesta de dieciséis ítems que miden cuatro aspectos:

- **cognitivos** (sentido alterado del tiempo, aceleración del pensamiento, revisión vital y comprensión de los hechos),
- **afectivos** (sensación de paz, estar rodeado de luz, sensación de gozo y de unidad cósmica),
- **paranormales** (EFC, agudeza de sentidos, percepción extrasensorial, visión de futuro),
- y **trascendentales** (existencia de otro mundo, encuentro

con otros seres, encuentro con seres místicos y llegada a una frontera).

Esta escala establece la puntuación de corte a partir de 7 para considerar que existe ECM. El estudio se queda en las dos primeras fases en el caso del estudio prospectivo, donde se ha contactado y recogido información a pie de cama, pero como toda investigación sería interesante ahondar en la fase 3, que supone la realización de entrevistas posteriores, transcurridos varios años.

Además de estos instrumentos, tuve acceso a las historias clínicas de los pacientes y me era posible asistir a las visitas y a las sesiones diarias médicas cuando lo creyera oportuno.

Debido a que durante toda la investigación la interdisciplinariedad era manifiesta, puesto que se entrelazaban disciplinas como la antropología, la psicología, la medicina o la educación, mientras que la enfermedad, como protagonista, se entrelazaba con el miedo, el duelo, la cultura o la formación, fue necesario ampliar las redes de recursos bibliográficos en las distintas disciplinas.

Escenarios de investigación y selección de los informantes

Etapa hospitalaria

Esta etapa de la investigación se centró tanto en la elección del centro hospitalario como en la selección de los informantes.

Comenzar a realizar el trabajo de campo en un centro hospitalario supone un reto metodológico en la investigación antropológica, ya que presenta unas condiciones especiales tanto comportamentales como relacionales. A la dificultad de que la investigación se valore desde su aspecto metodológico más que el divulgativo que el propio tema puede sugerir, hay que sumar la necesidad de superar ciertas demandas éticas e investigadoras de los comités, que, lejos de parecerme inadecuado, creo que avalan la calidad de la investigación al cumplir con los requisitos que demandan esos comités.

El hospital donde realicé el trabajo de campo fue el segundo al que me dirigí con esa intención. El primero consideró que era «inviable, fundamentalmente por la dificultad de encontrar pacientes con estas características y por considerar que es poco apropiado entrevistar a los familiares o a los pacientes que están en los momentos finales de su vida».

En el segundo hospital al que me dirigí, me informaron en todo momento de los pasos que debía seguir. El Comité Ético de Investigación Clínica me comunicó que, aunque las modificaciones que me habían pedido hacer tras las reuniones mensuales previas eran correctas y se ajustaban a lo solicitado, no veían nada claro que fuese ese comité quien tuviera que evaluar este proyecto, pues los proyectos de corte cualitativos no eran de su competencia, con lo que me remitieron al Comité de Investigación y al Ético-asistencial. Después de las reuniones y las correcciones pertinentes, y las autorizaciones de los jefes de servicio de UCI y Medicina Interna, así como la de la Unidad de Paliativos, la dirección médica del hospital me concedió la autorización. Desde el intento en el primer hospital hasta la obtención de esta autorización pasaron siete meses, así que el día 1 de julio de 2013 comenzó mi andadura antropológica en el Hospital General Universitario Reina Sofía de Murcia.

Los pacientes incluidos en el estudio son aquellos que estaban en un estadio muy comprometido para su supervivencia, con diagnóstico de terminalidad, o esperanza de vida inferior a seis meses, y aquellos que habían superado una situación vital muy complicada para la supervivencia y pudieran haber experimentado una EMT.

Muchos de ellos tenían un alto nivel de sedación, lo que dificultó mantener una entrevista en esos momentos en la UCI, que postergaba hasta que el paciente estuviera en condiciones. En cuanto a los pacientes de cuidados paliativos, lo que buscaba encontrar eran esos últimos diálogos o expresiones, así que, si bien en muchos momentos no pude entrevistarles, sí lo hice con las familias, que fueron de gran ayuda en la investigación, tanto como los pacientes que no presentaban deterioro cognitivo.

En este caso, cuando en la familia había más de un cuidador principal, seleccionaba a aquel o aquellos de grado más cercano y al personal sanitario, sobre todo a quienes estaban más en contacto con los enfermos y podían dar información más detallada.

La mayor parte de la información fue recogida en la UCI, ya que en el hospital Reina Sofía, la Unidad de Cuidados Paliativos apenas estaba formada por una enfermera, y en los últimos seis meses del trabajo de campo amplió el personal con dos facultativas más que compaginaban su trabajo en UCI y Medicina Interna. Esta ampliación, aunque aún escasa, fue un gran acierto; sin embargo, la atención psicológica al enfermo y al acompañante, actuación necesaria ya que ayuda a mitigar el sufrimiento, seguía sin cubrirse. Es por esta falta de personal que, aunque se dio información a los supervisores de todas las plantas sobre el estudio, tanto en entrevistas personales como por escrito para que el personal de enfermería y auxiliar pudiera contactar conmigo en el caso de que detectaran una EMT o una EFV, solo en escasas ocasiones me informaron de alguna, ni en las rondas semanales ni a través del teléfono proporcionado.

La Unidad de Cuidados Intensivos es un escenario privativo donde el paciente sobrevive en un contexto de total vulnerabilidad: no es solo su vida la que pende de un hilo, sino también su estabilidad psicológica. El paciente se encuentra solo ante un grupo de desconocidos que tratan de salvarle la vida pero que, en ocasiones, poco se preocupan por salvar su dimensión emocional. En su tesis, Zomeño (2015) señala la necesidad de una adecuada formación pre- y posgraduada de los profesionales de la enfermería. He conocido muy bien al personal de este servicio y, dadas las circunstancias, estoy convencida de que no pueden hacer mejor su trabajo, pero como una vez me dijo un intensivista: «A mí jamás se me hubiera ocurrido preguntar a mis pacientes si están bien, o si necesitan algo, sin referirme a su aspecto biomédico».

El ser humano es desprovisto de todo cuanto posee, incluso su salud, y se encuentra desnudo, solo, frágil, rodeado de cables y máquinas que pitan, con un reloj en la pared que les marca y les remarca la lentitud del tiempo y un techo cuyas manchas ya han formado todas las pareidolias que sus cerebros han podido crear. Perfectos desconocidos les asean, dejando su intimidad a merced de ojos sin apego, mientras en ocasiones escuchan relatos de cosas que no entienden, ni les interesan; se sienten un objeto de trabajo. El paciente necesita una sonrisa cómplice, una palabra cariñosa, un gesto de empatía, no escuchar mientras se les asea lo que esos extraños han hecho o van a hacer durante el fin de semana, mientras asume con tristeza que él/ella va a seguir en el mismo sitio, mirando el mismo reloj y creando imágenes en las manchas del techo, y si tiene suerte, le otorgarán el gran premio del traslado a la planta, un lugar que se ansía como si fuera el mejor lugar del mundo, por lo que representa: la mejoría y la compañía.

A todo esto, hay que sumar que en ocasiones el paciente no procesa de forma adecuada la información que se le facilita acerca de su estado y esto puede llegar a crear cierto malestar, angustia y estrés que en otras circunstancias no existirían. Varios pacientes me han preguntado qué era el cateterismo que le iban a practicar, pues sabían que tenían programado uno, pero no conocían el riesgo, la duración o la praxis del mismo. Una aclaración precisa y ajustada al estado del paciente calmaría la ansiedad que he podido ver en los boxes. A pesar de estas circunstancias, considero que el personal de la UCI actúa con la mayor profesionalidad.

Desde esta perspectiva, cuando una persona se acerca al enfermo, le mira a los ojos y se interesa por su estado, y no solo el físico, es recibido con gratitud y le hace más llevadero el tiempo que pasa solo hasta el horario de visitas, dos al día, a las 13.00 y a las 20.00 horas, de no más de una hora de duración. Un paciente me dio las gracias (todos lo hacen) por haberle visitado en el box; llorando me agradecía la visita y decía que le emocionaba que personas desconocidas y educadas se interesaran por él y por cómo se encontraba. Puedo decir que les reconforta sentir que otras personas, aunque sea su trabajo, se interesen por su bienestar. Muchos de ellos me pidieron que les visitara cuando les trasladaran de la UCI a la planta.

En estas circunstancias, cuando me presentaba a los pacientes y estos me contaban alguna de sus ECM, estaban totalmente desprovistos de ego, con una experiencia reciente que apenas habían podido procesar y con poca probabilidad de ser resultado de su imaginación o de su creatividad.

Tras explicarle mi trabajo al personal de la UCI —médicos, enfermeros y auxiliares—, la mayor parte de ellos fueron muy colaborativos y me informaban de los pacientes que eran más susceptibles de haber tenido una ECM. En algunos casos me pedían que hablara con alguno (aunque yo entrevistaba a todos los enfermos conscientes para detectar una posible ECM), ya que había quien presentaba graves síntomas de depresión y angustia, e incluso en un caso detecté ideas de suicidio, lo que transmití al jefe de servicio y se solicitó una interconsulta a psiquiatría para que valoraran al paciente. Son muchos los casos con los que pude encontrarme que fortalecían la necesidad de un equipo multidisciplinar en este servicio.

La implicación del personal era tal que algunos me contaban lo que a título personal habían vivido ellos mismos o algún familiar en relación con las ECM. Me quedó muy claro que el personal sanitario sentía interés, pues muchos pudieron entender algunas situaciones vividas en el transcurso de su carrera laboral. Es más, entendí que hacían esfuerzos por conocer más sobre las vivencias de sus pacientes cuando una mañana, mientras caminaba por el pasillo, me chistó una paciente haciéndome gestos con la mano para que entrara al box y me preguntó: «¿Tú eres la chica que pregunta por cosas raras? Pues es que tengo una historia personal que contarte». No supe quién le había hablado de mí pues era lunes y esta paciente ingresó el fin de semana, pero era obvio que el personal de la UCI comenzaba a interesarse por el tema, y además su testimonio fue muy interesante. Alguien me informó de que, como todo el personal de la UCI, ya tenía un mote: la Psicóloga de

Cuarto Milenio. Esto significaba que ya era parte del equipo, y en ocasiones me veía a mí misma como Nigel Barley en *El antropólogo inocente* (1989).

Durante los dos años y medio que duró el trabajo de campo acudía al hospital de lunes a viernes por la mañana. Al principio iba a partir de las nueve de la mañana tras los relevos y comenzaba en la reunión matutina de facultativos, pero después vi que era más productivo empezar algo más tarde, puesto que hasta las diez más o menos no terminaban los aseos y hasta que los desayunos no estuvieran servidos no era funcional entrar en los boxes, ya que los pacientes no iban a estar solos mucho tiempo como para lograr entrevistas adecuadas.

Durante el tiempo que pasaba con los pacientes, podía ser interrumpida por diversas causas perfectamente comprensibles, no en vano se encontraban en la UCI, y era raro cuando no pitaba un monitor o tenían que dispensarles la medicación o ser informados de su evolución por el médico asignado, pero era cuestión de segundos o minutos y no cambiaba la disposición del paciente a comunicar su experiencia.

En esos dos años y medio entrevisté a todos los pacientes ingresados en la UCI a los que tuve acceso, independientemente de lo cerca que habían estado de la muerte, por tres razones: para comprobar qué dolencias o enfermedades se asocian a las ECM, para determinar hasta qué punto estas son comunes y para garantizar que no perdería ninguna ECM porque no me fueran contadas voluntariamente.

No todos los pacientes que pasaron por la UCI pudieron ser entrevistados, ya que a veces coincidía el ingreso y el alta durante el fin de semana o día festivo y no llegaba a conocerlos, o entraban en situación crítica y no sobrevivían: otros eran pacientes de psiquiatría, y otros no se encontraban en condiciones de mantener una entrevista, ya que su estado de deterioro o confusión no les hacía aptos para el estudio. Así que, aunque en realidad fueron bastantes más, el total de pacientes entrevistados a pie de cama fue de 170, un 14 por ciento del total de los ingresos. De ellos experimentaron algún tipo de experiencia antes o durante del ingreso 19 pacientes. Los 10 que sí recordaban algo durante su estado de inconsciencia accedieron al cuestionario semiestructurado, y los que pudieron, a la escala de Greyson, ya que las características de esta no son adecuadas para todos los pacientes, especialmente los mayores.

En relación con la Unidad de Cuidados Paliativos, en conversaciones con el personal de los equipos de soporte de atención domiciliaria, todos comentaban que casi la totalidad de los pacientes que atendían decían ver en los días previos a su fallecimiento a sus familiares y amigos; en concreto, una de las enfermeras dijo: «Ah, sí, eso lo ven todos». De modo que me parecía muy interesante obtener información de los equipos de Cuidados Paliativos.

El problema fue que en ese hospital el equipo de Paliativos lo formaba solo la enfermera, y si había algún paciente que ella detectara que comenzaba ese proceso, hablaría con la familia y si estaban de acuerdo me ponía en contacto. Esto ocurrió pocas veces, dado que estos pacientes eran trasladados a su domicilio y eran atendidos allí. Otra posibilidad era que yo fuera a sus visitas domiciliarias, pero mi autorización se circunscribía al hospital y no tenía seguro para los desplazamientos. De ese modo, resolvimos que cuando los equipos detectaran VLM hablarían con la familia y, de estar de acuerdo, me personaría en sus domicilios para hablar con ellos. Solo recibí una llamada de uno de los médicos, los demás nunca me llamaron y no porque la familia no lo autorizara. En definitiva, tuve que valerme con los testimonios que pude recoger en el hospital y los que me contaban por otras vías tales como conversaciones personales o email.

Etapa no hospitalaria

Otra forma de recoger testimonios fue a través de los contactos personales. Es decir, de las personas que yo conocía y que habían tenido una ECM o habían acompañado a un familiar en su lecho de muerte. En otras ocasiones eran amigos de conocidos y se ponían en contacto conmigo para contarme su historia; otras personas vivían cerca, sabían del estudio y querían conocerme para contarme su historia y que yo les dijera si era o no una ECM, y también hubo personas a las que conocía en el hospital (acompañantes, personal médico o de enfermería) y habían experimentado una situación difícil de explicar. En estos casos, el contacto era directo, y les planteaba los mismos cuestionarios que a los pacientes ingresados.

Paralelamente al trabajo de campo hospitalario quise llevar una recogida de datos al estilo de la NDERF, a través de una página web que ya se había creado en febrero de 2012. El grupo superó los 14.200 miembros, llegando a convertirse en el grupo de Facebook dedicado a las ECM más numeroso a nivel mundial. Aún hoy sigue activo y los miembros que quieren comparten sus experiencias, otros leen y otros muchos preguntan o cuelgan post y vídeos sobre el tema. El grupo ha dado pie a que muchas personas conozcan el desarrollo de este estudio y varios medios de comunicación se hayan puesto en contacto conmigo para entrevistarme o invitarme a participar en congresos.

En el post inicial marcado de forma permanente se informa de por qué se creó el grupo, la libre elección de participar en el estudio de los miembros que pertenecen al mismo y la forma de hacerlo. Como es lógico en un grupo tan numeroso, hay quien confunde los temas y, tras varias intervenciones que dejaron claras las intenciones del grupo, este quedó centrado en las ECM. Los propios miembros decidieron, a través de consulta abierta durante varios días, sobre la privacidad del grupo, y la mayoría quiso que fuera cerrado, ya que solo así se atreverían a contar sus experiencias. Otros optaban por enviarme a mí sus testimonios para que yo anónimamente los colgara, y así nadie temía por la revelación de su identidad. Esta página se ha convertido en un referente de apoyo a las personas que quieren conocer y leer sobre las ECM por curiosidad o por necesidad de entender.

Aunque esta forma de obtención de datos no permite extraer una frecuencia de testimonios con cierto rigor, ya que no se realizan procesos de entrevistas personales ni se pueden tener en cuenta otros datos además del propio testimonio, como los informes médicos, o no se delimita adecuadamente un ámbito de recolección de donde se estudia la totalidad del ámbito y de potenciales experimentadores, sí que se basa sobre la cantidad de participantes del estudio con los que he contactado de manera fortuita.

Todas las personas que contestaron los cuestionarios mantuvieron una conversación previa conmigo que en la mayoría de los casos me parecieron bastante coherentes. Las que no fueron así, porque mostraban evidentes signos de alteración o desorden psicológico, o simplemente no eran ECM aunque los hechos que presentaban se relacionaran con la muerte, no llegaron a recibir los cuestionarios.

Solía enviarlos a través del correo electrónico que se habilitó para ese fin, y los que tenían problemas para recibir emails lo solicitaban a través del Messenger de Facebook y los enviaban a través de la misma vía.

Organizar los datos para un posterior análisis fue una ardua labor que duró los dos años (a pie de cama) y medio más (recogiendo datos a nivel descriptivo de los pacientes) del trabajo de campo. La información obtenida y anotada, tanto en el cuaderno de campo como en las entrevistas y los archivos de audio y vídeo, era trasladada y codificada en la base de datos. Lo mismo ocurrió con los datos obtenidos a través del correo electrónico, alojándolos en carpetas diferentes. Algunos de los archivos que provenían de entrevistas a expertos tenía que traducirlas si el entrevistado no hablaba español. Todo esto ocurría a la vez que actualizaba las referencias bibliográficas que iban apareciendo durante estos cinco años de investigación. Durante ese tiempo, además, compaginaba esta investigación, que me llevaba todas las mañanas, con mi trabajo en la consulta.

Los datos se agruparon en:

- ECM en UCI en las circunstancias que originaron el ingreso.
- ECM en pacientes del hospital retrospectivas (tanto de UCI como de otros servicios).
- ECM extrahospitalarias (entrevistas realizadas tanto al personal laboral del hospital como de fuera que en algún momento de sus vidas las experimentaron).
- VLM en plantas con pacientes derivados a Cuidados Paliativos.
- VLM extrahospitalarias (entrevistas realizas tanto al personal del hospital como de fuera).

- ECM obtenidas a través del correo electrónico.
- VLM obtenidas a través del correo electrónico.

Datos ECM en hospital

Como ya he apuntado, clasifiqué la información recogida en el hospital en las dos diferentes unidades de estudio: las EMT, fundamentalmente en la UCI, y las VLM a través de Cuidados Paliativos.

En total, de los 1.134 pacientes que ingresaron en la UCI durante los dos años de trabajo de campo a pie de cama, pude entrevistar a 170 personas, de las cuales 104 son hombres y 66 son mujeres.

Testimonios prospectivos

PACIENTE N.°	SEXO	EDAD	CAUSA	TIPO DE ECM	CONOC. PREVIOS
4	MUJER	48	PROB. CORONARIO	POSITIVA	SÍ
10	MUJER	73	OPERACIÓN	SIN CALIFICAR	NO
17	MUJER	67	OPERACIÓN	POSITIVA	ALGUNO
18	HOMBRE	20	INTOXICACIÓN	ANGUSTIOSA	NO
28	MUJER	63	PROB. CORONARIO	POSITIVA	SÍ
58	MUJER	67	INSUF. RESPIRATORIA	POSITIVA	NO
71	MUJER	67	OPERACIÓN/COMA	SIN CALIFICAR	SÍ
146	HOMBRE	44	PROB. CORONARIO	POSITIVA	ALGUNO
152	MUJER	67	PROB. CORONARIO	POSITIVA	ALGUNO
186	HOMBRE	46	INSF. RESPIRATORIA	INFERNAL	SÍ

Características de los pacientes de UCI que reportan ECM en las circunstancias del ingreso.

Antes de examinar la información proporcionada por los informantes es necesario aclarar que ninguno de los testimonios fue reportado espontáneamente, por lo que creo importante que el abordaje de detección de las EMT debe hacerse conscientemente y con la finalidad de dar el apoyo necesario al paciente. Dicho lo anterior, se comenzará a considerar la información descriptiva y de contenido tanto de los informantes como de los datos recopilados.

Del total de personas entrevistadas, 9 (5,88 por ciento) reportaron elementos de las ECM debido a la causa del ingreso, 6 eran hombres y 3 mujeres. De los 10 casos encontrados, 6 eran experiencias positivas, 2 están sin calificar por la brevedad del testimonio y 2 negativas, que podrían catalogarse como angustiosa e infernal respectivamente, y fueron reportadas por hombres.

Un caso angustioso es ingresado en la UCI procedente de urgencias, a donde había acudido por intoxicación por organofosforados, y relata lo siguiente:

> P: Llegué al hospital con una reacción en los ojos por el producto que estuvimos fumigando, y entonces me lavaron los ojos y me pusieron una medicación, que era fuerte, después me hicieron un electro y se pusieron a pincharme una vía y me dio un dolor muy fuerte en el estómago y perdí la consciencia, y recuerdo ya «como al final del sueño» que estaba como ahogándome como en el fondo del mar o como en un ataúd, algo así, como si estuviera atrapado. La sensación era como que estaba llamando, gritando, pero no me oían, como si estuviera mudo.
>
> E: ¿No te oías tú?
>
> P: No, no me oía yo.
>
> E: ¿Intentabas comunicarte con alguien?

P: Claro, yo estaba como diciendo: «Ahhh» (moviendo las manos), pero yo no me oía.

E: ¿Y tampoco veías a nadie?

P: No, todo negro. Hasta que poco a poco fui volviendo en mí (...).

E: Y la sensación que tenías cuando estabas en ese momento ¿cómo era?

P: De ahogarte, como estar en el fondo del mar y no poder salir, o estar bajo tierra, una cosa así.

E: La sensación entonces, ¿era de miedo?

P: Sí, de pánico más bien.

Las causas que provocaron el estado de salud que los llevó a experimentar estas experiencias fueron: operación (3), insuficiencia respiratoria (2), intoxicación (1), problemas coronarios (4), y la mitad de ellos tenían conocimientos previos, en la mayor parte difusos, de las ECM.

El elemento más común en la ECM era encontrarse en un lugar, plano o dimensión no terrenal; ocurrió en siete de los diez casos. Otros elementos frecuentes fueron la sensación de paz y tranquilidad, la visión de la luz y encontrarse con otros seres. Curiosamente, ninguno de ellos tuvo una revisión vital o la experiencia extracorporal.

Como quedará manifiesto, las personas cuyo testimonio se recoge en los días que suceden a la experiencia son mucho más inefables que los retrospectivos, donde ya el informante ha podido elaborar una visión clara de lo que le aconteció. En esta inefabilidad reside la relevancia de los testimonios, sin menosprecio de aquellos que relatan la historia semanas, meses o años después de haberlas experimentado.

Una de las primeras pacientes a las que entrevisté tuvo seis paros cardiacos (síncopes) mientras le ponían un marcapasos. La paciente controlaba ambos estados, pues era consciente de que accedía a otro plano, y también lo era cuando volvía al de vigilia, pues tenía como referencia los dibujos de la pared. Ella misma decía que, como estaban a su lado recuperándola en cada síncope, no podía estar mucho tiempo en esos lugares a los que accedía mientras perdía la consciencia. Obtuvo una puntuación de 7 en la escala de Greyson.

Su testimonio narra el encuentro con otros seres o personas que no conocía, estar en otros lugares y una sensación de paz y tranquilidad:

> E: Cuando dices que querías volver, ¿qué creías que te estaba pasando?
>
> P: Pues no sé qué decirte, es como cuando estás durmiendo y no quieres dormir y dices tú: «No me quiero dormir, no me tengo que dormir», y estás luchando entre que tienes que... Quiero estar despierta, pero al mismo tiempo me está dando ese sueño, ese bajón, no sé, cosas así. [...] Yo es como si me trasladara a otro sitio, en ese sitio estoy a gusto, pero luego vuelvo.
>
> E: ¿Es un sitio que siempre conoces o algunas veces no?
>
> P: Pues no lo sé, bueno, por ejemplo, cuando te he dicho que estaba en la playa..., yo veía agua, agua tranquila [...] y estaba ahí a gusto. [...] No, es como un sueño, es el ir y el volver, y mientras voy yendo veo alguna cosa, entonces como te he dicho veo agua o yo creo que es un parque porque a lo mejor veo un columpio, pero no veo el parque entero.
>
> E: ¿Ves entonces escenas?
>
> P: Escenas sí, entonces supongo que he estado en ese momento, he ido en ese momento, entonces, mientras estoy así, inconsciente, mi mente está allí, y ya cuando vuelvo, pues ya... no

puedo decir: «Mira, pues he visto a fulanico o he visto a menganico, pues no». [...] Yo me encontraba tranquila, no con miedo ni nada, no tenía sufrimiento [...], yo decía cuando volvía: «¿Dónde estoy?». Porque me había visto en otro sitio.

E: ¿Tenías la sensación de que tus sentidos estaban vívidos, que sabías dónde estabas y que era real?

P: Sí, yo he visto agua, he visto un columpio, eso sí, real, si no te diría he visto una cosa difuminada [...], era una cosa [...] que yo en ese momento estoy viendo que está enfrente [...], igual que cuando me dio el síncope cuando me estaban haciendo los electros y cuando volvía..., recuerdo que había dos cuadros y entonces miraba y los veía y: «Ya sé dónde estoy». Cuando volvía en mí no sabía si estaba en planta o dónde estaba, entonces cuando me daba y cuando volvía miraba y decía: «Ah, estoy aquí, donde los electros», porque veía los dos cuadros. Entonces era consciente en ese momento porque si veía los dos cuadros era porque estaba haciéndome la prueba. Sí, era real pero no me daba tiempo a más.

Sin embargo, otra paciente que ingresa en la UCI tras una operación es más escueta en su testimonio; debido a su debilidad, apenas puede definirlo, dice haber visto algo raro que no sabe explicar; estar en otro lugar con personas que no conocía y hablaba con ellas. Solo recojo breves comentarios pues decidí parar la entrevista.

E: Durante ese tiempo, ¿la sensación era de estar tranquila o agitada?

P: No sé, rara. No sé dónde estaba. Ha sido un proceso que no sé explicarlo.

E: ¿Y era como si estuvieras en otro sitio?

P: Exactamente.

E: ¿Veías gente durante ese tiempo de inconsciencia?

P: Claro, sí.

Otro testimonio llega a la UCI por postoperatorio y puntúa 8 en la escala de Greyson. Relataba haber vivido varios de los elementos más comunes: la sensación de paz, escuchar sonidos, ver una luz, encuentro con otros seres, visita a otro lugar…, como se puede leer en el siguiente extracto:

E: Decías que tenías la sensación de que te ibas a un lugar que tú reconocías como el cielo, ¿es así?

P: Sí, claro, porque estaba todo blanco, y no veía nada salvo todo blanco, y además hasta las personas iban de blanco.

E: ¿Cuántas personas había más o menos?

P: Pues yo, yo, me parece que vi ocho o nueve, pero no las conté, solamente pregunté a dos personas quiénes eran.

E: ¿Los reconocías como hombres y mujeres?

P: Sí, sí, todos iban vestidos de mujeres con batas blancas.

E: Estas personas que veías, ¿reflejaban luminosidad?

P: Iban de blanco, pero no reflejaban luminosidad.

E: Y ¿quiénes creías que eran, otras personas, ángeles…?

P: No los vi como ángeles, yo los veía personas como yo. Yo les preguntaba quiénes eran, ¿qué haces aquí?

E: Y era al aire libre, pero ¿dices que había pasillos?

P: Yo no sé si eran calles o lo que sea, yo…, paredes no había, era todo todo blanco, yo pensaba que estaba en el cielo, la verdad, porque además me imagino que allí no hay paredes.

E: Tu sensación cuando estabas allí era…

P: De felicidad, no sé, de alegría, de satisfacción, todo todo todo bueno.

E: ¿Escuchaste sonidos?

P: Sonidos no escuché, solamente oía cuando me hablaban y me contestaban a lo que yo preguntaba, entonces es cuando yo oía, pero no se oía, no se oían los pasos, no se oía nada. [...]

E: En el proceso en el que ibas a ese lugar, ¿veías tu cuerpo?

P: Sí, me lo veía porque pensaba..., yo pensaba.

E: ¿Qué pensabas?

P: Pues nada, que estaba en el cielo.

E: ¿Te veías como ahora, las manos, pero no la cara...?

P: No me veía nada porque, como no tenía espejo, no me veía nada.

E: ¿Tuviste la sensación de pasar por un túnel?

P: No tuve sensación de eso.

E: ¿Y de ver una luz?

P: Sí, al fondo de aquel camino había una luz como dorada o blanca..., yo creo que era blanca la luz. Es que... no sabía yo que me iban a preguntar esas cosas..., je, je, je, no puse yo mucha atención.

El siguiente testimonio llega a la UCI por síndrome coronario agudo, interpreta el paso por el túnel como el momento en el que se «estaba muriendo» y relata lo siguiente:

P: Estaba en mi casa y vino a verme A., y cuando se iba le dije: «Llama, que venga alguien, que yo estoy muy mala». [...] Me encontré muy mal, devolviendo, por debajo..., ya perdí los papeles y vi una cosa, una cosa muy honda muy honda y negra, muy negra [...], no tenía fin y muy negro, negro...

E: ¿Como si fuera un túnel?

P: Sí.

E: ¿Y algo más, figuras humanas, sonidos?

P: No, es lo único que he visto.

E: ¿Y cómo recuperaste el conocimiento?

P: Pues nada, empezaron: «Venga, L., venga», dándome porrazos, me reanimaron, me llevaron enseguida a la UCI [...], pero me quedé muerta, si no me reaniman... [...]

E: Y cuando veías esa oscuridad...

P: Es cuando yo me iba, me iba.

E: ¿Y ahí tampoco escuchabas nada, ni la gente que estaba a tu lado y te llamaba?

P: No, yo ya vi el túnel, y luego ya la gente hablando: «Venga, trae esto...». [...]

E: ¿Qué piensas que podía ser aquello?

P: Para mí es que me estaba muriendo, era el final de mi vida.

E: ¿Y qué sensación tenías?, ¿cómo te encontrabas?

P: Pues nada, yo con los ojos cerrados, y el túnel y el túnel y que me iba me iba y ya me fui.

E: Y mientras estabas en el túnel ¿qué sentías: miedo, tranquilidad...?

P: No, miedo no, yo conforme me iba apagando y eso, iba corriendo, porque eso era una cosa, muy ligero muy ligero, y yo poco a poco me moría, que me morí, me quedé muerta, si no es porque me reaniman..., y cuando me reanimaron, eso a mí no se me olvida, el túnel, eso no se me olvida nunca.

E: ¿Y dice que ibas muy rápido?

P: Sí.

E: ¿Se movía el túnel o te movías tú?

P: No, era mi vista..., muy hondo muy hondo, muy ligero.

E: Entonces, ¿ibas como avanzando en él?

P: Sí.

E: ¿Y no llegaste a ningún sitio?

P: No, ni me quedé más adentro ni más afuera, nada más que

> lo vi como muy hondo muy hondo, muy negro y yo iba con eso, al mismo tiempo. Como si fuera un vaso y yo estoy en la boca del vaso, y de ahí no pasaba. Y ahí me quedé. Y la luz, hay quien dice que ve la luz, porque yo la verdad lo que me dio fue un paro cardiaco, y hay quien ve el túnel de la luz, yo no, yo vi una cosa muy negra muy negra y muy honda muy honda, y ahí perdí los papeles y ya cuando me desperté es lo que dije que había visto: un túnel muy negro. [...]
>
> E: ¿Y lo recuerdas bien?
>
> P: Sí, además parece que lo estoy viendo ahora mismo. Claro, eso para mí es que yo me iba.

En el siguiente caso la paciente estaba viviendo una situación de duelo. Estaba ingresada en planta, pasa a la UCI por insuficiencia respiratoria aguda, y en el transcurso de la conversación, tras la pregunta que da pie a contar una posible experiencia, dice:

> P: Mira, te voy a contar porque fue el jueves, me parece, que me dice mi hija: «Mamá, ¿quieres que venga el cura y que te dé la unción de enfermos?». Digo: «Pues sí», y vino el hombre, yo no podía hablar. Y rezando como me dijo, yo creía que era en otro sitio, pero era aquí, se formó como una cueva, un reflejo, así como una cueva. Y a lo primero se me aparece, porque no tengo madre ni padre, y de momento quien se me aparece es mi madre, ahí encima, y encima, no se lo conté a mi familia porque no podía hablar, a lo mejor me dicen que estoy loca, y enseguida veo a mi hermana abrazadica a mi madre [...].
>
> E: ¿A tu hermana?
>
> P: La que había muerto.
>
> E: ¿Y cuándo fue eso?

P: El jueves por la noche.

E: ¿Este jueves?

P: Sí, el miércoles fue cuando ingresé, pues el jueves por la noche.

E: ¿Aquí en la UCI?

P: Sí, aquí donde mismo estoy. Vi así como si fuera una cueva [...], sí se lo dije a mi marido: «He soñado con mi hermana y con mi madre, estas quieren que me vaya con ellas para allá arriba», y dice: «Qué tonta eres». Pero no es que lo he soñado, es que lo he vivido, lo he visto.

E: Pero ¿no estabas durmiendo?

P: Sí, dormir, dormí el viernes una hora desde que ingresé.

E: O sea, que estabas aquí tumbada despierta...

P: Y se me hizo así (mueve los brazos).

E: Y estaba tu madre con tu hermana, abrazando a tu...

P: A mi madre, y llevaba una bata que tengo yo de ella y dije: «Mira, la bata que tengo yo en mi casa, se la ha llevado mi hermana». [...]

E: ¿Lo viviste?

P: Lo viví, yo aquí sola.

E: ¿Y te dijeron algo?

P: No.

E: ¿Solo te miraban?

P: Me miraban, las dos abrazadas, primero se apareció mi madre y luego mi hermana.

E: ¿Y con qué sensación te quedabas?, ¿cómo fue, era algo desagradable, era...?

P: No, me quedaba como con una satisfacción, como que estaban ellas viviendo juntas y que querían que me fuera yo con ellas.

E: ¿Sentías que ellas querían que te fueras?

P: Sí, eso era lo que yo me pensaba, digo estas me están llamando para que estemos las tres juntas. [...] A mi sobrina se lo conté, porque ella es catequista y está en la iglesia mucho, igual que yo, y me dijo: «No es por eso, eso es que estaban ellas pidiendo por ti. No seas tonta». Digo: «Si a mí me da igual, yo las vi»...

E: La sensación entonces no era desagradable...

P: No, no, al contrario.

E: Y ¿cómo fue que apareció aquí...?

P: Se puso todo oscuro, como una cueva...

E: ¿Como si esta habitación fuera una cueva?

P: Sí, aquí en la entrada, arriba. [...]

E: Fue una experiencia bonita, ¿no?

P: Pues para mí sí. No le cogí miedo ni nada, al contrario, estoy muy contenta con haberlas visto.

E: Y después ¿cómo desaparecieron?

P: Pues después estaba rezando y desapareció todo.

E: ¿Estabas rezando?

P: Es que cuando sueño con mis difuntos tengo la costumbre de rezarles un padrenuestro. Pero estas no fueron un sueño, estas fue que las vi, que es diferente soñarlas a verlas. En el carácter..., mi madre murió con sesenta y dos años, no, con sesenta.

E: ¡Qué joven!

P: Pero estaba, de estas personas mayores mayores.

E: Y cuando la viste, ¿tenía la misma edad o diferente?

P: De mayor, de mayor.

E: ¿Igual que cuando se fue?

P: Y mi hermana y todo que cuando se fue.

E: Y las caras que tenían ellas, ¿era de estar tranquilas o...?

P: Sí, sí, ellas estaban ahí abrazadicas, muy bien.

E: ¿Estabas rezando cuando las viste o después de verlas es cuando empezaste a rezar?

P: No, no, cuando las vi empecé a rezar, las vi abrazadas y... [...]

E: ¿Se despidieron?

P: No, yo ya no vi nada más.

E: ¿Cuánto tiempo pasó más o menos?

P: Unos cinco..., unos minutos, no lo sé porque..., el tiempo de rezar un padrenuestro [...], yo no se lo cuento a nadie. A lo mejor se lo cuentas a alguien y empieza a reírse y dice: «Esta está loca».

Confesaba *off the record* que esta experiencia le había servido mucho psicológicamente, ya que apenas veinte días antes había perdido a su hermana y la echaba de menos.

El siguiente informante ingresa en la UCI por Scasest y sufre dos paradas cardiorrespiratorias; su testimonio es uno de los más cortos, pues solo dice haber visto una luz fugazmente:

P: Yo creo que no perdí el conocimiento.

E: ¿Te acuerdas de lo que pasó en esos momentos?

P: Me acuerdo de todo, bueno, a lo mejor hay algo que no me acuerdo, pero yo creo que sí.

E: ¿De ese momento que podrías haber perdido el conocimiento tienes algún recuerdo?

P: Yo me sentía bien, estaba acordándome de mis crías.

E: ¿Estabas normal como ahora?

P: Sí, sí. Yo creo que me quedé tranquilo.

E: ¿Entonces fue cuando te dieron el golpe? (para reanimar) ¿Eso sí lo notaste?

P: Sí, boom [...], y luego me dijo la enfermera que me dieron tres.

E: ¿Tres golpes?

P: Tres [...], yo creo que noté el primero, cómo iba mareado mareado, cómo me llevaban en la camilla, rápido, curvas, me mareé un poco.

E: Entonces, ¿solo tienes recuerdos de un golpe?

P: De un golpe.

E: Y luego te pusieron el desfibrilador.

P: Sí.

E: ¿Y ahí cómo te encontraste?

P: Bien, relajado, yo creo que ahí es cuando me quedé durmiendo.

E: ¿Y esa luz que viste?

P: Un fogonazo, ¡fum!, y pienso que fue cuando me dieron con el desfibrilador. Me estaba quedando dormido y creo que los ojos no los abrí. Y ya otro día me despierto aquí y me dijo la enfermera: «Te voy a traer la tele para que veas la carrera de motos». Le dije: «Pero si hoy es sábado», y me dijo: «No, es domingo». O sea, que estuve veinticuatro horas durmiendo, un poco más. Entonces me dijeron que me habían hecho el cateterismo y ya está. [...]

E: ¿Cómo era la luz, fue un destello o estuvo durante un tiempo?

P: Era una luz blanca, igual fue un segundo, yo creo que estaba durmiendo y cuando vi la luz desperté. Ya no recuerdo más.

Uno de los testimonios más ricos en elementos es el de la siguiente paciente. Tras una parada cardiorrespiratoria relata haber estado en un paraíso, haber visto una luz, un túnel, a otras personas. En la escala de Greyson puntúa 15. Esta es parte de su entrevista:

P: Me llevó mi vecina al centro médico y estando en el centro médico esperando: «Me encuentro mal, me encuentro mal», y allí me desmayé. Y estando en ese momento que no tienes consciencia, que no sabes dónde estás, qué te ha pasado, pues yo me veía en un paraíso, con muchas flores, con muchas luces, me reía, como si hubiera sido una niña, y eso se me quedó. [...]

E: Durante el momento de la experiencia, ¿qué sensación tenías?

P: En aquel momento de paz y tranquilidad, sí.

E: ¿Escuchaste algún sonido?

P: No, pero es como si allí hubiera habido animalitos, como si hubiera sido un paraíso, pues igual.

E: ¿Viste tu cuerpo?

P: No, me sentía allí, yo pasé, como si aquello fuera un túnel y al fondo de ese túnel había una luz.

E: ¿Cómo era la luz?

P: Era brillante, muy fuerte, se encontraba una paz, muchas flores, como si hubiera sido un prado con muchas flores..., todas amarillas.

E: ¿Estabas sola?

P: Sí.

E: ¿No te encontraste con nadie allí, ni familiares?

P: No, yo vi una luz fuerte, muy blanca. Si es que no lo he vuelto a ver. Era un jardín con flores.

E: ¿Era grande?

P: Enorme, igual que cuando miras al mar, que no ves el fin, así, pero con flores amarillas.

E: ¿Y te encontrabas bien?

P: Yo sí.

E: Y ¿sabías qué era eso?

P: No.

E: ¿Cómo fue la vuelta, de repente te encontraste en tu cuerpo?

P: Sí.

E: ¿Te pareció que de pronto lo entendías todo?

P: Sí, lo entendí después, cuando volví en mí, que había estado en un sitio distinto que no era el mundo. [...]

E: ¿Cambió tu percepción de la vida y la muerte tras tu experiencia?

P: Pues no creo, porque como no soy supersticiosa. Puede ser.

E: ¿Te parecía que el tiempo se aceleraba o se reducía?

P: Pues parecía que todo pasaba a la vez y te parece poco, porque como estás tan a gusto y estás con tanta paz, que eso no lo has vivido nunca, pues te puede parecer que en ese momento se paró y cuando vuelves, vuelves a la realidad. Te queda una paz, una tranquilidad. [...] Me acuerdo de decir: «Estoy en un paraíso».

E: ¿Sensación de felicidad?

P: De sentirte en paz contigo misma, el estar feliz, estar tranquila, eso es nuevo para ti y lo vives a tope. [...]

E: ¿Tuviste sensación de armonía o unión con el universo?

P: Sí, es que yo me hubiera quedado allí.

E: ¿Esa luz era una inusual luz brillante o de origen místico o de otro mundo?

P: Aquella luz era como si hubiera estado, yo te voy a decir en el cielo, porque no conozco otra cosa, pero como si te hubieras ido y te vas..., si es verdad que eso es así... [...] Percibes, pero no sabes qué te está pasando. [...]

E: ¿Te sentiste separada de tu cuerpo?

P: Yo creo que salí de mi cuerpo y me sentía separada de él, porque al sentarme en otro sitio, no lo notaba.

E: ¿Te pareció entrar en otro mundo?

P: Era desconocido y extraño para mí. [...] Perfectamente no me acuerdo, pero me pareció ver personas como si estuvieran jugando, todas vestidas de blanco, y es verdad. Yo las veía a lo lejos. Yo vi personas agarradas de la mano, vestidas de blanco, y había personas mayores y niños.

E: ¿Qué crees que fue esa experiencia?

P: Yo, cuando salí de aquello y salí tan contenta, dije: «Eso es el cielo, es el sitio donde van todas las personas cuando han dejado de vivir», porque yo perdí con once años a mi madre.

E: Pero a ella no la viste, ¿no?

P: A ella no, pero vi a gente que no podía identificar sus caras.

En relación con la vivencia de la experiencia de los informantes, dos pacientes aseguran en sus testimonios que lo que vivieron no era un sueño, que lo habían vivido de una manera muy real. Y otras dos pacientes confesaban no querer contarlo fuera de nuestra entrevista por si las tomaban por locas. Esto es algo muy común en muchos informantes, aunque afortunadamente en este estudio no ocurrió en ningún caso.

Otros dos testimonios calificaban su experiencia como un «sueño», por no saber cómo considerarlo.

A ninguno de los diez pacientes, excepto a uno, les fue administrada medicación que pudiera confundir la experiencia con los efectos de los medicamentos. Lo cierto es que dos de los testimonios, ambos provocados por parada cardiorrespiratoria, resultaban muy consistentes en sus descripciones. En el caso de otro paciente no podemos descartar que la medicación mediara en la propia experiencia o en su recuerdo, aunque no se valora ese testimonio por las visiones al inicio y al final de su inconsciencia, sino por lo que el paciente cuenta como los dos «sueños» que tuvo durante su estado de inconsciencia.

Testimonios retrospectivos

En cuanto a los pacientes que se encontraban hospitalizados y que reportaban haber tenido una ECM en otro momento de su vida, hubo un total de nueve, seis hombres y tres mujeres. Seis de ellos se encontraban en la UCI en el momento de ser entrevistados y tres en planta. Siete ingresos se debieron a problemas cardiacos y dos a una operación. Todos relataban ECM positivas y tres de ellos tenían algún conocimiento previo de las mismas.

De los nueve, uno no contestó las preguntas de la escala de Greyson, otro puntuó 6 y el resto obtuvieron puntuaciones iguales o superiores a 7, de los cuales tres puntuaban en el componente trascendental, uno en el paranormal y tres sin clasificación.

PACIENTE N.º	SEXO	EDAD/ EDAD ECM	SERVICIO	CAUSA	TIPO DE ECM	CONOC. PREVIOS	ESCALA GREYSON
1	HOMBRE	77/71	UCI	CORONARIO	POSITIVA	NO	7
2	HOMBRE	73/58	UCI	CORONARIO	POSITIVA	SÍ	14
3	MUJER	58/46	UCI	OPERACIÓN	POSITIVA	SÍ	8
4	HOMBRE	67/60	UCI	CORONARIO	POSITIVA	NO	10
5	HOMBRE	66/66	UCI	CORONARIO	POSITIVA	NO	7
6	HOMBRE	71/65	UCI	OPERACIÓN	POSITIVA	NO	6
7	MUJER	62/39	PLANTA	CORONARIO	POSITIVA	NO	-
8	HOMBRE	83/83	PLANTA	CORONARIO	POSITIVA	NO	15
9	MUJER	64/64	PLANTA	CORONARIO	POSITIVA	SÍ	10

Características de los pacientes que reportaron ECM retrospectiva.

El paciente 1 se encuentra en la UCI por un síndrome coronario agudo y, en el proceso de toma de contacto y tras la pregunta previa sobre si había perdido la conciencia y si durante ese tiempo de inconsciencia tenía recuerdos, me dijo que esa vez no, pero que hacía unos años estuvo en coma y sí le ocurrió algo. Obtiene 7 en la escala de Greyson.

P: La cama se movía y me llevaba hasta una puerta que daba a un campo de fútbol. Yo me decía: «Esto es el viento, que me lleva». Como no había nadie que me llevaba y se paraba en una puerta y yo allí veía el fútbol [...].

E: ¿Dónde creías que estabas?

P: Yo sé que estaba en el hospital, pero yo creía que lo veía de verdad, que había un campo de fútbol, que estaban jugando.

E: ¿Algún equipo que te gustara?

P: Sí, el Madrid, estaba Roberto Carlos. [...]

E: ¿Sabes si en ese momento estaban jugando de verdad?

P: Sí, estaban jugando, porque en ese momento era la Liga, la Copa de Europa, yo es que estuve cuatro meses nada más. [...]

E: Y durante ese tiempo, ¿viste a alguien, personas que te hablaran?

P: No, yo vi que estaban las gradas llenas y yo me decía: «¿Pues cuándo han hecho este campo de fútbol aquí en Murcia, al lado del hospital?». Es lo único que me extrañaba y que cuando yo estaba ahí, pensaba que era el aire que me empujaba, porque llegaba allá hasta donde entra la gente y se paraba en la puerta, y dije: «Que me voy a caer», pero no, se paraba en la puerta y desde allí vi el fútbol.

E: ¿Y viste todo el partido?

P: No, al rato otra vez se fue la cama y ya me metí para adentro.

E: ¿Y te fuiste al mismo sitio, a la misma habitación?

P: Sí, a la misma habitación, pero sin nadie y es lo que más...

E: Y el trayecto ¿cómo era, desde el campo de fútbol a la habitación?

P: Era como... un pasillo normal y cuando salías ya estaba el campo de fútbol allí. Y claro, a mí me extrañaba porque yo decía: «Si no había campo de fútbol aquí, lo habrán hecho ahora».

E: ¿Cuánto tiempo estuviste en coma?

P: A mí me operaron en marzo y [...] hasta finales de abril ya no me acuerdo más. [...].

E: ¿Tienes algún recuerdo más de ese tiempo que estuviste en coma?

P: Pues algunos, pero no me acuerdo muy bien, porque están un poco borrosos.

E: ¿Tienes la sensación de haber visto un túnel?

P: Sí, un túnel sí, y una luz.

E: ¿Cómo fue?

P: Estaba en un pasillo y vi una luz al fondo, al fondo y al final pues: «Aquí no hay nada».

E: ¿Ibas hacia la luz?

P: Sí.

E: ¿Andando?

P: No, en la cama, en una así como esta, claro, si estaba en el hospital. Y claro, lo más gracioso de todo era [...] ¿cómo me empujan si no hay nadie detrás? Y me llevan, y no hay nadie, pero luego se paraba en la puerta, es decir, para no caernos seguramente. [...]

E: ¿Y la vuelta cómo era?

P: La vuelta yo ya veía cómo me empujaba la cama sola y llegaba a la habitación; pues me pasó dos o tres veces. [...]

E: Y la sensación cuando estabas en el túnel y en la luz ¿cómo era?, ¿cómo te encontrabas?

P: Pues mi sensación de que estaba bien, de que no estaba

enfermo, como ahora me encuentro, que estaba bien para salir, pero estaba en coma.

E: ¿Te encontrabas tranquilo?

P: Sí, sí, paz, tranquilidad, y me encontraba como estoy ahora mismo, igual, igual, estaba en coma, pero me encontraba bien, es como si ahora la cama se fuera y hubiera un pasillo.

El paciente 2 se encontraba ingresado en la UCI tras un infarto y me contaba que años atrás había tenido una experiencia que le hizo cambiar de idea con respecto a este tema, ya que se encontró en un lugar con una luz impresionante y una voz le habló. Obtiene una puntuación de 14 en la escala de Greyson:

P: Yo me encontraba en un sitio de mucho lujo, de mucho lujo se entiende de mucha luz. [...] Un alumbrado que yo eso no lo he visto jamás en la vida.

E: ¿Era un sitio conocido?

P: No. No. Solo con mucha luz.

E: ¿Recuerdas si tenía paredes?

P: No, no lo recuerdo, solo la luz y que me decían que no podía entrar por ahí todavía.

E: ¿Quién te lo dijo?, ¿oíste la voz?

P: Es que como yo estaba de aquella manera, yo no sé la voz cómo sería. Así como me acuerdo de ese alumbrado que me llamó tanto la atención, porque después he dicho yo: «Hay que ver, se muere y hablamos y no viene ninguno hacia aquí. Como está aquello, cómo van a venir aquí», pensando que cuando nos muramos nos vamos: «Cómo va a volver la gente, si aquí se está muy bien».

E: ¿Te encontrabas a gusto allí?

P: Sí, sí, sí.

E: ¿Sensación de paz y tranquilidad?

P: Sí, sí, y un alumbrado fuera de serie.

E: ¿Cómo llegaste allí?, ¿pasaste por algún tipo de túnel?

P: No, no, me encontré allí de repente.

E: ¿Y no había nadie más?

P: No, solamente la persona que me habló, que no puedo describir cómo era, porque era una voz.

E: ¿El sitio cómo era?

P: El sitio era que, ya digo, a mí me llamó mucho la atención por el alumbrado que tenía, pero no porque tuviera pared y eso, porque a mí en la cabeza solamente se me quedó la luz del sitio, una luz enorme, que me quedé sorprendido de aquella luz que no había visto yo nunca. [...]

E: Cuando despertaste, ¿qué creías que había sido: un sueño o que lo habías vivido realmente?

P: Yo pensaba que lo había vivido realmente.

E: ¿Crees que eso lo viviste?

P: Sí, yo creo que sí.

E: ¿Eso qué sensación te crea?

P: Pues algunas veces... parece que se quita el miedo a la muerte, de lo que vi, parece que si la muerte me llegara es como si ya estuviera acostumbrado yo a recibir la muerte. Pienso que es aquello, vamos, que tampoco me dijeron «Este es tu sitio», pero pienso que aquel es el sitio adonde vamos.

E: ¿Te encontraste con una barrera por la que ya no podías pasar?

P: Sí, allí, me dijo una voz que no me había llegado mi hora.

E: ¿Esa voz era de hombre, de mujer o ya no lo puedes precisar?

P: Pues no lo puedo precisarlo, yo diría que era de mujer, pero no puedo precisarlo.

E: ¿Te gustó haber vivido esa experiencia?

P: Sí, fue buena y bonita, vi una cosa que no la había visto nunca. Lo que pasa es que nunca me he atrevido a comentarlo, porque tengo un amigo que ha tenido un infarto, pero flojo, y está muy caído y a lo mejor yo, a ver si lo levanto de ánimo, empiezo a contarle lo que a mí me pasó y no se lo cree, se ríe y no se lo cree que yo pasara por eso. Yo no es que se lo diga con ningún interés, nada más que la persona se ve caída por lo que le ha pasado, pues bueno, si yo le cuento que yo he estado peor que él pues a lo mejor él dice: «Pues bueno, entonces no estoy tan mal, que mira qué bien está él», o sea, que no es que se lo diga porque yo estuve allí y vi eso, a mí no me disgustó hablar de eso, pero tampoco me da gusto estar hablando todos los días [...] porque a mi mujer me parece que no se lo he dicho todavía que estuve allí, se lo tengo que contar. [...]

E: ¿Te parecía que lo entendías todo?

P: Sí, yo siempre he estado en contra de lo que la gente decía, por mi forma de ser, pero cuando me vi allí, mi cabeza ya pensó, cambió de pensar porque cuando volvía a estar bien recordaba que había estado en un sitio muy lujoso. Me habían hablado muchas veces y yo decía que era mentira, son las conclusiones que saqué cuando estaba ya bien. Yo decía: «Cuando fulano me decía esto o el otro..., de las cosas que era..., si eso tiene que ser esto». Yo me encontraba igual que si hubiera estado allí, lo único que me llamó la atención era el alumbrado, aquello no es como si las luces las tuvieras encendidas, aquello era, yo qué sé, muy luminoso, con la boca no se puede contar ni la gente entender aquello cómo era.

La paciente 3 no tiene ECM en este ingreso, pero tras la toma de contacto me comenta que sí tiene recuerdos de otra vez que estuvo inconsciente por una operación. Obtiene 8 en la escala de Greyson:

E: ¿Puedes contarme cómo fue tu experiencia?

P: Fue en el 2002 por una operación. Yo, ver no sé exactamente, solo que me encontraba flotando como por un bosque, con una tranquilidad, serenidad..., todo parecía no sé..., como no sé, que daba gusto de estar, era como un paraíso.

E: ¿Fue en el transcurso de la operación?

P: Sí, cuando ya me anestesiaron, ya no sé yo el tiempo que estuve, solamente sé que estaba a gusto y no me hubiera despertado de ese sueño, ahí era feliz, ahí en ese sueño.

E: ¿Había tranquilidad...?

P: Una tranquilidad, una paz, era una cosa que no se puede explicar, no sé explicarlo.

E: ¿Escuchaste algún tipo de sonido?

P: No, eso no lo recuerdo.

E: ¿Tuviste la sensación de pasar por una especie de túnel o algo parecido?

P: Sí, eso sí.

E: ¿Cómo era?

P: No sé, es como si fuera flotando como por un..., no sé, como un camino y luego llegas al final y se ve como una luz, muchos árboles y un resplandor muy grande y todo iluminado, mucha luz, mucha luz.

E: ¿Ese túnel era corto o largo?

P: No, corto.

E: ¿Era luminoso u oscuro?

P: No, era oscuro.

E: ¿Y lo pasaste y encontraste la luz?

P: Sí.

E: ¿Encontraste alguna persona, algún ser...?

P: No, ni familiares, ni nadie, no, no.

E: En esos momentos, ¿tuviste recuerdos de hechos pasados de tu vida?

P: No.

E: ¿Algún tipo de límite o barrera?

P: No, tenía como una libertad, un bienestar, de esos «sueños» que, aunque estés toda la noche durmiendo y digas... ¡uy!, pues nunca jamás me he despertado de esa forma, esa relajación, ese bienestar, como cuando me desperté en la operación. Cuando me desperté y eso, hubiera querido seguir donde estaba.

E: ¿Te dio rabia?

P: Sí, porque estaba muy bien. Claro, luego ya te despiertas, empiezas con el dolor, los pinchazos [...] y ¡ojalá me hubiera quedado donde estaba!

E: ¿Y cómo era ese sitio, era como un lugar físico o...?

P: Sí, sí, es un sitio, no sé, es como un parque o un jardín o un bosque muy grande, con muchos árboles, luz, y yo estaba por allí, dando vueltas.

E: ¿Y cómo fue la vuelta?

P: Me despertaron, empezaron a darme en la cara: «¡Venga, que ya ha pasado todo!».

El paciente 4 era parco en palabras, pero contestaba con seguridad a cada una de las preguntas. Obtuvo la puntuación de 10 en la escala de Greyson. En su testimonio cuenta que vivió la experiencia cuando se desplazaba al hospital en su coche, aún no había sido medicado. En el transcurso de la conversación y al preguntarle sobre si tuvo pérdida de consciencia durante su dolencia, dijo:

P: Esta vez no, pero la anterior sí. Tuve un infarto y perdí el conocimiento en el coche cuando iba al hospital y entonces estaba como en una nube blanca y pasaba gente.

E: ¿Cómo te encontrabas?

P: Con una sensación de paz.

E: ¿Escuchaste algún sonido o ruido durante tu experiencia?

P: Sí, escuchaba voces.

E: ¿Te viste fuera de tu cuerpo?

P: No.

E: ¿Entraste o atravesaste un túnel o un recinto cerrado?

P: No.

E: ¿Te encontraste con otros seres?

P: Sí, me preguntaron que qué tal, pero no sé quiénes eran.

E: ¿Tuviste algún encuentro con seres luminosos?

P: Sí, uno que tenía barba.

E: ¿Te encontraste con un límite o barrera?

P: Solo con una voz que dijo que tenía que volver, que tenía muchas cosas que hacer.

E: ¿Cómo fue la vuelta?

P: Pues de repente me encontré otra vez en mi cuerpo.

E: ¿Tuviste alguna sensación de alteración del espacio o del tiempo?

P: Fue muy rápido, todo pasó muy rápido.

E: ¿Viste algún lugar, plano o dimensión?

P: Vi algo que no era de este mundo.

E: ¿Cambió tu vida, tu percepción de la vida y la muerte tras la experiencia?

P: Sí.

El paciente 5, pese a decir que estaba en un estado de semiinconsciencia y su insistencia en atribuir su experiencia a los fármacos, afirma haber visto a familiares fallecidos y tener una revisión vital durante su estado provocado por un infarto. Obtiene 7 en la escala de Greyson. Este es su testimonio:

> P: En la ambulancia me pusieron tratamiento sin parar [...] y luego... un estado que no sé cómo describirlo, puesto que no lo había vivido antes [...], solamente sé que..., es que... no sé, que iba con gente de mi familia y mis amigos que habían muerto, pasaban por delante de mí y se reían, no iba a contarlo... (Habla con cierto pudor). Yo creo que fue un estado alterado de consciencia debido a los fármacos, uno no actúa normal, y lo tuve durante bastante tiempo porque cuando, en otro mundo muy lejano..., cuando me entraron en el hospital, oí el movimiento y como si me molestara. [...]
>
> E: ¿Y cuándo dices haber visto a los familiares?, ¿durante el traslado en la ambulancia?
>
> P: Sí.
>
> E: ¿Te decían algo?
>
> P: No, simplemente es que era algo muy confuso y difuso, no digo que sea verdad ni mucho menos lo que estoy contando, pero mi mente lo único que veía era a estas personas que pasaban al lado de mí y se reían y como muy felices, no sé cómo explicarlo.
>
> E: ¿Y qué sensación tenías en ese momento?
>
> P: Es que no lo sé, es que era como si yo no existiera.
>
> E: ¿Sentías una separación del cuerpo?
>
> P: Tampoco lo puedo asegurar, era una sensación extraña. Yo no la he vivido nunca, más bien positiva, yo me alegraba de verlos, era como una película, como si alguien está en el cine y ve una película, personajes o pasajes que van pasando y luego a terminarlo y punto, la película ha terminado. Yo creo que, en esos momentos en que se pasa mal, uno se acuerda de sus seres

queridos, y los fármacos y esto y lo otro que te van inyectando y en el cerebro, pues una combinación de estas personas que faltan tanto.

E: ¿Todas ellas estaban muertas?

P: Sí, sí. La primera imagen que tuve fue: yo muy pequeñito, que mi madre me llevaba de la mano. No sé por qué, que era yo un niño y a partir de ahí, es que no recuerdo exactamente..., ni por qué ocurrió ni cómo ocurrió, las personas, todas las personas que había.

E: ¿Eran hechos de tu vida?

P: No.

E: ¿La imagen de niño sí?

P: El único hecho o pasaje, de las veces que mi madre me llevaba de la mano con dos añitos o tres.

E: ¿Lo veías desde fuera o como el niño que iba caminando?, es decir, ¿estabas contemplando la escena?

P: No, yo lo veía como una pantalla de una tele o de cine, yo veía a mi madre y a mí y sabía que era yo, claro.

E: ¿Y después fue cuando llegaron los otros familiares?

P: Y luego pues no sé, 7, 8, 10, 12, es que era todo muy confuso, pero fue una realidad, bueno, fue una realidad entre comillas, fue una realidad de mi cerebro o mi pensamiento o de lo que fuese.

E: Pero ¿lo estabas viviendo como algo real?

P: Eso sí, sí. Y me molestaba incluso que hablasen, era una cosa muy lejana, me distraían, no guardaba yo toda la atención que estaba viviendo en ese momento.

E: Entonces estabas medio consciente porque por un lado escuchabas a las personas que tenías al lado...

P: A esa gente yo la escuchaba como muy lejana, como un eco, una cosa muy lejana, como que no fuese conmigo, que me molestaban. Eso durante un tiempo, luego ya, cuando salí de la intervención, yo..., me han jugado una mala pasada todos, yo lo recordaba, no con tanto detalle, cada vez se me van olvidando cosas, bueno, no se me olvida lo principal, o sea, el núcleo lo recuerdo.

E: ¿Y veías algún lugar?

P: No.

E: ¿Cómo era el espacio?

P: Es que no había espacio, yo no veía nada, no había espacio, era...

E: ¿Y algún color?

P: Blanco, un color impreciso, es que es una situación realmente que uno..., no lo sé.

E: Sí, es un poco raro y difícil de explicar porque no se ha vivido antes ni se ha visto nada parecido.

P: Y que no me creo ni yo mismo, o sea, yo creo que eso fue que yo me encontraba..., por otro lado pienso: «Esto son los fármacos, que me han hecho todo esto». Me encontraba en una situación complicada yo y... creía que... que me iba a ir, en una palabra, [...], y a lo mejor fue también una predisposición mía..., para llegar a ese lugar de alteración, ayudado por los fármacos, y a lo mejor sin yo querer me acordé de mi familia, de mis padres, de mis tíos, de mis parientes, de primos, que los pobres están ya en la otra vida. Y no le di más importancia.

E: ¿Había algún tipo de luz?

P: No, había como un infinito, todo de un mismo color.

E: Y no escuchabas nada salvo a las personas que estaban contigo.

P: No, solamente rostros como sonrientes, como contentos y difusos, que no era una imagen clara y nítida, yo los rostros, creía en ese estado que yo estaba, «Ah, mis padres, mis tíos, mi amigo J.», pero es que es difícil de explicarlo porque es un estado que yo...

E: ¿Y las caras correspondían a la edad de cuando murieron?

P: Sí, eso sí, bueno dentro de lo difuso, sí. Y la ropa que llevaban. Recuerdo que mi abuelo por parte de mi madre, las camisas esas largas y negras, apareció con su gorro, pero es que no había lugar, me refiero, era como un infinito, no veía nada, no veía nada [...], todo del mismo color.

E: En ese momento, ¿eras consciente de dónde estabas y qué te había pasado?

P: A medias, cuando estaba en este estado de conciencia a medias, ¿cómo explicarlo?, reconocía las voces de los que iban en la ambulancia, pero como si los que estuvieran en otro mundo fueran ellos.

E: ¿Como si lo real fuera la experiencia que estabas viviendo?

P: Exacto, es una descripción más o menos cierta.

E: ¿Como más vivida, más real la experiencia?

P: Sí, sí. Pero no le di importancia a nada de esto porque yo creo que fue producto de los fármacos, hay un estado de conciencia alterado y uno ve cosas que no existen, por decir algo. Yo en mi estado de consciencia llegué a pensar que me iba a morir y fue una película, lo que pasaba por mi imaginación, yo creía que iba a morir.

E: ¿Y eso te causaba algún tipo de...?

P: No, no, estaba muy tranquilo, al contrario, me molestaba cuando oía en la lejanía a ellos. Estaba muy tranquilo, muy tranquilo, o sea, un estado de paz, y me vinieron a la mente visiones o lo que fuese por esta situación.

E: ¿Cómo dirías que era esa sensación, de alivio, de tranquilidad o de una paz o estado agradable?

P: Paz, paz, paz, paz, y un estado agradable, de bienestar.

Es que... yo no sé cómo estoy contando esto porque yo no... (Sonríe) [...].

E: ¿Te parecía que el tiempo se aceleraba o se reducía, o que todo ocurría a la vez?

P: Es que, en este estado, yo diría que se ampliaba, que era enorme todo.

E: ¿Sentías que el pensamiento se aceleraba, que iba más rápido?

P: No, al contrario, yo creo que más relajado, porque oía más lejos las voces; cuando ya estaba en el hospital, eran ruidos pequeños y muy lejanos, como si no estuviese allí, pero oía el eco de los ruidos y eso. Y ya luego, ya se perdió [...], ya me desperté en la UCI de la Arrixaca y eso ya no sé más nada de nada de nada. [...] Yo lo que puedo decir es que en ese momento estaba feliz o en paz, como le queramos llamar, yo no estaba enfermo, yo no tenía nada, estaba muy relajado y eso sí que varias veces lo he pensado: «¿Y por qué me molestaba a mí que los médicos hablaran?», como muy lejano, como si ese fuese un mundo que yo lo tenía muy lejano, eso sí que se me ha quedado grabado [...], ¿cómo es posible que este mundo esté tan alejado?, pero una proyección muy muy alejada. [...] Era un color uniforme, infinito, sin final ni principio.

E: ¿Estaban tus sentidos más vívidos de lo normal?

P: Pues quizá sí, no lo sé, lo que sí es que yo estaba muy contento y feliz, no me parecía que estuviera en una ambulancia ni que me había dado un infarto.

E: ¿No tenías conciencia del cuerpo?

P: No, no. Yo solo he visto a estos personajes que he dicho anteriormente que iban vestidos como cuando vivían en su época. Vi a uno que me hizo mucha..., porque yo estaba muy unido a él, y yo no sabía si yo estaba vivo o no, yo no sabía nada, yo nada más que sé que en el lugar donde estaba yo él me miraba y se reía y pasaba, pero no pasaba andando, era una figura que veía y que luego se difuminaba y venía otra, es decir, no era andar.

E: ¿Los veías enteros o una parte de ellos?

P: Sí, sí, difuso porque lo que más claro veía era la cara, y los vestidos..., era su forma, su silueta, sus andares, su sombrero, y luego se desvanecían. Es como si yo hubiera querido estar allí, quedarme o estar, porque en ese momento yo estaba bien.

E: ¿Te ha cambiado tu experiencia en algo tu percepción de la vida y de la muerte?

P: De la muerte parece que sí, porque en estos momentos no le tengo miedo, antes era una frontera... Ahora, pues si llega ha llegado, nada más, porque parece que de alguna forma ya he pasado por ahí, no, no, es que fue como despedirme de la vida [...]. Era algo inmaterial, era algo, por un tiempo es posible que fuera largo, de veinte minutos o media hora, y en otro momento parece que fue todo en fracciones de segundo. [...] Yo nunca he reflexionado sobre esto, primero porque no me había ocurrido, nunca había estado en un trance de estos, y luego porque, para mí mismo, para investigarme a mí mismo o para saber exactamente qué me había ocurrido, pero no le encuentro sentido. Yo parece que estaba viviendo como en dos mundos, esta experiencia que tuve con mis familiares ya desaparecidos y este mundo en sí, yo tenía, como si estuviera viviendo de cerca ese mundo imaginario y de lejos este mundo, muy lejano, nada más. [...] En mi vida lo que antes tenía mucho valor ahora ya...

El paciente 6 apenas es capaz de relatar lo que vivió en su operación, solo que fue como un sueño y vio a sus padres fallecidos y una luz:

P: Mis padres estaban muertos cuando a mí me operaron y parece que sí, que los he visto y me han preguntado. Eso es como cuando sueñas. [...]

E: Dices que cuando viste a tus padres estabas sedado, ¿no? ¿En qué operación fue?

P: En la de la garganta, que fue en la que más tiempo estuve, ocho horas en la operación.

E: ¿Qué más viste?

P: Pues ahora mismo no sé decirte.

E: ¿Viste alguna luz?

P: Sí, sí, todo eso sí lo ves siempre.

E: ¿Cómo que siempre?

P: Hombre, me supongo que al que le dan anestesia general verá todo eso, ¿o alguno no ve nada?

E: No pasa siempre.

P: ¿No?

E: ¿Qué más puedes contar?

P: Pues como me han operado dos o tres veces y esas veces sí he visto... No sé cómo explicarte, ya te digo, como si estuviera soñando.

E: ¿Qué pensabas que era lo que estabas viendo?

P: Yo creo que siempre han sido cosas positivas porque ves a tu familia o ves que estás hablando..., o es que la vieras donde está. [...]

E: ¿Dónde estaban ellos?

P: No lo sé, estaba hablando con ellos.

E: ¿Qué veías alrededor de ellos?

P: [...] Es que es como si fuera un sueño y en ese sueño pues aparecen cosas que vas viendo, pero no te podría yo..., porque si te contara una fábula sería mentirte.

E: ¿Cómo te encontrabas cuando estabas con ellos?

P: [...] Ellos no sabían lo que me había pasado, era como cuando tenía una conversación con ellos cuando estaban vivos.

E: ¿Qué había alrededor de ellos?

P: Era una conversación normal, no es que yo los viera arriba, en el cielo, en el infierno o en el purgatorio o donde fuera, no, como si estuviera hablando con ellos, como en un sueño.

La paciente 7 asegura haber salido de su cuerpo dos veces en el mismo día. Incluyo parte de su testimonio:

P: Yo fui al hospital porque había tenido una hemorragia interna, eso lo supe después, pérdida del conocimiento y estaba muy floja, en malas condiciones, y me llevaron al hospital. Cuando estaba en urgencias tomando los datos, era la primera vez que yo tuve la sensación extraña como de ver como por arriba, como fuera de mí a los que estaban a mi alrededor.

E: Pero ¿estabas sentada?

P: Estaba sentada en una silla de ruedas, pero claro, eso no sabes lo que es, no sabes lo que te pasa, simplemente piensas en lo que te pasa, en el mareo y el aturdimiento que llevas, porque llevaba una pérdida, una hemorragia importante, y después cuando ya me pasaron a quirófano, porque fue un embarazo ectópico, estaba embarazada de diez o quince días [...], es cuando ya sí sentí esa sensación un poco más fuerte, como de estar viendo a todos los que estaban a mi alrededor, a la altura de la lámpara de arriba, viendo lo que estaban haciendo; fueron segundos, yo no podría dar más detalles porque, claro, enseguida me pusieron anestesia, pero la sensación fue un poquito más fuerte, más que la de la puerta. [...]

E: ¿Te habían administrado alguna medicación?

P: No, porque fui directamente de mi casa allí, bueno, la que me estuvieran poniendo en el quirófano, me imagino que me estarían poniendo algo ya de anestésico [...], la intervención fue urgente [...], no estaba medicada para nada. [...] pero es que yo estaba en mi casa así dos días, a mí me dio el dolor, iba al baño porque se me descompuso el cuerpo, me desmayaba y mi marido me llevaba a la cama, o sea, perdía la consciencia totalmente. [...]

E: Durante esas dos experiencias, ¿qué sensación tenías?

P: Tenía sensación de tranquilidad. [...]

E: ¿Tuviste algún tipo de pensamiento o de recuerdo, quizá del pasado o...?

P: Pues pasó un poco como una película rápida, pero no te podría decir en concreto un pensamiento, sí te pasan recuerdos.

E: ¿Recientes o de hacía algún tiempo?

P: Creo que eran más bien recientes, tenía veintitrés años, eran como de los últimos ocho o diez años [...]. Se lo comenté a mi marido y me dijo: «Eso es que has soñado»; se lo comenté a mis hermanos y tal y me dijeron: «Chica, pues estabas soñando», pero yo no estaba soñando, yo estaba despierta, estaba viéndolo todo, pero claro, la gente duda mucho de lo que le estás diciendo. [...]

E: ¿Cambió algo en tu vida esa experiencia, en tu percepción de la vida y la muerte?

P: Pues mira, eso sí, porque te hace ver que todo es muy relativo, que en un momento se te puede ir todo al garete, que a veces les damos importancia a cosas que no las merecen y eso te hace relativizar mucho las cosas; aun así, cuando pasa mucho tiempo te hace caer otra vez en la rutina, pero de momento, sí es verdad que te paras a pensar en lo que realmente merece la pena.

El paciente 8, que se encontraba ingresado en planta, relataba que en agosto de 2014 tuvo una parada cardiorrespiratoria y se encontró con un ser de otro mundo. Aseguraba que era san Pedro y vestía un hábito marrón y una barba larga. Este ser quería meterle a un lugar al que él no quiso entrar y volvió a su cuerpo. En ese lugar tenía la sensación de felicidad y tranquilidad y notaba que el tiempo iba más rápido de lo usual. Obtuvo 15 en la escala de Greyson.

Por su parte, la paciente 9 comentaba que, durante el cateterismo, tuvo una parada cardiorrespiratoria, cuatro meses antes de la presente entrevista; asegura que no estaba medicada. En ella afirmaba haber tenido una sensación de paz y tranquilidad, literalmente. Puntuó 10 en la escala de Greyson.

> Estoy en la gloria, notaba cómo me iba, cómo salía. Pasé por un túnel grande, de colores, como el arcoíris y después el túnel era oscuro y largo. Me dio miedo. Vi una luz al final, blanca, luminosa y hermosa [...], llegué a un bosque, lleno de flores y verde. Noté un empujón, como un tirón, y ya estaba en mi cuerpo.

Todos ellos, los nueve, afirmaban haber tenido una sensación de paz y tranquilidad en su experiencia. Tres de ellos aseguraban que les daba reparo hablar de estas cosas por lo que pudieran decir de ellos. Cuatro de ellos manifestaban cambios en su vida tras la experiencia, como dar importancia a cosas que verdaderamente lo merecen.

Un hecho curioso que ha ocurrido en tres de los testimonios, entre los prospectivos y retrospectivos, es que a pesar de que la vivencia fue intensa para los tres pacientes, estos intentaban explicar lo que les había ocurrido atribuyéndolo a la anestesia, a una alucinación o a un estado alterado inducido por los medicamentos; esta inclinación a justificar la experiencia bien podría llamarse «síndrome del experimentador incrédulo», y estar caracterizado por una tendencia a interpretar lo vivido como fruto de un conjunto de procesos bioquímicos que producen tales visiones. No obstante, los tres estuvieron expansivos a la hora de contar su experiencia con todo lujo de detalles.

Aunque ya haya explicado la diferencia entre ECM y alucinación, tras leer algunos de los testimonios, creo interesante añadir el de un informante que mostraba evidentes signos de alucinación como consecuencia de una intoxicación por cocaína:

> A partir de ahí [...] como cables pequeños que salían de mi cuello [...], y estando en la habitación venían cables hacia mí y entonces al levantarme chocaron los dos cables de la luz que no tenían lámpara y se quedó a oscuras, entonces sentí que había dos personas que me daban con la fregona [...] y yo me defendí con un palo que había allí, pero yo llevaba una linterna en el pecho, la encendí y desapareció todo, no había nadie, era por la cocaína.
>
> La tercera vez fue que estuve en casa y me inyecté y empezaba a ver que venían hacia mí cables y en esta ocasión me di cuenta de que yo me sentía controlado, vigilado, entonces venían hacia mí como queriéndome ahorcar, y el cable de la tele me agarró la mano y todo, porque yo luchaba con los cables, porque por la tele también me veían, [...] y veía que de los cables de la luz había un botón y trataba de agarrarlo para que no se escapara y él quería escaparse [...], fue tanta la lucha que perdí el conocimiento [...], pero recuerdo que estaba en una habitación blanca y había tres personas conmigo, desconocidas, y había cuatro asientos, sillas, y yo quería sentarme allí y ellos tiraban de mí y no tenían pies ni nada, pero sentía que me desmayaba y me decían: «No te

mueras, no te mueras, levántate, tienes que luchar», y ellos tiraban de mí, querían que me cambiara de lugar y me cambiaron a otro porque si me iba a los otros lugares no era muerte, pero si me quedaba en ese donde quería quedarme me moría. Entonces fue lo que me levantó para cambiarme de sitio.

Teniendo en cuenta la tabla siguiente, se puede ver que los elementos que presentan una mayor frecuencia son la sensación de paz y tranquilidad vivida durante la experiencia, ver una luz brillante y un lugar o dimensión especial no terrenal. En los resultados prospectivos tienen una mayor frecuencia los siguientes elementos: escuchar sonidos de naturaleza desconocida y encontrarse con otros seres. Los datos retrospectivos, a su vez, presentan mayor frecuencia en la sensación de alteración del espacio y del tiempo, y los cambios producidos tras la experiencia.

	DATOS PROSPECTIVOS (N=10)			DATOS RETROSPECTIVOS (N=9)		
ELEMENTO	**MUJERES**	**HOMBRES**	**%**	**MUJERES**	**HOMBRES**	**%**
Sensación de paz y quietud	5	1	**60**	3	6	**100**
Ruido o sonidos	4	0	**40**	0	3	**33,33**
Verse fuera del cuerpo	0	0	**0**	1	0	**11,11**
Pasar por un túnel	2	0	**20**	2	1	**33,33**
Ver la luz al final del túnel	2	2	**40**	2	2	**44,44**
Encuentro con otros seres	3	1	**40**	0	1	**11,11**
Ver familiares y amigos	2	0	**20**	0	2	**22,22**

	DATOS PROSPECTIVOS (N=10)			DATOS RETROSPECTIVOS (N=9)		
ELEMENTO	**MUJERES**	**HOMBRES**	**%**	**MUJERES**	**HOMBRES**	**%**
Encuentro con un ser luminoso	0	0	**0**	0	2	**22,22**
Experiencia de revisión vital	0	0	**0**	1	1	**22,22**
Encontrarse límite o frontera	0	0	**0**	1	2	**33,33**
Regreso voluntario al cuerpo físico	0	0	**0**	0	1	**11,11**
Posee percepciones extrasensoriales tras la ECM	0	0	**0**	0	0	**0**
Posee poderes de sanación desde la ECM	0	0	**0**	0	0	**0**
Sensación alteración tiempo y espacio	1	2	**30**	1	3	**44,44**
Ver lugar, dimensión especial o hermoso, no terrenal	6	1	**70**	2	2	**44,44**
Sensación de poseer conocimientos especiales de orden universal	0	1	**10**	0	0	**0**
Cambios en la percepción de la vida y la muerte	2	0	**20**	1	3	**44,44**
Conocimientos previos	4	2	**60**	2	1	**33,33**

Comparativa de los resultados cuantitativos de las entrevistas prospectivas y retrospectivas.

Datos ECM extrahospitalarios

No solo recogí datos de pacientes hospitalizados, sino que, durante el trabajo de campo, muchas personas que iban conociendo el objeto de mi estudio se ponían en contacto conmigo para contarme la suya y en su caso pedirme una explicación, o simplemente para poder contarla y asegurarse de paso que no estaban locos y que era algo que solía ocurrir.

En algunos casos, los protagonistas eran trabajadores del hospital, y aunque noté que hay una mayor apertura a tomar más en consideración tanto las ECM como las VLM, suelen guardar silencio sobre este tipo de fenómenos.

No obstante, había quienes manifestaban su interés y me planteaban interrogantes. Algunos incluso me contaron experiencias de conocidos suyos mientras charlábamos informalmente en los pasillos, la cafetería y los ascensores del hospital. Uno de estos trabajadores me comentó que, a pesar de que le convencían las teorías biomédicas, escuchaba con asombro el relato sobre una ECM de un amigo a quien consideraba muy coherente y centrado. A veces las experiencias de quienes han sido incrédulos e incluso detractores, como el caso del neurólogo Eben Alexander (2013), influyen en la forma en que hasta ese momento han considerado cierto tema en cuestión, abriendo el abanico a otras posibles causas, tanto para el que las vive como para quienes le rodean.

El número de personas que entrevisté fuera del ámbito hospitalario fue de veintitrés, cinco hombres y dieciocho mujeres, y las causas de sus ECM eran diversas. Algunos presentaban conocimientos previos de estos fenómenos.

Aunque considero que todos los informantes han sido sinceros en la información que facilitaron durante la entrevista, creo que es posible que, en algunos casos, con el paso del tiempo y el conocimiento posterior, fruto de la necesidad de entender lo que vivieron, se pudieran contaminar sus recuerdos de la experiencia. Esta es la sospecha que me suscita una de las entrevistadas, cuyo relato es demasiado elaborado para las circunstancias vividas. Por lo general, la experiencia es tan extraña como inefable, y es común encontrar expresiones tales como: «Es que... no sé explicarlo», «Me cuesta porque no hay nada que se parezca», etcétera, mientras titubean y tratan de encontrar las palabras adecuadas para intentar reflejar al máximo lo que experimentaron.

> E: Yo di a luz y todo fue muy bien, pero los médicos no sabían que tenía piedras en la vesícula. Al hacerme la cesárea deprisa y corriendo, porque la niña tenía que haber nacido el día anterior y estaba sin líquido en la placenta, se salió una piedra y se fue al páncreas. A raíz de eso se me inflamó el páncreas, el hígado, los pulmones, todos los órganos, llevé una colostomía durante tres años, la traqueotomía, estaba intubada. Por lo que me han dicho los médicos, respiraba por una máquina, era aire que me metían a los pulmones [...], me hicieron muchas operaciones [...], y cuando me anestesiaron para operarme yo misma me vi, pero no en esa cama, sino que estaba en otro lado, viéndome en la cama del quirófano.
>
> E: ¿Desde qué posición?
>
> P: Detrás de ellos.
>
> E: ¿Cómo si estuvieras de pie?
>
> P: Sí, y entonces yo decía: «Bueno, vamos a ver, ¿estoy muerta o estoy viva?». Y no entendía nada, luego sí que es verdad que los médicos me dijeron que estuve más muerta que viva, pero yo no recuerdo nada del coma. Yo he estado en otro sitio, no he es-

tado ahí, no escuchaba a nadie cuando me hablaban al principio y yo estaba ahí hasta que, en un momento, mi abuela paterna y mi abuelo se murieron, son los que a mí me criaron, y de repente me vi en mi casa, con mis abuelos, con mi hija, que la tenían ellos, y yo, pero con la edad que tengo, y era muy feliz, durante ese tiempo [...].

E: ¿Eso lo vivías en episodios?

P: No, no, diariamente. Yo iba a la iglesia con mis abuelos, iba a por la leche, comíamos, pero no aparecían ni mis padres ni mis hermanos, ninguno excepto mi hija, y lo más fuerte es que yo no conocía a la prima de mi pareja que es quien se quedó con mi hija (durante el tiempo de hospitalización) y en el sueño me salía ella y me decía que se la dejara y que la iba a cuidar muy bien.

E: ¿Hablaste después con ella?

P: Cuando salí del coma sí, porque no la conocía y fui a darle las gracias por cuidar de ella y me dijo: «¿Cómo sabes que soy yo la que está con tu hija?», a lo que respondí: «Porque te he visto y he visto cómo la estás cuidando». Yo la casa de N. no la conocía, pero sí sabía cómo era su casa, es decir, el comedor, la cocina, la habitación, y le di explicaciones exactas de dónde ponía a la cría, qué ropa llevaba.

E: ¿Tú eso lo veías o lo sabías?

P: Yo lo veía, pero cuando a mí me dicen que tenía que entregar a mi hija porque no la podía cuidar, mi hija estaba conmigo, pero en un momento determinado mi hija desapareció, pero yo sabía que tenía una hija porque la había tenido conmigo, conmigo. Y ¿sabes por qué era?, porque mi hija cuando nació estaba muy malica, se la quedaron mis padres, de mis padres pasó a las manos de mi cuñada, y cuando vieron a mi hija estaba deshidratada [...], y entonces en esos días, que eran los primeros días que yo estaba en coma, mi hija se trastornó, y creo que por eso ella estaba conmigo; cuando mejoró, mi hija desapareció de donde yo estaba pero yo seguía viviendo en mi vida [...], luego sí que es verdad que vi como una nube blanca, vi a esa mujer y entonces le dije: «Vale, entonces llévatela y cuídala». Y te digo la verdad y te lo juro por Dios y por la Virgen que yo a esa mujer no la conocía de nada. Supe que era la prima de mi pareja, pero nunca la había visto.

E: ¿Tú sabías, desde donde estabas, quién era, pero no la habías visto nunca?

P: Nunca. A mí me salió y sabía que mi hija estaba en buenas manos, y por ese lado estaba tranquila. Entonces mis abuelos me dijeron sí entrégasela, que a la cría ya la verás más adelante, eso es lo que ellos me dijeron en esa vida que tenía porque yo tenía una vida y yo era muy feliz.

E: La persona que se quedó con tu hija ¿fue alguna vez a verte al hospital?

P: Nunca.

E: Nunca te dijo quién era ni que iba a cuidar a tu hija...

P: No, porque como estaba en coma, ella tampoco podía entrar allí, ella se encargaba de cuidar a mi hija, los únicos que entraban al hospital eran mis padres y J., y algún tío mío. Pero yo al principio ni escuchaba voces ni nada, yo estaba en mi vida, en otro sitio y feliz. Y cuando salí del coma para mí fue muy duro porque me vi [...], porque, mira, a mí los médicos me dijeron que me moría siete u ocho veces, y en la última operación me estaba desangrando y me desconectaron de las máquinas y le dijeron a mi familia que me estaba muriendo y que era tontería seguir conectada a las máquinas, y cuando empezaron todos a llorar y entonces me desconectaron, según los médicos, a los cinco minutos de desconectarme abrí los ojos. Y yo sabía que había estado con mis abuelos, en mi casa, muy feliz, porque me acuerdo como si fuese ayer. Yo lo he vivido y sé que lo he vivido. Y entonces recuerdo que mi abuela me dijo: «M. M., ya es hora». «¿Ya es hora de qué?». «Ya es hora de que te vayas a tu sitio». «Este es mi sitio, abuela, yo me quiero quedar aquí, que yo estoy feliz, tengo paz, estoy bien». Y entonces de repente echamos a andar por un camino, mi abuela por un lado y mi abuelo por otro, cogidos de la mano, y ellos cruzaron a otro lado y de repente se puso una nube blanca, una niebla blanca, y yo extendía la mano para cogerlos pero no podía hasta que desaparecieron y de repente ahí ya se perdió todo.

E: ¿Y tú despertaste?

P: Desperté en el hospital.

E: ¿Y te acordabas de eso perfectamente?

P: Para mí, yo no podía hablar, pero mi abuela, lo digo y es verdad, seguía al lado mío, al pie de la cama en el hospital mucho tiempo.

E: ¿Tú la veías?

P: Yo la veía y les decía a los médicos que por ese lado no pasaran, que mi abuela estaba sentada ahí, que la iban a pisar, con señales, y los médicos no se lo explicaban: «Pero ¿quién hay?». «Mi abuela», pero como no podía hablar no me entendían, pero a mí me daba apuro porque yo veía que pasaban y la pisoteaban.

E: Pero ella no sentía nada...

P: Pero ella no sentía nada, claro, ella era un espíritu y estaba conmigo.

E: Y tú, ¿cómo la veías?

P: Como te estoy viendo a ti.

E: Igual de claro o algo más...

P: No, no, como te estoy viendo a ti. Mi abuela me cogía la mano, me hablaba, me acariciaba, incluso yo hablaba con ella, por eso los médicos cuando me miraban y veían que estaba despierta me preguntaban: «Pero ¿con quién hablas?», pero como yo no podía hablar palabra pues no me entendían, pero yo estaba hablando con mi abuela, yo tenía conversaciones, historias...

E: ¿Y qué te decía ella, de qué te hablaba?

P: Me hablaba de que mi hija estaba bien, que estuviera tranquila, que el camino iba a ser un poco duro y largo, pero que ella ya se tenía que ir porque ya no podía seguir aquí. Mi madre dice que, en mi casa, en su casa pasaban cosas raras porque yo estaba muy cabreada cuando me enteré de que la cría no estaba con ella [...]. En casa de N., cuando yo estaba en coma, dice que cuando la dejaba cerca de la ventana para que le diera el sol, y cuando entraba al comedor, la cría estaba en otro lado. La cuna estaba en otro lado. [...] Para mí fue muy duro despertarme porque no le encontraba razón a la vida, porque para mí lo duro fue tener que recuperarme, tener que volver a andar, tener que volver a hablar, tener que reconocer a la gente porque no reconocía a mi padre ni a mi madre, pero sí sabía que tenía una hija.

E: ¿Tenías amnesia?

P: Seguramente, porque los médicos me dijeron que había perdido el norte, pero que no saben cómo me he quedado tan bien, porque normalmente me tenían que haber quedado más secuelas. Yo no reconocía a nadie hasta cierto punto, no me acordaba de escribir, no me acordaba de leer, no me acordaba de nada, solamente me acordaba de que tenía una hija y que estaba con una mujer que yo tenía que encontrar y esa mujer era la prima de mi pareja que hoy en día es mi expareja. Mi hija tiene hoy doce años y eso pasó cuando ella tenía mes y medio, y yo vi a mi hija cuando ya tenía un año, verla, porque cuando yo salí del hospital y me llevaron a casa, estaba en casa en la cama, porque llevaba la colostomía, no andaba, no hablaba [...], y entonces esta mujer, cuando se enteró de que estaba en mi casa, le dijo a J.:

«Vamos a llevarle la cría a su madre, que la vea». Y cuando la vi entrar con la cría le dije: «Gracias por cuidar de mi hija», sin que nadie me dijera nada, y entonces la llamé por su nombre: «N., muchas gracias». Y ella se quedó blanca, y todos se quedaron blancos. «Pero ¿cómo sabes tú...?». «Porque lo sé».

E: ¿Nadie te había dicho nada?

P: Nadie, incluso le describí cómo era su casa, la habitación de la cría, la ropa que llevaba, donde la ponía, y ella empezó a llorar y dijo: «Entonces la que estaba en mi casa ¿eras tú?, porque yo notaba algo, notaba paz y la cría hablaba mucho». Porque era mi hija y hacía como un viaje y paseaba por su casa, pero claro, ellos no me veían, pero yo sabía dónde estaba la cuna, hablaba con ella, y ella se asustaba porque la cría siempre estaba hablando y riéndose.

E: ¿Estaba hablando contigo?

P: Claro.

E: ¿Y luego volvías con tus abuelos?

P: Si es que para mí era un camino, estaba con mis abuelos y de repente estaba en la casa.

E: ¿Cambiaban las cosas así?

P: Así, ni pasaba por un túnel negro ni nada. [...]

E: ¿Cuando te trasladabas a ese sitio era porque tú querías o simplemente aparecía ahí?

P: Pues eso ya no te lo puedo decir porque, como me pasaba siempre, imagino que sería porque yo quería. [...] Cuando vi a mi hija ella me reconoció, no lloró ni nada, una persona que no ve a su madre y no la conoce llora, no se quiere ir con ella, a mí me la pusieron en la cama y la cría empezó a reírse y yo con ella, entonces todo el mundo se quedó... [...]

E: Después de salir del coma, hasta que viste a tu hija, ¿cuánto tiempo pasó?

P: Nueve meses.

E: ¿Estuviste nueve meses en coma?

P: Estuve seis meses en coma y otros tres entre que iba y venía, me operaban, me sedaban... [...] La verdad es que yo de esto no he hablado con nadie salvo con N. y con mi madre, que son las dos únicas personas con las que yo pude hablar de esto porque yo salí y no entendía nada. [...]

E: Entonces nada más nacer la niña, cuando estabas con tus abuelos, ¿la niña no estaba contigo, fue después de un tiempo?

P: Después de un tiempo.

E: ¿Hasta que empezó a recuperarse?

P: Sí, según N. la niña estaba muy deshidratada, muy malica, y pensaba que la niña se moría, y fueron los días que yo la tenía conmigo.

E: ¿El tiempo cómo era allí?, ¿era normal o diferente?

P: Diferente. Para mí se me pasaron esos nueve meses como si hubiera sido una vida, era un tiempo normal, era mi vida. Pero se pasó rápido. [...] Para mí fue como si me hubiera quedado en coma un día y al siguiente me hubiera despertado. Para mí no había pasado el tiempo, pero yo en mi mundo había hecho muchas cosas, y había vivido muchas cosas, pero cuando me desperté es como si hubiera sido ayer, y fueron nueve meses. [...]

E: ¿Viste escenas de tu vida?

P: Sí.

E: ¿Antes o después de ver a tus abuelos?

P: Antes.

E: ¿Cómo fue?

P: Yo me veía de cría, con mis abuelos, luego pasaban los años y me veía trabajando, mi vida en general, pero eso fue como si hubieran sido dos minutos, pasó mi vida en dos minutos.

E: ¿Estabas sola?

P: Sí, al principio sí, luego mi abuela, que me cogía la mano en mis momentos malos, porque yo en mi vida he tenido momentos malos, y me cogía de la mano y pasábamos episodios.

E: ¿Te decía algo?

P: Que eso había que olvidarlo, que había que seguir hacia delante y que ella me iba a ayudar.

E: Pero has dicho antes que la revisión de tu vida fue antes de ver a tus abuelos, pero ¿en ese momento sí estaba tu abuela?

P: En ese momento sí. Mi abuela siempre ha estado conmigo, siempre ha estado presente. [...] Había gente con la que no me relacionaba porque oía las voces de lejos, porque ellos estaban muertos, pero yo aún no, entonces cuando me ponía a hablar con ellos desaparecían. Estaban en jardines, había prado verde, niños corriendo, matrimonios...

E: ¿Cambió en algo tu vida, tu percepción de la vida y la muerte?

P: Todo, no soy la misma, valoro más la vida, valoro más las cosas, sé respetar más a mi familia, a mis padres, sé lo que mis padres hacían por mí, que antes no lo veía.

Sin embargo, hay un testimonio, con un lenguaje muy elaborado que, por sus circunstancias personales y el hecho de ser médica, muestra mucha veracidad:

P: Desde los diez años más o menos soy consciente de que tengo alguna que otra premonición, no siempre son buenas ni siempre son malas, hay de todo tipo y desde los diez hasta los quince o dieciséis años estuve soñando de forma intermitente algunas noches que tenía un accidente de tráfico en un coche rojo de alguien que conocía, que no era mío. En mi casa y entre mis amigos nadie tenía un coche rojo [...], y también con diez años murió un familiar mío de forma traumática con veintiocho años [...].

Y el día 9 de julio de 1998 me iba a ir con una familia de vacaciones, ellos son cinco miembros en la familia, pero el marido y uno de los hijos tuvieron que irse en el autobús por una operación que había tenido el padre de familia, y entonces nosotros íbamos, la madre conducía, y tres menores de edad. Dos de ellos eran sus hijos y los otros dos éramos externos a la familia. La idea era salir a las diez de la mañana, pero entre unas cosas y otras eran las once de la mañana y recuerdo a mi padre que me decía: «Se han olvidado de ti», y yo decía: «Me da igual», y no porque no me quisiera ir de vacaciones sino porque tenía el presentimiento de que no llegaba a mi destino. Pero bueno, dices: «Eso no se lo digo a nadie, no tiene sentido». Pero bueno, llegaron a las doce y nos fuimos y superbuén rollo, todos cantando y demás, paramos a comer y una vez que salimos otra vez hacia la autopista fue cuando empezó todo. Yo recuerdo que estábamos comiendo pipas, estábamos cantando y no sé por qué miré a la ventana y me vi bocabajo y me vi con la sensación en la que me despertaba en el sueño que había pasado cinco años antes o durante cinco años antes. Fue una sensación tan extraña que me asusté, dije: «¿Estoy despierta, estoy dormida?», y en ese momento, lo recuerdo como si fuera ayer, yo estaba mirando por la ventana, yo estaba en la parte trasera a la derecha, miré a la conductora y en ese momento estaba pasando el accidente, el accidente fue varios volantazos y yo solo recuerdo el golpe en la zona por donde yo estaba y ya no recuerdo más.

Después, ya por sentido común y porque me lo cuentan, sé cómo fue el resto del accidente: estábamos en la derecha y nos fuimos a la izquierda, ya con el coche bocabajo desplazándonos dos carriles de autopista y entonces nos quedamos en la mediana, durante todo ese tiempo, yo no sé cuánto tiempo duró, por física serían segundos y sin embargo en... Yo no estaba consciente, o llamémoslo semiinconsciente, porque justo miré a la ventana, justo miré a la conductora y ya lo que vi fue un túnel con una luz muy muy brillante, cegadora incluso, con una sensación de bienestar en la que había imágenes de mi infancia que obviamente yo no recordaba y que después se me olvidaron, pero eran todas imágenes muy agradables, y siempre estaba presente esa persona que murió con veintiocho años, seis años antes, que era la que estaba al fondo de la luz, y evidentemente es una persona con la que yo tuve muy buena relación en vida, y era como mi yo que no era yo, digo que no era yo porque yo estaba como flotando viendo mi cuerpo en el coche y como superior a mi cuerpo físico e iba corriendo hacia él. Digamos que esta persona era mi tío, yo era su niña pequeña, entonces tuvimos una relación en vida muy muy buena. Yo era pues como su hija, y entonces él me paró en seco y me dijo: «No, no, no, este no es tu sitio, vete de aquí», y justo con esas palabras pues digamos que yo fui una niña obediente y me di la vuelta y regresé a mi cuerpo. Justo después me desperté y estábamos bocabajo, en el vehículo estábamos cinco personas y ninguna de las cinco respondimos, o sea, era como que había pasado algo más, pero nada, fue un segundo y ya empezamos todos a hablarnos los unos a los otros y ya supimos que el resto estábamos vivos.

E: O sea, que estabas inconsciente, viviste esa experiencia y después despertaste o tomaste consciencia en el coche.

P: Desperté, tomé consciencia en el coche bocabajo, con sangre, con cristales con los productos del accidente.

E: ¿Cuánto tiempo pasó?

P: Por la velocidad a la que íbamos y por lo que me dijeron los que estaban conscientes durante el accidente, pasaron un par de minutos. Mi experiencia duró como mucho tiempo, como minutos, casi media hora. Fue una experiencia muy satisfactoria, como muy larga, y después en el tiempo vi que era muy pequeña.

E: Aparte de esa persona que viste, ¿viste a alguien más?

P: Si vi a alguna persona no me acuerdo, lo que sí recuerdo son algunas imágenes como un abuelo mío que falleció cuando yo tenía cinco años, pero muy vagamente, eso sí lo recuerdo muy vagamente, personas físicas, así plantadas, solo él. Tampoco había muerto mucha gente en mi familia en ese momento.

E: ¿Esa persona a la que viste era una persona física?

P: Sí, como yo lo recordaba en vida, igual, físicamente, como humano. No era como espíritu ni transparente, era como de carne y hueso.

E: ¿Y el túnel cómo era?

P: Lo recuerdo cerrado, no excesivamente ancho, tampoco estrecho, que provocase claustrofobia, y largo y con luz intensa al fondo, pero que no era oscuro, el túnel no era oscuro, estaba iluminado, pero la luz del fondo destacaba.

E: ¿Encontraste un límite o barrera?

P: El stop que me hizo al mirarme: «No, no, no, no, vete, vete de aquí, que no es tu sitio», como de momento no es tu sitio.

E: ¿Tú comprendías dónde estabas, tenías algún conocimiento...?, ¿en ese momento sabías dónde te encontrabas?

P: No, a lo mejor había oído en la tele que pasaban estas cosas pero... tenía una sensación de felicidad, de tranquilidad y una sensación extraña porque te estabas viendo, estabas viendo tu cuerpo ahí abajo y tú como arriba, y a la vez que estaba arriba de forma perpendicular tenía el túnel, era raro, como que tu conciencia, tu razonamiento intenta decirte ¿qué está pasando aquí?, hay algo que no cuadra con tu razonamiento y es cuando te estás criticando, estás criticando la visión que estás teniendo.

E: ¿Y tuviste una revisión de tu vida, una revisión vital?

P: Sí, de cosas que ni recordaba antes del accidente ni recuerdo después de haber despertado, sé que eran escenas de mi vida pasada, reales, que habían sido felices. [...]

E: ¿Escuchaste algún tipo de ruido, sonido...?

P: No, era silencio, pero no el silencio que asusta, sino el silencio que te envuelve y te da paz. Yo sentía aquello, fue paz, tranquilidad y bienestar. Era algo muy bonito, una sensación muy bonita.

E: ¿Y cómo fue el regreso?, ¿de repente te dicen que no es tu sitio y vuelves a tu cuerpo?

P: Ipso facto, sí, sí, fue radical, de momento fue decir no y abría ya los ojos en mi cuerpo.

E: ¿Tienes algún tipo de percepciones extrasensoriales, que se despertaran o se agudizaran después de vivir la experiencia?

P: Las he tenido antes y las he tenido después. De sentir hechos positivos y negativos que después han sido verdad. Después del accidente igual he tenido alguno que otro más, uno fue no hace mucho y fue bastante desagradable. Fue un presentimiento que después se cumplió.

E: ¿Cómo fue tu nivel máximo de conciencia en ese momento que te encuentras fuera de tu cuerpo?

P: La verdad es que no era un momento de no estar consciente, es decir, clínicamente, después de los años, que ya sabes lo que pasó, yo estuve inconsciente a nivel médico, pero mi cuerpo era consciente de que me estaba viendo, es decir, en ningún momento perdí la noción de la realidad, solo extrañaba, por raciocinio, lo que estaba pasando. ¿Por qué mi cuerpo está ahí abajo y yo estoy aquí arriba?, pero sabía perfectamente lo que estaba pasando, en ningún momento fue susto de decir: «¿Qué está pasando aquí?».

E: ¿Y tú te mirabas a ti misma?

P: Sí, yo recuerdo haberme mirado a mí misma por una sensación de volatilidad, te das cuenta de que no pesas y en ese momento miras a tu cuerpo y dices: «Ahí estoy yo, ¿por qué estoy aquí? Y ¿por qué me estoy viendo de fuera cuando no me puedo ver a mí misma salvo que tenga un espejo». Entonces es cuando la razón empieza a funcionar y a decir ¿qué está pasando?

E: Y esa conciencia, que es la que está mirando y la que está viendo su cuerpo, ¿tiene también ese deseo de saber cómo es uno mismo, es decir, tú intentabas verte a ti misma en ese estado de conciencia?

P: Sí, claro, es lo que nunca haces, salvo que te mires a un espejo, y aquí te estás viendo tú a tú, frente a frente sin ningún cristal por en medio.

E: ¿Y cómo se ve uno en conciencia?

P: La verdad es que es la manera de verte sin ningún desperfecto, sin ningún defecto, no sé, te ves normal. Te ves bien, no te sacas defectos [...], te ves bien, ni bonito ni feo, te ves a ti mismo y dices: «Soy yo», te reconoces. Yo me reconocí y dije: «Sí, sí, soy yo», con lo bueno, con lo malo, soy yo.

E: ¿Tú tenías consciencia en ese momento de que eras más de lo que estaba abajo, del cuerpo que estabas mirando?

P: Sí.

E: ¿Cómo te reconocías, con un cuerpo solamente o como pensamiento, mente, consciencia...?

P: Al cuerpo lo reconocías como cuerpo y tú estabas como diciendo: «Si estoy volando soy...», igual es por mis creencias, «esto es lo que llaman «alma», ¿no?», esto es lo que el catolicismo llama «el alma de la persona», pues posiblemente, o ya si te vas al tema fantástico de todas las televisiones, es un espíritu, soy un espíritu que ahora mismo he salido de mi cuerpo.

E: Pero no te veías.

P: No me veía, me sentía. Veía mi cuerpo y lo que flotaba lo sentía. Lo sentía como volátil, como rápido, como veloz, que no pesa.

E: ¿Viste algún tipo de lugar, de dimensión aparte de lo que era la luz, algún lugar físico que no fuera normal?

P: Lo que veía era la forma del túnel [...], pero lugar físico no, solo las imágenes que te venían.

E: Cuando veías esas imágenes, ¿estabas tú sola o te acompañaba alguien?

P: Sí, estaba sola.

E: ¿Tenías sensación de poseer conocimientos especiales acerca del universo, de uno mismo?

P: No. No recuerdo nada de ese estilo.

E: ¿Ha cambiado tu vida de alguna manera, tu concepción de la vida y de la muerte?

P: Sí, te das cuenta, aunque te lo dicen y luego lo sabes porque lo estudias, porque ves a gente morir y en ese momento te das cuenta de que en un parpadeo tu vida puede cambiar. De repente estás vivo, cierras los ojos y ya estás muerto. Te cambia la forma de ver la vida y de pensar y de hacer cosas. No piensas tanto en «Esto no lo voy a hacer por si pasa algo», no, esto me apetece hacerlo y lo hago. Esa percepción sí te cambia.

E: Esa inquietud que tú tienes por el mundo del enfermo terminal ¿quizá se ha acentuado más después de vivir esa experiencia o antes de eso tenías ya la inquietud?

P: Puede ser, [...] porque desde los cinco años yo digo que quiero ser médico y mi objetivo siempre ha sido estudiar para ser médico, pero sí es verdad que igual me planteaba otro tipo de medicina menos... bonita. Vista ahora desde mi especialidad, que sería una cirugía o algún tipo de especialidad que tenía menos trato con el paciente, y a medida que vas viendo y vas estudiando y demás, pues yo creo que he escogido, sin que fuera mi objetivo, de hecho, era uno de mis descartes, y cogí la especialidad más bonita y completa.

E: Tú, como profesional de la medicina, ¿cómo interpretas esta experiencia que tuviste?

P: Con dieciséis años pasa esto, con dieciocho entro en la carrera, tengo muy buenas prácticas y una de las prácticas fue en la consulta de Oftalmología de Urgencias y no sé a cuento de qué sale el tema y la oftalmóloga me lo dijo con un tono muy despectivo: «Eso es un fallo de tu nervio óptico». Después los neurólogos dicen que mi cerebro falló. Y a los dos les contesté lo mismo: «¿Tú lo has vivido?». «No», dijeron. «Pues entonces no sabes de lo que estás hablando». Porque a mí el raciocinio, la medicina me dicen que es un fallo del nervio óptico, me dicen que es por un fallo cerebral, por un *déjà vu,* por lo que sea, pero yo lo viví, yo lo sentí, y eso no hay medicina que lo explique.

De los entrevistados solo once contestaron las preguntas de la escala de Greyson y de ellos tres no obtuvieron la puntuación de corte; de los otros ocho, cuatro puntuaron en el componente afectivo, uno en el cognitivo, dos no se clasificaron en ningún componente y uno puntuaba alto en el componente cognitivo, afectivo y trascendental y bajo en el paranormal.

Aunque la escala de Greyson marca el 7 como la puntuación a partir de la cual se considera que la persona ha tenido una ECM, Greyson (1983) dice que excluir algunos testimonios de pacientes que aseguran haber tenido una ECM sobre la base de un criterio de puntuación arbitrario sería contraproducente desde el punto de vista terapéutico.

SEXO	FECHA DE ECM	CAUSA	TIPO DE ECM	CONOC. PREVIOS
HOMBRE	1985	HIPOTERMIA	POSITIVA	NO
MUJER	1996	PARTO	POSITIVA	ALGUNA
MUJER	2008	PARADA RESPIRATORIA	POSITIVA	SÍ
MUJER	1978	PARTO	POSITIVA	NO
MUJER	1983	OPERACIÓN	POSITIVA	SÍ
MUJER	2001	PARTO	POSITIVA	SÍ
MUJER	1985	INTOXICACIÓN	POSITIVA	NO
HOMBRE	2007	PARADA CARDIACA	POSITIVA	NO
MUJER	1984	OPERACIÓN	POSITIVA	NO
MUJER	1998	ACCIDENTE DE TRÁFICO	POSITIVA	NO
MUJER	1990	OPERACIÓN	POSITIVA	NO
HOMBRE	2004	PANCREATITIS	POSITIVA	NO
MUJER	1979	OPERACIÓN	POSITIVA	NO
MUJER	1980	DISPARO ACCIDENTAL	POSITIVA	NO
MUJER	2016	OPERACIÓN	POSITIVA	SÍ
MUJER	2009	CORONARIO	POSITIVA	NO
MUJER	1998	PARTO	POSITIVA	ALGUNOS
MUJER	1960	OPERACIÓN	ANGUSTIOSA	NO
HOMBRE	1988	OPERACIÓN	POSITIVA	SÍ
MUJER	2008	DESMAYO	POSITIVA	NO
MUJER	2010	CORONARIO	POSITIVA	NO
MUJER	1978	PARTO	POSITIVA	NO
HOMBRE	1956	ENFERMEDAD	POSITIVA	NO

Características de los entrevistados extrahospitalarios.

El siguiente testimonio me lo proporcionó un familiar mío, que me comentó: «Entonces lo que a mí me pasó de niño es lo que tú dices en tus conferencias». Nunca hasta entonces había revelado nada sobre su experiencia, pese a que conocía desde hacía tiempo el tema de mi investigación. Aunque era escéptico ante ciertas cuestiones, pudo plantearse otra posible explicación para su experiencia.

E: Tu experiencia fue causada por una enfermedad, ¿verdad?

P: Sí, fue por una complicación, por el tifus, las fiebres reumáticas y enfriamiento en el costado, las tres cosas a la vez. [...] Me estuvo atendiendo un médico, en aquel entonces, como no había seguridad social, era todo de pago. Las medicinas que me daba eran las que a él le daban los representantes, y sé que venía a verme, y entonces estando allí, yo vi, es que... es que... yo ya es una cosa que no me..., yo estaba arriba y me estaba viendo abajo y estaban allí alrededor de mí y yo no sé tampoco cuánto tiempo estuve.

E: ¿Fue así de repente?

P: Se ve que fue en un momento que estaba mal, estaba ya..., ese día estaba mal y no sé, yo sé que estaban allí, o sea, estaban a la orilla de la cama y yo digo: «¿Estoy aquí arriba y estoy abajo?, y están ahí ¿es que no me ven que estoy aquí?». Es una cosa rara y yo tampoco sé si es, sueño no fue, un sueño no fue.

E: ¿Aquellos a los que tú veías estaban realmente alrededor?

P: Sí.

E: ¿Era real, era de verdad?

P: Sí, sí, sí. Es que fue una cosa rara, rara, se ve que fue en un momento que estaba mal.

E: ¿Se temía por tu vida?

P: Entonces el tifus era una cosa por la que se iba la mayoría. Tenía las tres complicaciones...

E: ¿De repente estabas otra vez en el cuerpo?

P: Sí. Pero no recuerdo cómo fue.

E: ¿Cuándo ocurrió todo esto?, ¿qué edad tenías?

P: Pues catorce años, hace sesenta años.

E: Y te acuerdas bien.

P: Eso es que siempre lo he recordado, en un principio creí que era un sueño, luego ya no sabía lo que era porque yo los vi ahí, estaban allí, no podía ser un sueño [...]. A mí lo que más me complicó fueron las fiebres reumáticas, lo otro también, en aquel entonces la mayoría se iban para allá.

E: ¿Qué sensación tenías mientras te veías abajo?

P: Puf, yo solamente estaba allí arriba y decía: «Están ahí abajo llorando y ¿no mirarán para arriba, que me vean que estoy aquí?». También puede ser que me quedara dormido y soñara eso.

E: Y te acordaras de un sueño durante sesenta años.

P: Yo qué sé.

E: Estabas despierto entonces durante la enfermedad.

P: Sí, entonces no se daban relajantes. Yo no sé por qué..., es que fue un momento..., esa es la duda que yo he tenido siempre, si fue sueño o fue de verdad, o que había visto antes que habían estado así ellos y luego fue un sueño, es que no...

E: Pero lo estabas viendo desde otra posición, no como si estuvieras tumbado.

P: Yo estaba viendo desde arriba y estaba viendo toda la habitación.

E: ¿Como si hubiera una cámara en el techo?

P: Exactamente.

El siguiente testimonio muestra varios de los elementos típicos de una ECM, como la revisión vital, encontrarse con un túnel, una luz y la EEC. La informante estuvo contando su experiencia durante casi hora y media y hubo varios momentos en los que se emocionó recordando y expresando sus emociones, de manera que pudo recomponer la historia de su experiencia de una manera sana.

P: Me tuvieron que volver a abrir toda la barriga para buscar dónde estaba la arteria o algo que se me había roto o…, y entonces me operaron a vida o muerte, yo no sé las horas que estuve en el quirófano, y en ese trance del quirófano, ahí fue donde yo noté como que el cuerpo se quedaba en la mesa del quirófano, como si algo de mi cuerpo se desprendiera, dicen que puede ser el alma, es que no lo sé, mi cuerpo físico se quedaba ahí, y algo que se iba de mi cuerpo. Entonces fui hacia una luz blanca, un túnel con una luz blanca infinita, que no tenía fin, y empecé a rebobinar toda mi infancia. Me veía como de pequeña, como saltando, pero solamente yo, como saltando de pequeña, vivencias mías de cuando yo había sido pequeña.

E: ¿Eran hechos reales?

P: Sí, sí.

E: ¿Y te veías a ti misma o te veías como si tú fueras…?

P: No, me veía yo misma, o sea, como si rebobinara mi pasado, mi vida como una película de esas que ponen…

E: Sí, rápida, ¿no?, una vista panorámica.

P: De esas rápidas, que ves secuencias y que dices tú…, entonces te ves tú misma, te ves saltando, te ves jugando, te ves riéndote, como de pequeña.

E: Pero ¿solo de pequeña?, porque tenías veintiún años.

P: Tenía veintiún años, pero más la infancia. No de bebé ni nada de eso, sino yo ya en activo, como saltando, como feliz, como riéndome.

E: Escenas bonitas.

P: Escenas bonitas. Pasé todo mi momento ese, cuando ya pasó, no sé qué tiempo pasaría, oí como que a lo lejos alguien te llama, entonces luego, como en las películas, como eso que ves las caras distorsionadas, como si tuvieras las caras encima de ti, que entonces ves cómo a lo lejos la cara de tu madre, un poco distorsionada, que a lo mejor puede ser por la debilidad de que habían sido dos operaciones seguidas con lo que conlleva, que no te has recuperado...

E: Los efectos de los medicamentos.

P: Los efectos de todo y ya... Lo que más eso tengo es el túnel, el túnel y notar cómo el cuerpo sé que queda. [...]

E: ¿Notabas la sensación de salir del cuerpo?

P: Sí.

E: Y ¿veías tu cuerpo, lo viste?

P: Sí.

E: ¿Viste todo lo que había en...?

P: Sí, sí, sí, perfectamente.

E: ¿Hubieras sido capaz de describir cómo estaba el quirófano donde estabas inconsciente? Si en ese momento, o al poco tiempo, hubieras tenido que describirlo, ¿habrías podido hacerlo?

P: Sí, bueno, los quirófanos, es que como todos se parecen.

E: Bueno, me refiero a la disposición.

P: Sí, sí, sí. Lo que pasa es que lo recuerdo perfectamente, te puedo decir hasta la posición de la mesa del quirófano y toda la gente alrededor, el médico, todas las enfermeras de quirófano, toda la sensación de las batas, todas con las caras tapadas, todo eso, como si estuvieras en una secuencia de esas de las películas, que están diciendo: «Que se nos va». Yo, cuando veo películas, es que todo eso lo recuerdo porque es la sensación que yo viví, en las películas lo ponen como exagerado pero es que es así. [...]

Como ya he apuntado, utilizo la expresión «síndrome del experimentador incrédulo» con aquellas personas tendentes a creer cualquier interpretación bioquímica para explicar estas experiencias. El siguiente testimonio es, a mi juicio, uno de los testimonios más bonitos por el significado que el propio protagonista otorga al mismo.

P: El caso fue que me corté con un cristal y empecé a perder sangre. La pareja de mi hermana me dijo de ir al hospital, yo estaba muy tranquilo porque no era muy consciente de que me había cortado una arteria, y vamos andando y hubo un momento en que ya no veía y le dije que me tenía que sentar porque me daba un bajón. [...] No veía hasta que llegué al hospital, me acostaron, me pusieron una venda, pero como había perdido mucha sangre y me tenían que intervenir, no podían hacerlo y me tenían que llevar a la Arrixaca, entonces me metieron en la ambulancia. De camino a la Arrixaca, que tardaron un cuarto de hora, yo sé que mi imagen es que la muchacha estaba encima de mí, yo estaba acostado, entonces me tenía cogida la mano así para que no me desangrara.

E: ¿Te habían puesto alguna medicación?

P: No, no me pusieron medicación aún. Entonces yo estaba así y entonces hubo un momento, mi sensación fue como que de repente yo vi a mi padre. Pero en la posición que estaba ella, pero como, por ejemplo, donde estás tú, de repente desapareces y aparece mi padre, entonces fue que me hacía así con la mano, como cogiéndome la mano, y ya pues fue una cosa muy rara, y lo vi ya fue durante unos segundos y entonces ya lo ves, estábamos ya llegando y fue cuando entonces oí que dijeron que estábamos llegando y fue cuando volví en mí. Fue un poco como que estás durmiendo y te despiertas, como que forma parte de eso. Por eso yo me «emparanoiaba» porque decía: «No puede ser». Yo pienso que de tanto perder tanta sangre, ves como una alucinación, que es como inconsciente porque es cuando estás durmiendo.

E: ¿Fue ahí cuando te desfibrilaron?

P: Yo no tengo conciencia de que lo hubieran hecho.

(La madre me ha contado que tuvo una parada cardiaca en la ambulancia y lo tuvieron que desfibrilar).

E: Porque tú la estabas viendo a ella y de repente apareció tu padre.

P: Claro, yo estaba en la ambulancia, todo era igual y él estaba allí. Lo que sí recuerdo era un detalle que me impresionó mucho y era que mi padre, cuando éramos pequeños, tenía el pelo largo, pero luego se lo cortó, y casi toda la vida que lo he podido conocer tenía el pelo corto y en esa imagen salía con el pelo largo. O sea, yo lo vi con el pelo largo, pero que era él y simplemente tenía el pelo largo.

E: ¿Y la cara?

P: Igual simplemente ese detalle que tenía el pelo largo. Me dejó..., se lo dije a mi madre, que tenía el pelo largo.

E: ¿Y cómo fue la vuelta a tomar conciencia de cómo estabas?

P: Es que no sé, muy rápido, como que lo estás viendo, pero no sabes si..., es como una sensación de despertar, de estar aturdido. Cuando ya empezaba a ser consciente, que ya se me activó el corazón, es como que lo que estoy viendo..., como que vuelves en ti, como cuando estás borracho que dices una tontería y vuelves al estado normal, algo así. Como en plan esto no es así.

E: Sin embargo, si habías tenido una parada cardiaca no estabas viendo por tus ojos.

P: Claro, pues eso es, yo no sabía si estaba durmiendo, porque no era consciente de que me había dado un paro. No era consciente de..., no sabía si lo estaba viendo despierto o durmiendo. [...] Claro, yo lo vi porque mis ojos lo vieron, pero claro. [...]

E: En ese momento en el que viste a tu padre, ¿tuviste alguna sensación especial?

P: Pues... No sé, no lo recuerdo. [...] Fue como muy rápido todo. [...] Lo asocio a la esquizofrenia, como si me hubiera dado un ataque de esquizofrenia y hubiera visto eso, pero muy corto.

E: ¿Para ti fue significativo?

P: Eso sí, porque yo a mi padre, la última vez que lo vi fue en el hospital, y verlo, aunque sea una última vez (bien), para mí fue muy significativo.

E: Porque además lo viste bien, ¿no?

P: Sí, porque en ese sentido yo lo estaba viendo bien, no lo veía mal, con el pelo largo, y eso para mí, era un síntoma..., no sé por qué, de que estaba bien, en plan: «Estoy a gusto».

E: ¿Como si fuera un mensaje?

P: Claro, yo me lo tomo mucho así, como una especie de mensaje, es que yo me lo tomé como un mensaje de: «No te tienes que ir todavía, como que yo me fui pronto y a ti no te toca irte pronto, te toca vivir más vida que a mí». Yo me lo he tomado siempre así. Sí que es verdad que cada persona se toma las cosas..., no tiene que significar eso, ni mucho menos, pero yo me lo tomé así, y en eso, sí que te lo digo, me dio gusto volver a verlo, por lo menos tener otra imagen última, porque la última que me llevé fue en el hospital y no me gustó, estaba muy malo, entonces esa imagen no...

E: Y más de crío, ¿no?

P: Sí, claro, yo de crío tengo muy buenas imágenes de él, de relación con él, pero la última imagen es la que..., de ver mal a esa persona y buf.

E: ¿Crees que él podría haberte dado ese mensaje?

P: No, yo creo que es un mensaje que me doy a mí mismo. Es como que él me ha dejado verlo, pero como para darme a entender que no era mi momento, te veo, pero para tranquilizarte y decirte que no es el momento, no para darte la bienvenida sino para cerrarte la puerta, no para abrírtela, me lo tomé más así.

E: ¿Crees que tú creaste esa visión?

P: Conscientemente no, pero inconscientemente, como no podemos controlar, nos va a hacer siempre jugadas, yo creo que eso no [...], eso lo produjo mi cabeza. Pero bueno, a veces hay que tomárselo como mensaje, que es como yo me lo he querido tomar, porque realmente si te pones a pensarlo, es que podría ser hasta un mensaje, si dijéramos que en todo esto hay un misterio y que después de la muerte hay algo y que como espíritu..., si fuera así, su mensaje sería ese, porque lo conozco, aunque no me haya dado tiempo a conocerlo como adulto sé que mi padre me hubiera dicho eso en ese momento. [...]

E: ¿Cuánto tiempo crees que pasó?

P: No te lo podría decir exactamente, pero para mí, veinte o treinta segundos, pero claro, a lo mejor fue más tiempo. Totalmente perdí la noción del tiempo, pero para mí fue poco tiempo.

E: ¿Cambió tu experiencia la noción que tenías de la vida y la muerte?

P: Es que yo siempre he pensado que nuestra energía sí se queda ahí, en un vacío..., pero eso para mí no significó que estoy al cien por cien seguro de que..., porque siempre pensé, cuando se murió mi padre: «Mi padre está ahí, y a lo mejor cuando yo me muera en energía sí pueda ser que conecte con esa energía», [...] yo siempre he pensado que nos unimos en energía, como que nuestro espíritu queda ahí y tenemos que juntarnos. Yo siento que los humanos todos dependemos de todos, no somos independientes, eso es mentira, la dependencia entre nosotros es esencia, porque si no, no nos relacionamos, si no nos relacionamos no somos nadie, entonces yo pienso que en la muerte nos relacionamos de alguna forma. [...] Por eso digo que mi pensamiento no es que haya cambiado, «Oye, pues ahora creo más», lo que sí puede ser es que ahora me aferré más a lo que pensaba, a que diga: «Pues ahora lo creo más», pero no a que lo crea con más intensidad. Esta experiencia me sirve no para que cambie mi pensamiento de la vida y la muerte, pero tampoco lo hace más grande.

E: O sea, que afianza las ideas que tenías con respecto a la muerte.

P: Claro. Pues a lo mejor si es verdad que cuando te tengas que morir te pase algo así...

Aunque los testimonios que muestro han sido fruto de entrevistas y contactos directos, ha habido muchos otros que me los contaron en contextos diferentes, en conversaciones casuales y circunstancias distintas a la de la investigación, y en todos aparecen rasgos comunes a los ya presentados.

EFV en el contexto hospitalario

Ya he señalado que los datos recogidos eran muy pocos debido a que la gran parte de los pacientes de cuidados paliativos eran atendidos a domicilio.

En varias ocasiones hablé con familiares de pacientes, y en la mayoría de los casos a ellos les servía de desahogo, ya que, aunque se turnaran en el cuidado de su familiar, la cantidad de horas que pueden pasarse junto a la cama es incalculable.

El hijastro de un paciente ingresado en la cuarta planta del hospital me dijo que su padrastro llamaba a su hermana y a su madre, ambas ya fallecidas, durante todo el día. La hija de una paciente me comentó que su madre estaba comenzando a hablar con su marido, que ya había fallecido. Ella lo hizo al día siguiente.

Este es uno de los testimonios que recogí con la nuera de una paciente:

> E: ¿Has tenido alguna sensación o experiencia difícil de explicar con tu suegra?
>
> F: Esta semana está llamando mucho a su madre y a su hermano T., y a Juanico, que era uno que le repartía a ella los huevos y el aceite [...]: «Juan, ven, que te estoy llamando, que vengas».
>
> E: ¿Y a su madre también?
>
> F: Sí, y a su hermano T., y tiene dos hermanas más muertas, pero a ellas no las llama.
>
> E: ¿A su madre también la llama o habla con ella?
>
> F: A su madre la llama: «Mamá, mamá, ¿por qué?, ¿por qué?». Habla con más dulzura con su hermano y con Juanico, con su madre habla más con un poco de genio. Ella la cuidó, pero no tenían mucho *feeling*, pero a su hermano lo quería mucho.
>
> E: A su hermano lo llama...
>
> F: Sí, sí, pero el caso es que a su hermana C., que también la quería mucho, y no la he oído nunca llamarla. [...]
>
> E: ¿Tiene algún momento de lucidez?
>
> F: Pues desde que está aquí..., a lo mejor los primeros días sí, pero ahora yo la veo que se está deteriorando mucho. Lo que no ha perdido... es que..., yo estoy segura de que no le gusta estar aquí, porque cuando le dije ayer, por ejemplo: «Yaya, que te vas a poner buena», hace así: «Ffumm, ya», y esa forma de decirlo era como si dijera: «No me engañes». [...] Pero yo la observo que es como si estuviera ya tres o cuatro días cayendo en picado.

> E: Ella, aunque no tiene conversaciones, ¿puede expresarse?
>
> F: Sí, ella a lo mejor dice: «No quiero más, deja, calla, no, espérate un poco», cosas así, porque no quiere comer y le digo: «Venga, una cucharada», y dice: «Espera un poco, espera». [...] «Virgen santa, no me abandones, que me estás abandonando».

El nieto de la paciente dice que el día anterior había dicho mirando hacia una esquina y lúcida: «No vengáis a por mí, que no, que no». Dos meses más tarde la nuera de la paciente se pone en contacto conmigo para decirme que su suegra murió tres días después de entrevistarla:

> El día de su muerte estaba destapándose y nerviosa. Le pregunté si quería hablar con su hija, que vive en Valencia, dijo que sí, como encogiendo los hombros. La llamé y le puse el auricular en la oreja (madre e hija no se llevaban bien), la hija le pidió a su madre que la perdonara por todo, que lo sentía mucho. Mi suegra no pudo articular palabra, pero se le cayeron dos lágrimas, sonrió y a los veinte minutos murió. Se le quedó una cara de tranquilidad y paz muy grande, como si estuviera esperando hablar con su hija para morir.

Es muy común escuchar este tipo de comentarios sobre que esperan a que alguien venga, o necesitan ver o escuchar algo para morir tranquilos.

Otro de los testimonios me contó que su padre, unas horas antes de fallecer a causa de un fallo cardiaco, decía que veía a los pies de la cama a su padre y a su mujer. Cuenta el hijo que se reía porque el padre decía que la veía más gorda, en ocasiones muchos dicen ver a sus familiares más jóvenes o en mejor estado que cuando murieron.

Unos días antes de fallecer una paciente, su hija me cuenta:

E: El día que empezó a hablar con sus familiares, ¿con quién hablaba?

P: Hablaba con su hermana, y con mi padre: «A., espera, cariño, espera, que voy», mi padre se murió, tenía demencia senil. Cosas que ella vio y las recuerda.

E: ¿Y eso que me contabas del perro?

P: Llamando a la Kiara, la perra que murió y ya no metimos a ninguno más [...], y llamando al perro, hablaba con él, la llamaba... [...], lo que ella ha vivido y lo recordaba. La noche anterior llamaba a todos sus muertos, a sus hermanas, a todos.

E: ¿Qué se decían?

P: A su hermana R. le decía: «Espera, espera, si me queda poco, tú espérame, que ya voy para allá, espérate, espérate, me queda poco». [...] Y con mi padre también: «A., espérate, que me voy contigo, si me queda poco, espérate y no te vayas, que ya sabes que yo me voy a ir contigo, voy a estar donde tú estés, pues ya sabes que te he querido mucho», así un trajín durante toda la noche.

E: Esa conversación la tuvo con su hermana y con tu padre, con ellos dos solos, ¿no?

P: No, no, y con los otros. [...] Yo digo... a lo mejor es lo que ella decía, porque ella siempre me ha dicho a mí, ya sabes que cuando empiezas a hablar con eso (familiares fallecidos) es porque te queda poco.

La hija de una señora de ochenta y seis años contaba que su madre, dos días antes de la entrevista, se destapó, alzó las manos y dijo:

«¿Dónde está mi rojo?». (Su hermano pelirrojo, que murió hacía siete años). La hija le tocó y le preguntó: «¿Qué estás diciendo?». «Nada, nada», y se durmió y estuvo dos días enteros durmiendo.

Otro de los testimonios recogidos en el hospital reúne lo que dos de los hijos del paciente escucharon. La hija cuenta que su padre llegó a la UCI en coma tras el traslado desde el hospital de Caravaca:

F: Se despertó al día siguiente, pero como estaba intubado no pudo hablar. Al día siguiente lo desintubaron y dijo que había estado durmiendo la siesta con él un tal A. y que no paraba de darle codazos y no lo dejó dormir. A. era un hombre que murió hace unos años, y cuando mi padre era joven tenía una carpintería y A. tenía otra carpintería al lado de él, o sea, que es un amigo de la familia. Después le hemos preguntado por él y sabe que se murió hace tiempo.

E: ¿Qué medicación llevaba en esos días?

F: De sedante nada, porque en el otro hospital le dieron haloperidol, pero ya en la UCI no le pusieron nada porque estaba en coma. Porque además hizo alergia al haloperidol con ronchas, inflamación de la lengua, de la boca.

E: ¿Y tuvo otro episodio?

F: Sí, luego, estando ya en la habitación arriba, en la esquina izquierda de la habitación dijo que había estado el Campusino, que era un socio que tuvo cuando tenía cincuenta y cinco años, compraron a medias una finca, y... que lo había visto. Pero, claro, él mismo dijo: «Lo he visto pero ese se murió hace tiempo».

E: Él mismo sabía que lo que había visto...

F: No era real, claro..., o no era lógico.

E: ¿Y tampoco llevaba medicación?

F: Bueno, calmantes no le han vuelto a poner desde que hizo intolerancia al haloperidol. Siempre han querido que se mantuviera despierto para que se recuperara del ictus y para no tener ningún problema. Desde que ingresó ha estado llevando antibiótico, sueros de hidratación.

E: ¿Tuvo un tercer episodio?

F: Sí, estando en la UCI me dijo a mí: «Hay un hombre ahí, encima de la puerta». Y yo dije: «¿Dónde, encima?». Y toqué encima de la puerta, y me dijo: «Sí, sí, hay un hombre ahí».

Por su parte, el hijo me contó lo siguiente:

F: Al segundo o tercer día de estar en la UCI, dijo que él se había llegado a encontrar muy mal, que en el otro hospital llegó a pensar que se estaba muriendo, textualmente dijo: «Yo pensaba en morirme», y añadió: «Y cuánta gente había que no me dejaban». Y le pregunté: «Pero ¿te molestaban?». Y respondió: «Sí, me molestaban, me molestaban».

E: ¿Dijo de quiénes se trababa?, ¿él estaba solo...?

F: Él estaba en coma.

E: Entonces, ¿se refería a que cuando estaba en coma había ido a verle mucha gente?

F: Sí, que había mucha gente y que le molestaban, que no le dejaban tranquilo.

E: ¿En algún momento dijo si le habían dicho algo, si había hablado con ellos?

F: No, de eso no.

En este, como en otros casos, pudiera ser que parte de lo que pasara en la UCI lo estuviera incorporando a las creaciones mentales que el paciente estuviera teniendo en su estado.

En este caso una paciente ingresada en la UCI por síndrome coronario agudo sin elevación de ST me ve y quiere saber si soy la chica que pregunta por cosas raras y me dice que me va a contar algo que no le pasó a ella, aunque sí fue testigo.

> P: Mi madre estaba ingresada en el hospital, estaba enferma del corazón y tenía una trombosis. Empezó a no querer comer porque se murió mi padre y antes del año y medio se murió mi madre también. Tenían sesenta y cuatro años uno y sesenta y dos el otro. Pero es que fue porque dijo: «Si están ahí, han venido mi madre y el papá».
>
> E: ¿Ella tenía la conciencia clara?
>
> P: Sí, ella nada más que decía que quería morirse, que quería irse. Es que mi padre y ella han sido uña y carne, entonces al faltarle ya no había nadie alrededor suyo, estaban mis cuatro hijos, mi marido, mi nieta, mis hermanos, todos estábamos a su alrededor y no había nadie con ella.
>
> E: ¿Así que estaba lúcida en todo momento?
>
> P: Sí, lo que pasa es que estaba molesta: cámbiame no sé qué, cógeme no sé cuántas, pero no es que dijeras que estaba loca perdida, pero que de pronto me mira y me dice: «No, si me voy a ir muy pronto», pero muy tranquila, muy serena. «Me voy a ir muy pronto, mira, han venido mi madre y el papa a por mí».
>
> E: ¿Cuánto tiempo pasó desde que lo dijo hasta que falleció?
>
> P: Eso lo dijo por la tarde-noche, así ya atardeciendo, a la mañana siguiente se trastornó, fue a la UCI y de ahí ya no salió.
>
> E: ¿Un par de días?
>
> P: Qué va, el mismo día. Yo la vi muy tranquila, muy tranquila, muy tranquila.

E: ¿Dijo algo acerca de si estos familiares le habían dicho algo?

P: No, no, solamente que habían venido, que estaban ahí los dos. «Han venido a por mí». [...] El susto que me dio..., se trastornó, un trastorno rápido, rápido, rápido [...], enseguida se la llevaron y por la tarde ya se había muerto, [...] pero es que la vi más serena..., como diciendo: «Por fin me voy a ir con ellos y voy a estar ya con ellos». No se puede explicar esa sensación que se nota, no es que lo sintiera yo, lo sentí en ella. Una tranquilidad como diciendo: «Que ya han venido a por mí, que ya me voy con ellos, que no voy a estar sola».

Fuera del ámbito hospitalario, uno de los testimonios que he recogido tiene como protagonista a una señora de setenta y cinco años que unas horas antes de fallecer a causa de una parada cardiorrespiratoria, según cuenta la sobrina que estaba con ella, hablaba con sus padres y hermana ya fallecidos, y les decía que se iba con ellos de paseo.

Una de las veces que fui a entrevistar a la familia de una paciente en una de las plantas del hospital, comenzaron a relatarme la EFV de otro de los miembros de la familia:

F: Mi padre era superreacio, te lo digo de verdad, decía que había un Dios de los ricos y otro de los pobres. Cuando mi padre estaba en el lecho de muerte, fue en la Arrixaca, con un cáncer de estómago y luego uno de la parótida, pues mi padre ese día estaba superraro, yo le decía: «Papá, venga, que nos vamos a ir a la casa, que nos vamos a ir a la casa», él decía: «Pues sí, venga, vamos a la casa». De repente viene un chico que repartía rosarios y estampas, mi padre nunca aceptaba ninguna cosa de este estilo; «Todo eso es chatarra», decía él. Cuando entró el muchacho, me miró y me miró con una cara, una sonrisa relajada, me mira, se vuelve al muchacho y le dice: «¿Dónde vas?». El muchacho le pregunta: «Pero ¿quiere usted que me acerque?», como le había dicho varias veces que no quería nada; cogió el rosario que era de plástico, lo agarró, lo besó y lo tuvo así en los brazos. Eso, mi padre… No me lo podía creer, llamé a mi tía, su hermana, y dije: «Tita, mira lo que ha hecho», dice: «¿Mi hermano?». Y se vino con el rosario porque quiso morirse en mi casa. A última hora, por lo que fuese, le entró una cara, una relajación; decía: «Sí, vale, de acuerdo», hablando así yo no le reconocía con lo agitado que era siempre, a las cuarenta y ocho horas se murió.

E: ¿Él había dicho algo extraño aparte de esos cambios anormales en él?

F: Lo que sí dijo la última semana era que su madre le había dicho que lo quería mucho: «Me siento tan querido por mi madre, me lo acaba de decir, y por la abuela». La abuela era su suegra, mi abuela, yo me había criado con ella. «Me han dicho que me quieren tanto», como si hubiera hablado con ellas, «Es que me siento tan querido», esas fueron sus palabras. […] Y una paz, se murió con una sonrisa, le dio una especie de ronquera pero sin ponerse colorado ni agitado, y entonces mi marido hizo así y le cerró los ojicos.

E: Así que fue dulce…

F: Dulce, dulce, sin morfina ni medicación, los de paliativos iban a empezar a venir el lunes y a mi padre lo enterramos el día del entierro de la sardina […], ya no llegaron a venir.

E: Y cuando os dijo lo que su madre le había dicho, ¿tampoco llevaba medicación?

F: Mi padre apenas necesitó medicación, […] no llegó a llevar morfina. Y cogió el rosario y besándolo.

Datos y testimonios de ECM recogidos vía email

Siendo consciente de que los datos obtenidos por esta vía no son metodológicamente rigurosos ni se ha delimitado el ámbito de recolección de datos, ni comprobado informes médicos que atestigüen que el informante se ha encontrado comprometido biomédicamente hablando, creo interesante interpretar estos datos desde un punto de vista cualitativo. En primer lugar, el hecho de que un grupo de personas que solo tienen en común pertenecer, por propia voluntad, a un grupo de una red social y querer contribuir con su testimonio revela, como así lo manifiestan en los textos de los mensajes a los cuales adjuntan sus cuestionarios y escalas, un deseo de aportar su testimonio en aras de conseguir más información sobre lo que les ha sucedido, de contribuir a esa revelación de información siendo útil y de ayudar a otras personas a entender lo que les ha sucedido.

DATOS RETROSPECTIVOS (N=45)						
ELEMENTO	**HOMBRES (N=18)**	**%**	**MUJERES (N=27)**	**%**	**TOTAL (N=45)**	**%**
Sensación de paz y quietud	17	94,44	23	**85,18**	40	**88,88**
Ruido o sonidos	10	55,55	11	**40,74**	21	**46,66**
Verse fuera del cuerpo	13	72,22	15	**55,55**	28	**62,22**
Pasar por un túnel	10	55,55	13	**48,14**	23	**51,11**
Ver la luz al final del túnel	14	77,77	17	**62,96**	31	**68,88**
Encuentro con otros seres	8	44,44	15	**55,55**	23	**51,11**
Ver familiares y amigos	5	27,77	5	**18,51**	10	**22,22**

DATOS RETROSPECTIVOS (N=45)						
ELEMENTO	HOMBRES (N=18)	%	MUJERES (N=27)	%	TOTAL (N=45)	%
Encuentro con un ser luminoso	4	22,22	6	**22,22**	10	**22,22**
Experiencia de revisión vital	7	38,88	9	**33,33**	16	**35,55**
Encontrarse límite o frontera	2	11,11	9	**33,33**	11	**24,44**
Regreso voluntario al cuerpo físico	1	5,55	5	**18,51**	6	**13,33**
Posee percepciones extrasensoriales tras la ECM	8	44,44	6	**22,22**	14	**31,11**
Posee poderes de sanación desde la ECM	2	11,11	7	**25,92**	9	**20,00**
Sensación alteración tiempo y espacio	9	50,00	9	**33,33**	18	**40,00**
Vio lugar, dimensión especial o hermoso, no terrenal	5	27,77	7	**25,92**	12	**28,57**
Sensación de poseer conocimientos especiales de orden universal	6	33,33	7	**25,92**	13	**28,88**
Cambios en la percepción de la vida y la muerte	17	94,44	24	**88,88**	41	**91,11**
Conocimientos previos	7	38,88	8	**29,62**	15	**33,33**

Comparativa de los resultados cuantitativos de las entrevistas retrospectivas obtenidas vía email.

En estos resultados podemos destacar que el dato que más ha llamado la atención es que, salvo dos casos, el resto de los testimonios recopilados han sido experiencias positivas caracterizadas porque un 91 por ciento aseguraba haber experimentado cambios en su vida tras la experiencia y que solo el 33 por ciento tenía conocimientos previos a la misma, según informan, de las ECM. En estos cambios que aseguran producirse, el 34 por ciento deja de tener miedo a la muerte, el 15 por ciento muestra conductas más altruistas y el 7 por ciento comienza a relativizar la importancia de las cosas; el 18 por ciento asegura que se hubieran quedado donde estaban, no querían volver.

Otro dato que se repite con mayor frecuencia es el de haber experimentado la sensación de paz y tranquilidad durante su experiencia. Asimismo, aquellos elementos más comúnmente conocidos, como son la sensación de paz, la experiencia extracorporal, atravesar un túnel, ver una luz y encontrarse con otros seres, también se han visto con mayor frecuencia.

Si se comparan estos datos con los obtenidos en el hospital, se puede ver que coinciden en que los elementos que más alto puntúan son la sensación de paz y tranquilidad y la visión de una luz brillante.

Uno de los informantes, a quien pude conocer y entrevistar durante largo tiempo y constatar que lo que había reflejado en su cuestionario se corroboraba con lo que volvía a contar un año después, respondía de esta manera ante los cambios provocados en su vida tras la experiencia:

> Vaya si cambió mi vida, pero desde mi aterrizaje de la ECM hasta que no tuve la certeza de lo que me había sucedido era esto, igual pasaron diez o veinte años. Mi vida se transformó porque me fui a vivir con una familia desconocida. Mi vida cambió porque cuando tenía nueve años mi padre era Dios y que me

> hubieran «expulsado» del paraíso me sumergió en un mundo de sentimientos encontrados. Mi vida también cambió porque quise desde el minuto cero regresar. Como nadie me entendía, me volví algo más introvertido y testarudo. Mi vida también cambió porque nací de nuevo, en el sentido de que apenas recordaba nada de la vida previa al accidente.

La ECM de este informante fue provocada por un accidente de tráfico cuando tenía nueve años y su padre ya había fallecido. También cuenta sobre su experiencia: «Mi estancia fue corta y estaba alucinado con el reencuentro con mi padre y mi abuelo, pero sobre todo con la calidez de esa luz omnipresente». De este testimonio también se pueden extraer varias cuestiones importantes. Por un lado, manifiesta que le costó asimilar su experiencia en el sentido de que no entendía muy bien cómo su padre, quien ya no le acompañaba en vida, le decía que tenía que volver. En este caso, se evidencia la necesidad de profesionales con conocimientos en ECM que pudieran haber ayudado al niño a procesar e integrar su experiencia de una manera más saludable. Una experiencia de estas características para un niño de nueve años huérfano de padre puede convertirse en un evento traumático. Ha vivido algo que no comprende, ha visto a su padre, lo que le produjo una gran alegría, pero esa alegría se trunca porque este le dice que se tiene que ir, y una vez que ha regresado, nadie le entiende y desea volver a aquel lugar del que ha sido «expulsado». Estos casos deben ser detectados en el ámbito sanitario e inmediatamente derivados al profesional de la psicología, que debería tener suficientes conocimientos de ECM para intervenir de manera que no se conviertan en acontecimientos traumáticos.

En otro de los testimonios, una informante cuenta el regreso tras su experiencia:

> Sentí que alguien me agarraba de la mano y me acompañaba por el mismo camino que había ido. La decisión de volver fue mía, durante la conversación que mantuve conmigo misma delante de la puerta me pregunté si quería quedarme o volver, decidí volver.

En un intercambio de emails con la doctora Sartori, esta me decía que, aunque la mayoría de las ECM siguen el patrón descrito por Raymond Moody, no todas son exactamente así, y algunos experimentadores pueden estar influenciados por sus pensamientos y por imágenes que les son familiares. En este caso, una informante comentaba lo siguiente ante la pregunta de si se había encontrado con un límite o una frontera:

> Sí, concretamente una montaña inmensa con una enorme puerta de madera muy vieja, cerrada. Delante había una mesa y una silla también de madera vieja, y sentada en la silla... ¡¡¡estaba yo!!!

El hecho de encontrarse consigo misma podría interpretarse desde un punto de vista psicoanalítico, pero sin duda tiene una gran carga simbólica para la informante, y puede, como apuntaba la doctora Sartori, estar influenciado por su contexto vital, no en vano puntúa por encima de 5 en los cuatro componentes de la escala de Greyson (cognitivo, trascendental, afectivo y paranormal).

El siguiente testimonio me llegó vía email, pero el informante de setenta y siete años se puso en contacto conmigo telefónicamente animado por su esposa. Tras esa conversación telefónica, y de aclararme que jamás había contado su experiencia, me dijo que estaba dispuesto a colaborar si sus datos personales no salían a la luz. Su relato extraído del cuestionario dice:

> Me caí a la edad de ocho años aproximadamente y me di un golpe en la cabeza, me recogieron unos amigos, me pusieron tumbado con la cabeza hacia el cielo. Entonces vi cómo mi cuerpo se elevaba hasta una altura de entre tres y cinco metros. Podía ver mi cuerpo entero en la posición antes descrita y alrededor a todos los que me rodeaban. No supe qué me había llevado a la posición en la que estaba. A continuación, lo que voy a describir no me acuerdo de todos los detalles, ya que fue hace muchos años.
>
> Una vez suspendido en altura y viendo el cuerpo físico mío debajo, recuerdo vagamente que había una reunión de señores (no me acuerdo el número exacto, pero podían ser cinco o seis), uno con barba y pelo blancos, que discutían muy efusivamente alrededor de una mesa. Me fijé en este en concreto porque los demás no tenían pelo blanco. A ninguno de ellos lo había visto jamás, y tampoco intuí que fuera alguien conocido. Al final de la discusión, que según recuerdo hablaban sobre la posibilidad de que yo siguiese hacia arriba (en alusión al cielo) o hacia abajo... Tengo que decir que estos señores que discutían estaban vestidos con trajes que por lo que yo deduzco eran de la época medieval, hechos con tela gruesa, como si fueran monjes. Una vez terminada esta discusión, el señor de barba blanca, que parecía ser el jefe de todos ellos, me preguntó que si quería subir para arriba o regresar con mis padres. Yo contesté inmediatamente que con mis padres. En ese momento, viendo mi cuerpo debajo y a todos los amigos, empecé a descender lentamente hasta unirme con mi cuerpo físico, y en ese momento recobré la consciencia.

> Cuando estaba arriba y veía mi cuerpo físico debajo no sentí dolor, solamente miedo por la determinación de lo que ellos iban a decidir. También tengo que decir que en ese momento creía en Dios porque mis padres eran muy católicos. En la actualidad no creo en Dios.

Otra informante reflejaba en su cuestionario lo siguiente:

> Solo vi una imagen donde pude reconocer familiares y amigos que ni siquiera sabía que uno de ellos había muerto durante mi experiencia cercana a la muerte, aparte los vi mucho mejor que cuando estaban vivos.

Estos dos datos son muy interesantes pues no son tan conocidos como los elementos de ver la luz o el túnel. Uno es el hecho de no saber que uno de los amigos que vio durante su experiencia había muerto. El otro dato es el hecho de verlos mejor que cuando estaban vivos antes de fallecer. Esto puede suponer que la informante, que afirma tener conocimientos de las ECM por curiosidad, pueda haber leído sobre el tema e incorporarlos a su experiencia o bien que realmente así hubiera sido.

Por último, otra informante comenta en su cuestionario su experiencia extracorporal:

> Empecé a sentir mareo y de pronto me encontraba mirando desde arriba toda la sala de partos. En especial recuerdo cómo veía a mi hija en manos de la enfermera, y después cuando pensaba en lo que había vivido, me di cuenta de que desde la perspectiva que yo tenía en la camilla no podía ver a mi hija y sin embargo recuerdo cómo la veía desde arriba y yo todavía no la

> había visto, porque nada más salir la niña, sufrí una hemorragia y ni pude verla.

En cuanto a los resultados de la escala de Greyson, contestaron 34 informantes; de ellos, 15 puntuaban en el componente cognitivo, 6 en el afectivo, 1 en el paranormal y 7 en el trascendental. Los otros 5 obtenían una puntuación no clasificable en ninguno de los anteriores componentes.

Con relación a los datos cuantitativos obtenidos, es interesante valorar si el paso del tiempo tiene alguna influencia a la hora de contar sus características. Y se puede concluir que los informantes menores de treinta años puntúan más en la escala total y en el componente paranormal, es decir, recuerdan sus experiencias con mayor intensidad que los de más edad, según la escala de Greyson.

En los otros tres componentes (cognitivo, trascendental y afectivo) no hay diferencias significativas. Tampoco las hay debidas al género, como ya han apuntado autores como Greyson (1983), ni al tiempo transcurrido desde que la persona ha tenido su ECM hasta la fecha en la que se ha recogido.

Datos y testimonios de EFV vía email

Además de los cuestionarios que los miembros del grupo de Facebook me enviaban, también me relataban sus historias con respecto a las VLM de sus familiares. Uno de los testimonios que me enviaron es el siguiente:

> Estoy en tu grupo ECM. Te envío mi experiencia por si te sirve de algo. Te lo escribo de manera extensa, pero si aún nece-

sitas más información contacta conmigo y te la daré. Si quieres que te rellene algún cuestionario no hay problema, me lo envías por mail.

Mi madre murió el 30 de enero de 2012 de cáncer. Tenía un tumor de Klatskin que le detectaron en julio de ese año y le dieron de seis a nueve meses de vida. Durante su enfermedad en dos ocasiones entró en coma, la primera vez fue unos tres meses antes de morir y la segunda unos días antes de morir. Esta segunda vez ya no salió del coma (o del estado agonizante). [...]

Siempre he sido escéptica y no sabía nada de estas cosas, ni de ECM, ni apariciones, ni nada por el estilo. Me parecían cosas paranormales, fuera de mis intereses y de mi vida normal, cosas que se hablan de vez en cuando entre amigos, pero como entretenimiento, sin darles credibilidad.

Cuando mi madre salió del primer coma, me contaba que había visto a sus padres y a otros familiares, que había hablado con ellos. No la contradije nunca, pero pensaba que eran alucinaciones provocadas por su estado, por eso no le di pie a que se explicara más. Sabiendo lo que sé ahora, sé que era una ECM.

Otra cosa que ocurrió fue que mi tío, marido de la hermana de mi madre, que había ido a verla hacía poco tiempo, cayó gravemente enfermo y murió en noviembre, dos meses y medio antes que ella. Ella me iba preguntando cómo estaba y yo le iba contando, pero cuando se puso peor y murió, nos pareció a la familia que no debíamos decírselo. El caso es que después de la muerte de mi tío, me preguntó por él solo una vez más y yo le dije que estaba mejor, que se iba recuperando. Ella me miró rara y me dijo: «Ya...», y no me volvió a preguntar más. Mi madre siempre ha sido una persona muy intuitiva y a veces sabía las cosas sin decírselas, por eso en broma a veces le decíamos que era una bruja (en el buen sentido de la palabra), así que esa vez yo estuve segura de que ella ya sabía que había muerto, aunque no me dijo nada.

Mi madre eligió el día y el momento de morir. Me explico. En sus últimos días mi madre, estando agonizante, no respondía a nada ni a nadie, pero yo me inventé una forma de comunicarme con ella con una ligera presión en mi mano. La doctora de paliativos que venía a casa me dijo que sí era posible que me comunicase con ella como lo estaba haciendo, de hecho, se lo demostré en casa. Yo presentía que no se iría hasta despedirse de mi hermano, que no estaba en Vinarós con ella porque nosotros vivimos en Barcelona y él, por trabajo, solo podía venir los fines de semana. Le pregunté si quería hablar por teléfono con él y con una ligera presión con el dedo me dijo que sí. Entonces le llamé y le hice hablar a mi hermano con ella, a pesar de que él pensaba que no se enteraba de nada. Se lo hice pasar muy mal a mi hermano, pero sé que mi madre era lo que quería. Cuando colgué el teléfono, vi cómo le caían lágrimas a mi madre, a pesar de que estaba agonizante, como he comentado antes. A los pocos días murió. Además, yo me pasaba todas las horas que podía a su lado, excepto para comer, ir al baño y fumar de vez en cuando un cigarro. Por la noche dormía con ella. Pues ella esperó uno de esos momentos en que yo no estaba para irse. Cuando murió estaban con ella en la habitación mi padre y la chica que nos ayudaba en casa. Esta chica me llamó enseguida y fui rápido a la habitación. Cuando llegué, sabiendo que ya no le podía hacer daño, la cogí en mis brazos y aunque ya había fallecido, dio un último suspiro. No sé cómo pudo ocurrir eso. He llegado a obligarme a pensar que me lo imaginé, pero solo porque no tiene sentido.

Justo diecisiete meses y medio después murió mi padre, el 11 de julio de 2013. Mi padre ya era mayor y a mediados de junio tuvo un ataque de ciática del que se hubiera podido recuperar, pero no quiso. No quería vivir más y por eso no quería levantarse de la cama. Su recuperación era complicada porque era un hombre muy delgado, con una artritis muy avanzada y con EPOC. Pero no quiso poner nada de su parte.

Mi madre, durante ese periodo del año y medio desde su muerte, estuvo «visitando» a mi padre casi a diario. Mi padre era una persona atea y no creía en cosas sobrenaturales. Sin embargo, me decía que mi madre se sentaba cerca de él, pero cuando él a veces se le acercaba para tocarla, porque le parecía tan real, dice que desaparecía.

Mi padre, cuando recibía la «visita» de mi madre, no estaba bajo ningún efecto de medicación alucinógena, ya que la medicación que tomaba era la habitual desde hacía muchos años. Lástima no haberle preguntado más sobre ello. Por aquel entonces yo no sabía nada de esto y solo pensaba que veía a mi madre porque la quería tanto que se lo imaginaba. Pero lo poco que hablamos sobre esto, por lo que me contaba, decía que le echaba broncas y le decía lo que tenía que hacer. Ahora sé que le preparaba para que se fuese en paz. Es que mi padre tenía un carácter difícil, y las cosas que le decía eran para que cambiase actitudes y se fuese en paz, como así ha sido. De hecho, mi padre cambió su actitud mucho desde que murió mi madre, se hizo mucho más cercano y amable. [...]

No sé si algo te servirá, si es así puedes utilizarlo para lo que creas conveniente respetando el anonimato.

Otro relato recibido muestra, y esto ha ocurrido en dos de los relatos que me han enviado, que la persona que va a fallecer ya ha estado en «otro lugar» y sabe lo que le espera y cuándo:

> Hace tres días que murió la suegra de mi hija [...]. Esta señora tenía mucho miedo a morir y así se lo decía a sus hijos, estando ya moribunda, pero con su cabeza totalmente alerta. Al entrar su hijo a la habitación, que hacía diez minutos que había salido, la encontraron rompiendo papeles. «¿Qué haces, mamá?», preguntó su hijo, a lo que la madre respondió: «Ya he estado al otro lado y he visto a tu padre, al final, esperándome, y había otro hombre con él que no conozco, y me está diciendo que ya me tengo que quedar allí. Allí están todos muy felices y yo puedo andar, estoy muy feliz de moverme». El hijo le dijo: «¿Y por qué no te quedas?», a lo que contestó: «Porque aquí también estoy feliz, estáis tú y tus hermanos y mis nietos». El hijo le respondió: «Mamá, siempre estás igual, dices que te mueres, pero yo te veo muy bien». «Ya —respondió ella—, pero esta vez me están esperando y ya no puedo quedarme más tiempo, dame el crucifijo, que voy a rezar». «Anda, mamá, descansa, y duerme un rato». Ella insistió: «Que te digo que me des el crucifijo». Se lo dio y empezó a rezar, pidiendo por sus hijos y nietos sin perder el sentido. Viendo cómo se aceleraba su respiración nos dimos cuenta, que no duraría mucho, y así fue, con una cara llena de paz aspiró aire y se fue. Esta señora era gallega, y se fue con noventa años.

Tanto en testimonios como el anterior como en los cuestionarios sobre VLM, los informantes cuentan situaciones como las que se muestran a continuación:

> Estando con él en el hospital, estando él en sus facultades, me llamó y me dijo: «Está merodeando por aquí la de la guadaña, no sé a quién se llevará». Como si alguien me lo hubiese revelado por dentro, dije para mis adentros: «A ti, papá», y a los dos días falleció.

Sí, parece ser que entre los que iban llegando apareció el asesino de su primer marido, causándole una tremenda desazón. De pronto la oímos dar gritos en la habitación, le increpaba, lo interrogaba: «¿Qué haces aquí, a qué vienes, ¿qué quieres?», la oía gritar. Recuerdo que, como esa situación duró bastante, pues yo entré en su habitación en una ocasión para ver qué pasaba, y señalaba un lugar cerca del armario donde supuestamente estaba el asesino, y desde su cama lo increpaba, mi madre le hizo gestos y se calló, por más de dos semanas mi madre le llevaba infusiones de tila, para que se tranquilizara.

Venían seguido a visitarla, pero el día que murió (estaba ciega desde hacía cuatro años atrás) algunas personas vinieron a por ella, los reconoció y les decía que se fueran, que no quería ir con ellos, y así murió poco a poco.

Aparentemente aquella persona del otro lado le respondía sus dudas y le decía lo que iba a pasar y la hora exacta, porque el día que se despidió de mí me preguntó la hora, estuvo preguntando todo ese día constantemente la hora. Llegada la noche, me pidió que no me fuera, que me quedara allí acompañándolo, que me acercara a él. Entonces volvió a preguntar la hora y yo le respondí las diez de la noche y él ahí se despidió de mí como si supiera que ya se iba. A la hora falleció y sé que sintió mucha paz. No encuentro explicación alguna de quién era esa persona con quien hablaba, solo sé que le avisó exactamente todo lo que ocurriría.

Nos estremecimos cuando empezó a decir: «Abridme la puerta, por favor, abridme la puerta», y al rato comenzó a llamar a Jesús en repetidas ocasiones y estirando los brazos en alto, como si alguien la sujetara o tirase de ella, repetía: «Esperadme, que ya voy, madre mía, espérame, que ya voy...».

Del total de los 59 emails recibidos sobre EFV, 41 aseguraban que su familiar o amigo manifestó, durante los días previos a su fallecimiento, ver o hablar con familiares o amigos fallecidos, 10 respondieron que no y 8 fueron relatos acerca de lo que les había ocurrido con un familiar, de los cuales 4 eran VLM y 4 eran otro tipo de experiencias. El hecho de que haya más personas que aseguran la aparición de las VLM se debe a que aquellas personas pertenecían al citado grupo de la red social y estaban dispuestas a colaborar para aportar su testimonio. La gran mayoría que no tenía conocimiento de que sus familiares tuvieran las citadas visiones no se molestó en pedir el cuestionario, puesto que entendían que no podían aportar nada. Por lo tanto, no es un dato que asegure en ningún momento la prevalencia ni la incidencia de estos hechos.

Estas visiones que cuentan los acompañantes de quienes están a punto de fallecer, por lo general, ocurren desde unos días antes hasta el día del fallecimiento, pero en los testimonios recogidos cuentan que aparecen incluso bastantes meses antes.

RESUMEN DE LOS ELEMENTOS QUE APARECEN EN LAS EFV
GRADO DE PARENTESCO
Padres, hermanos, conocidos, abuela, esposa, hijos, primos, marido, cuñado, mujeres de negro, tío, amiga de la infancia, un ser de blanco (mujer), Jesús.
TIEMPO TRANSCURRIDO DESDE LA VISIÓN HASTA EL FALLECIMIENTO
9 meses, 6 meses, 3 meses, 1 mes, 2 semanas, 1-2 semanas, 10 días, 1 semana, 4-5 días, 3 días, 36 horas, 2 días, 1-2 días, 10 horas, 4-5 horas, 30 minutos.
QUÉ DECÍAN
Habían ido a verla. Todo acabaría pronto. Se iba a tomar algunos vinitos con su padre. Que no tuviera miedo, pronto estarían juntos. Que no se preocupara, todo iba a ir bien. Que la esperaran. Venían a verla y a que se fuera con ellos. Le sonreían. Le preguntaron cómo estaba. Estaban bien. La esperaban para una fiesta.
HECHOS OCURRIDOS EN LOS MOMENTOS PREVIOS Y POSTERIORES AL FALLECIMIENTO
Estaba ciega y supo reconocer quiénes habían venido a verla. Señalaba hacia el lugar donde estaban. Sabía que un hijo suyo había muerto y no se lo habían dicho. Frío en la estancia.* Luz blanco-azulada en la habitación.* Sensación de paz.* Se fundieron varias bombillas. Sentía (un familiar) que algo traspasaba la mano. Sentían algo al lado. Tras hablar con ellos, cayó en coma. Olor a flores.* Comenzó a amar a su esposa. Ruidos estruendosos. Extendió los brazos para coger a alguien y murió. Extendía la mano. Le daba gusto verlos, pero a la vez le extrañaba.

*Elementos que aparecen en las EFV. * Comentado varias veces.*

6

Aspectos psicológicos y emocionales de las ECM. Recomendaciones para supervivientes

> En última instancia, es nuestra concepción de la muerte la que decide nuestras respuestas a todas las preguntas que la vida nos hace.
>
> DAG HAMMARSKJÖLD

Ya hemos visto que las personas que han vivido una ECM desarrollan ciertos efectos posteriores a su vivencia. Es importante tener en cuenta el efecto de los comentarios y las explicaciones de otras personas sobre cómo elaboran e incorporan la experiencia en su vida. Entre estas primeras personas a las que cuentan su experiencia, se encuentra el personal sanitario.

Se ha comprobado que el conocimiento por parte de los profesionales que están en contacto directo con los pacientes, acerca de que las ECM ocurren con relativa frecuencia, ayudaría a una mayor comprensión de lo vivido, por lo que el paciente comenzaría a incorporarlo a su vida y mejoraría con más rapidez a nivel de salud física y mental, lo que implicaría un ahorro importante a los servicios públicos de salud.

Esta es una cuestión que también apuntaba la doctora Sartori. Para aclarar esta conclusión me remitiré al sondeo de Igor Corbeau, que cuantificó la psicopatología de 84 personas que habían tenido una ECM basándose en la Lista de Verificación de Síntomas 90. Los síntomas que estos experimentadores tenían eran problemas interpersonales motivados por la interacción negativa con los demás y también intrapersonales, como la depresión motivada por la dificultad que encontraban para aceptar el regreso a la vida. Más de la mitad afirmaron que habían necesitado o aún necesitaban ayuda profesional. Alrededor del 50 por ciento de los que recibieron tratamiento del médico de familia o psicólogo tuvieron efectos contrarios a los deseados, debido a que percibían que no les tomaban en serio y tenían bajo conocimiento de las ECM.

Por eso, que la enfermera sea capaz de dar una explicación a lo experimentado por el paciente ayudaría mucho a que este no tuviera la necesidad de buscar ayuda en un profesional externo para dar un sentido a lo que siente y no sabe interpretar.

Afortunadamente, en la actualidad hay mucha información sobre las ECM y ya se conocen un poco más, si bien es cierto que sus protagonistas necesitan un conocimiento más profundo.

Otras de las cuestiones sobre las que cabe reflexionar es sobre proporcionar propuestas de mejora asistencial del enfermo en relación con el acompañamiento y el abordaje de las ECM.

A modo de protocolo abreviado se darán las siguientes recomendaciones:

- El profesional debe crear el clima adecuado para que el paciente se encuentre dispuesto a hablar de lo que más le preocupa. Cuando el contexto es propicio y el paciente se dé cuenta de que lo que confía a su interlocutor (el sanitario) es confidencial, y nadie más a quien no autorice no sabrá nada del tema, se dará la situación en la que se abra y cuente lo vivido.

- Se puede preguntar al paciente, siempre desde el respeto y sin prejuicios, y siendo conocedor de que lo que le puede estar pasando es algo normal, que les ha ocurrido a otras personas.
- Cuando el paciente cuenta su experiencia, es importante no tener prisa, ni dar explicaciones que puedan contradecir lo que el paciente está sintiendo; al contrario, hay que validar la experiencia e intentar que el paciente vaya asumiendo su experiencia como algo natural y procurar que sea él mismo quien interprete y asimile lo que le acaba de ocurrir.
- En el caso de que la experiencia sea negativa, es necesario que se sepa tranquilizar al paciente y que este pueda ser capaz de contar lo que le ha pasado; en muchas ocasiones hablar de ello puede minimizar el aspecto negativo y ver la parte positiva.
- Cuando no se tenga claro cuáles serían los pasos que se deberían seguir o cómo actuar, lo deseable sería buscar a un compañero o profesional familiarizado con las ECM, que pueda ayudar a manejar la situación.

Hasta tal punto es importante abordar esta cuestión que el doctor Greyson (1997) aseguró que la psicoterapia y la terapia de grupo eran muy efectivas con los experimentadores de ECM, especialmente para aquellas personas cuya experiencia ha sido traumática o estresante.

En el caso de las Experiencias al Final de la Vida, nos podemos preguntar: ¿es necesario tener en cuenta a la familia de los pacientes en estado terminal?

En los casos de las VLM, la familia o acompañantes son quienes más información tienen sobre su existencia. La ayuda que puede proporcionar el sanitario es apoyar y sostener a la familia haciéndole conocedora de que, como hemos visto, la aparición de estas visiones es la antesala del fallecimiento. Su ayuda puede ir dirigida a enfrentar el momento del cierre de asuntos pendientes, despedirse y ayudar a su familiar a irse en paz. Durante el tiempo que habla con sus familiares fallecidos que «vienen a verle o recogerle» según el caso, se recomienda dejar que mantengan esa «conversación» y tras ella preguntar al paciente acerca de lo que ha visto, cómo se encuentran esos familiares, qué le han dicho..., pero sobre todo es importante no contradecir, negar o impedir que se comuniquen, pues puede confundirles y desestabilizarles, conviene que sea alguien conocido por el paciente quien le acompañe durante esta experiencia, pero si es el sanitario, debe actuar de la misma manera.

Como ya he venido apuntando, las ECM pueden ser experiencias transformadoras que afectan a todos los ámbitos del ser humano y sobre todo a su percepción de la vida y la muerte. Esto puede generar en la persona sentimientos de paz, amor y una nueva visión de la vida que le aportará sentimientos de unión con todo lo que le rodea en la mayoría de los casos, pero una necesidad de apoyo y comprensión del fenómeno en otros. Muchos de los entrevistados afirman que no quieren morirse, pero que si pasara no les importaría porque ya saben lo que viene después. Ven la muerte como un tránsito, no como el acontecimiento final de la vida de una persona.

El hecho es que como seres humanos estamos acostumbrados a tener unas rutinas, ordenadas o desordenadas, en las que nos movemos con facilidad; es la zona de confort, que conocemos muy bien, y nos cuesta hacer cambios importantes.

Cambiar de trabajo, de amistades, de pareja, de hogar, son a veces fuentes de estrés importantes. En ocasiones podemos verbalizar cuánto nos gustaría hacer esos cambios, pero en realidad nos aterra que lleguen a ocurrir, porque el estrés, lejos de ser adaptativo, como en muchos momentos en los que llegamos a controlar la situación, puede ir acompañado de emociones y a veces estas emociones nos superan. Tristeza, miedo, rabia, ansiedad se muestran cuando los cambios nos piden un sobreesfuerzo físico, mental y emocional.

Lo sorprendente en el caso de muchas personas que han vivido una ECM es que estas emociones asociadas a los cambios que acabamos de ver no suelen aparecer. Sus emociones negativas radican en el hecho de que tienen que integrar el conocimiento que han adquirido, la nueva realidad y escala de valores, a la vida que han tenido hasta el momento de su experiencia, y no siempre son compatibles.

Es por ello por lo que, al valorar la amistad desde la óptica de la incondicionalidad, la confianza, la lealtad y la honestidad, sienten que no se encuentran tan a gusto con las relaciones mantenidas hasta entonces. Incluso las relaciones de pareja se pueden resentir. No en vano la tasa de separación después de una ECM es muy elevada, entre un 65 y 70 por ciento de los casos.

Sin embargo, a veces es difícil hacer esos cambios que sienten que deben hacer y les cuesta integrar su experiencia, vivencias y sentido de la realidad en su vida cotidiana. Las ideas y creencias previas a la experiencia entran en contradicción con la nueva realidad y en ocasiones pueden desarrollar ansiedad, crisis de identidad o cierto abatimiento, desánimo y decaimiento.

Otras personas deciden dedicarse a otro oficio decantándose por profesiones más amables, más encaminadas a ayudar a otras personas, de acuerdo con los nuevos valores que han adquirido en su experiencia, alejándose de aquellas que consideran más materialistas o simplemente que les generan estrés, ansiedad o les hacen sentir deshonestos consigo mismos. También pueden reorientar sus profesiones a cuestiones más ecológicas, sanitarias, sociales, e incluso pueden trabajar con asociaciones sin ánimo de lucro y realizar labores de voluntariado y colaboraciones en aspectos que sienten más afines.

Hay testimonios de personas ateas que deciden abrazar la religión, y personas que dejan de ser tan religiosas y se enfocan en actividades más de orden espiritual, como la meditación, el yoga, el reiki, la medicina alternativa y complementaria. En general buscan profesiones con las que se identifican más en esta nueva etapa, que les proporcionen un sentido y que no sientan que pierden el tiempo realizando tareas que no les llevan a la realización personal.

Todos estos cambios que experimentan van ligados a un bienestar emocional y psicológico que les proporcionan una seguridad y confianza ante los acontecimientos adversos; sin embargo y como se ha indicado anteriormente, las manifestaciones que las ECM provocan en muchas ocasiones se muestran muy parecidas a ciertos trastornos que, de no conocer estas experiencias y sus efectos, pueden maldiagnosticarse, como, por ejemplo, confusión, trastornos emocionales y cierto desconcierto.

Existen algunas similitudes entre las ECM y trastornos más graves (Pasricha, 2012), como la despersonalización. Esta se considera una alteración de la percepción de uno mismo en la que la persona se siente separada del cuerpo y de sus procesos mentales, tiene la sensación de que el entorno no es real. La despersonalización, al contrario que en las ECM, suele ser más común en mujeres y aparece en un rango de edad que es entre los quince y los treinta años. Algo que la diferencia claramente de una ECM es que se tiene la sensación de que es un sueño. Es desagradable y tiene la finalidad de protección ante un peligro inminente para su supervivencia.

Sin embargo, las ECM no tienen rango de edad, se dan de igual manera en hombres y mujeres, no se tiene la certeza de haber tenido un sueño. No son desagradables, muy al contrario, se habla de paz, tranquilidad o amor, y no tienen finalidad de protección.

Un trastorno que suele tener semejanzas y podría, por lo tanto, confundirse con lo experimentado en las ECM es la autoscopia, que se puede relacionar con la experiencia fuera del cuerpo, común en las EMT. En las ECM, la consciencia se separa del cuerpo y se traslada a un lugar donde puede verse a sí mismo, su cuerpo y todo lo que ocurre alrededor. La diferencia estriba en que, en el fenómeno autoscópico, la mente permanece ligada al cuerpo, se percibe como una imagen de sí mismo, con sensaciones de tristeza, al contrario que las ECM.

Otro desorden semejante a un elemento de las ECM es el trastorno de estrés postraumático. Este se caracteriza por la presencia de síntomas, entre los que se encuentran dolor de cabeza, mareo, insomnio, irritabilidad, cambios de humor, ansiedad, pero deben aparecer recuerdos intrusivos, síntoma de evasión, síntomas de hipervigilancia y reactividad y síntomas cognitivos y del estado de ánimo.

Durante las ECM a veces se tienen dificultades para integrar las experiencias debidas a dos factores: por un lado, la experiencia de estar muy cerca de la muerte y el problema de volver a su antigua normalidad con el bagaje de la nueva realidad. No se evita recordar la experiencia y al ser positiva en un 80-90 por ciento de los casos, hace que no haya efectos traumáticos posteriores.

Algunos autores hablan de ciertas interpretaciones psicológicas de las ECM. Entre ellas se encuentran los recuerdos de nacimiento (Sagan, 1979), donde el túnel, la luz brillante y viajar a otros lugares se asemeja al proceso de parto. Aunque hay elementos que pueden entrar en contradicción con esto, como el hecho de que el elemento del túnel no es muy común que aparezca en los testimonios recogidos en ciertos lugares, por ejemplo, en Asia, o que hay experimentadores que han nacido por cesárea, en el inconsciente colectivo existen estos elementos y cierta familiaridad con ellos.

Otro aspecto que relatan algunas personas que han tenido la experiencia es que después se despiertan ciertas sensibilidades místicas y capacidades intuitivas y perceptivas. Se trata del desarrollo de percepciones extrasensoriales, visión remota y telepatía.

Hay personas que relatan que tras su ECM desarrollan poderes curativos a través de la imposición de manos, reiki o terapias afines. Una informante afirmaba que tras vivir su experiencia era capaz de saber si alguien tenía una enfermedad grave e incluso si iba a morir.

Retomando los cambios tras la experiencia, los testimonios nos indican que esas transformaciones tienen que ver con la dificultad de la identificación del yo anterior con el nuevo, lo que puede desencadenar cierto tipo de duelo por la vida anterior, donde el individuo tiene que reconstruir y aceptar su nueva identidad. El hecho es que, en ocasiones, la cotidianidad es normalidad y la normalidad es comodidad. Esto nos remite a la zona de confort, que, aunque en sí no es evolutiva, nos transmite cierta sensación de seguridad.

Como bien apuntaba la doctora Sartori (2015), después de experimentar la ECM las personas tienen un cambio de actitud con relación a las inquietudes y a los valores. Por ejemplo, dejan de necesitar la aprobación de los demás y el reconocimiento social. El éxito no es tanto lo conseguido en la esfera de lo social como lo relacionado con lo personal, lo espiritual y el enfoque introspectivo.

Nueva concepción del duelo

Otro de esos cambios o efectos posteriores a una ECM es perder el miedo a la muerte. Las personas refieren que saben lo que hay después de la muerte, por lo que no temen que llegue el momento. Este nuevo conocimiento que la experiencia les da hace que estén también más y mejor preparadas para asumir la pérdida de un ser querido y por lo tanto para el acompañamiento en estos procesos finales.

Si bien es cierto que el diagnóstico de una enfermedad terminal sigue siendo un momento importante en la vida, no solo del paciente sino de quienes le rodean y acompañan en su momento final, afrontar la idea de la terminalidad desde un punto de vista de la trascendencia de la consciencia puede ser una nueva manera de entender la vida, pero sobre todo la muerte.

La muerte es entendida como el fin de la vida de una persona, pero además es vista y sentida como el fin de la existencia humana, salvo que los rituales y los recuerdos en torno a la persona fallecida la hagan presente. Esto no deja de ser temporal y, salvo que hayamos tenido un reconocimiento social importante, nuestros actos perdurarán mientras vivan las personas con las que hemos compartido la vida. Así es que intentamos perdurar a través de nuestros actos, legados y descendencia. Pero, aun así, y aunque tengamos descendencia, llega un momento en que no somos recordados por nadie. El temor a esta situación, a este momento de inexistencia, es lo que nos hace refugiarnos en algo que nos haga inmortales.

Hay quienes recurren a la cirugía, a los cosméticos de alta gama, para alcanzar la eterna juventud, a la escritura de un libro que perdure en el tiempo o a múltiples eventos que persigan ese fin o se acerquen más a ello. Otros se abrazan a la fe y la religión buscando un consuelo o una justificación para creer en la vida eterna.

En cualquier caso, lo que ofrece la ECM es una forma de normalización del duelo: aunque se siente la pérdida del ser querido o la propia pérdida, no hay trauma. Es decir, se siente el dolor por la ausencia, se debe aprender a vivir sin la persona querida, pero la creencia y la convicción de que se volverán a ver ayuda a superar estos momentos de tristeza.

No se trata de creer que no duele la pérdida, sino que se suaviza el dolor, la tristeza, la pesadumbre, la desgana de vivir que normalmente aparecen en una situación de crisis por la pérdida de un ser querido.

De hecho, esta etapa en la que se sienten tales emociones y sentimientos es necesaria, ya que el duelo es un periodo de tiempo tras la pérdida en el que aprendemos a adaptarnos a la vida cotidiana con la ausencia del ser querido. Es cierto que esta adaptación va a depender de muchos factores: cómo se desarrolló el fallecimiento, es decir, si se pudo o no acompañar; si fue inesperado o esperado; la edad del fallecido; la relación con él, etcétera. Todo esto puede agravar la herida y hacer que el duelo sea traumático y en algunos casos requerir ayuda profesional. Pero por lo general, y pese a ser uno de los acontecimientos más tristes de la vida, podemos superarlo gracias a los rituales de despedida y el recuerdo.

Cada persona necesita su tiempo, su espacio, porque la forma que tiene de encarar este nuevo acontecimiento viene determinada por las herramientas de afrontamiento que tenga desarrolladas, pero también de estas características que acabo de apuntar. Además, y relacionado con las ECM, esta certeza de la trascendencia de la consciencia ayuda al fortalecimiento y al sosiego tras la pérdida. Sin embargo, y aunque no hay un tiempo prefijado para determinar si ya se debería haber superado el duelo, por lo general el primer año es el más difícil. Esto es porque todos los acontecimientos importantes que se compartían con la persona que ya no está pasan por primera vez y esto genera recuerdos que aún duelen. El primer cumpleaños, la primera Navidad, el primer verano, todo va a ser la primera vez que ocurra sin la persona que ya no está, pero a medida que estos eventos van sucediéndose se va superando, poco a poco, el proceso del duelo.

Por lo tanto, es importante respetar los tiempos de cada persona para ir avanzando en el proceso de superación de la pérdida. Los rituales que cada uno entienda mejor para honrar al difunto ayudan a anclarse en el aquí y el ahora sin generar dolor extra. Escuchar a la persona en duelo, dejarle claro que se está para lo que necesite, hablar, viajar, ver la tele o incluso solo estar físicamente son buenas estrategias de acompañamiento. Sobre todo, saber que durante este periodo de adaptación es muy complicado ponerse en el lugar del otro, por lo que escuchar historias tristes de otra persona no va a ayudar en nada a aliviar el sufrimiento. En los testimonios que he podido recoger en torno a esta experiencia de duelo y ECM, escuchar sus historias daba al doliente mucha paz, tranquilidad y esperanza, y sobre todo ayudaba a sobrellevar el dolor.

Cuando somos nosotros quienes vivimos esta etapa de duelo, podemos llevar a cabo determinadas estrategias de afrontamiento.

Muchas personas se han puesto en contacto conmigo para conocer nuevos testimonios y saber más acerca de las ECM. Hechos puntuales en el momento del fallecimiento de un familiar o ser querido les hace interesarse por aquellas cosas que pasan en muchas ocasiones en este momento. Olor a flores, cuadros que se caen, animales que reaccionan raro justo en el momento de la muerte son ejemplos de estas vivencias que llaman la atención y muchas veces son el detonante para comenzar a buscar ayuda o consuelo en lecturas, testimonios o prácticas que les ayuden a entender más el hecho de la muerte y su posible trascendencia.

Muchos profesionales aconsejan cuidarse a sí mismo en todos los aspectos durante este periodo. Si somos los acompañantes, este es un asunto que debemos tener muy en cuenta. Es necesario cubrir las necesidades básicas esenciales. Esto es una de las cosas que más se abandonan. Comer, beber, descansar lo suficiente, hacer ejercicio, seguir las rutinas lo más posible, evitando cambios importantes, y evitar tomar decisiones que sean importantes y decisivas, posponerlas hasta que la pérdida esté aceptada.

También es importante realizar aquellas actividades que nos parecen relajantes y que consideramos terapéuticas. Escribir, pintar o realizar todo aquello que nos permita proyectar las emociones. Es importante no controlar lo que sale de dentro, dejar que el dolor se manifieste de la manera que más se necesite. Esto, además de aliviar el sufrimiento, nos permite llegar a entender lo que estamos viviendo, conectar con el dolor y darle un significado. Nos ayuda a reflexionar sobre nosotros mismos, sobre cómo afrontamos la pérdida, y por supuesto, a conocernos mejor, lo que contribuirá a mejorar nuestras habilidades y herramientas para hacer frente a las adversidades con las que tenemos que convivir.

Compartir los sentimientos con personas queridas, amigos o con otras personas que están en el mismo trance o han pasado por él es importante por varias razones. La primera es que hablar de la persona querida que ha fallecido nos ayuda a darnos cuenta de la nueva situación, a procesar emocionalmente la pérdida aprendiendo a vivir con ella. Aceptar la nueva situación nos ayuda a comenzar a crear nuevas rutinas y nuevos recuerdos, integrando de alguna manera la pérdida en el día a día. Hacerlo con personas que han vivido la misma situación ayuda a sentirnos comprendidos en nuestro dolor y a aprender nuevas pautas de comportamiento adaptativo en el afrontamiento de la pérdida. Al mismo tiempo, uno tiene la sensación de no estar solo en este proceso y, al sentirse comprendido y sentirse respetado en sus emociones, se valida el dolor, dando la aprobación a los sentimientos generados y mantenidos durante el proceso.

Cuando se comparte lo más doloroso de uno mismo, relacionado principalmente con los recuerdos que se tienen de las personas que han sido importantes en nuestra vida y que ya no están, se fortalece el vínculo que se genera entre las personas que están en duelo, les une el dolor por una pérdida, y esto consolida la relación entre los miembros. Por esto las terapias de grupo ayudan a crear y formar parte de una comunidad unida por un sentimiento común.

Procesos al final de la vida

Durante la fase final de la vida ocurren determinados mecanismos de naturaleza psicológica a distintos niveles que afectan a la normalización y al buen manejo de esta etapa. Estos están relacionados con los factores más esperables en este momento, como es el miedo a la muerte y la búsqueda de un sentido a la vida, y especialmente una seguridad en la creencia de una vida después de la muerte. Esto es debido a que necesitamos un motivo y certeza de que no nos extinguimos tras la muerte, lo que rebaja la tensión y el terror ante la certeza de la muerte inminente. Las ECM impactan significativamente en esta aceptación de la muerte y en la disminución del miedo a la muerte no solo para las personas que están en ese proceso, sino también para los familiares, acompañantes o dolientes. Vamos a ver con más detalle estos factores.

Como hemos visto a lo largo de estos capítulos uno de los factores que acompañan a las ECM, tanto a las EMT como a las EFV, es que las personas que han vivido una de estas experiencias dejan de tener miedo a la muerte. En las primeras, saben o tienen la certeza de que lo que han vivido es una extensión de lo que hay tras el mundo tal y como lo conocemos, una experiencia que traspasa lo físico y es la continuidad de la vida. En las EFV ocurre lo mismo. El hecho de tener las VLM hace que vivan ese instante o días previos como el momento de la expansión de la consciencia. Una etapa en la que pueden sentirse parte de las dos esferas de existencia: el mundo tal y como lo conocemos y ese otro lugar al que vamos una vez superado el umbral de la vida y la muerte física.

En este sentido, y teniendo en cuenta que las personas que están al filo de la muerte llegan a un estado de aceptación tal que muestran tranquilidad y cierto sentido de conocimiento de que van a ser recogidas por sus familiares ya fallecidos, es cuando comienzan a querer dejar sus cosas arregladas. Quieren poder despedirse, dejar todo resuelto, resolver los posibles conflictos, perdonar y pedir perdón y no crear después trabajo a quienes se quedan. Dejan un legado, es decir, muestran a través de mensajes escritos, hablados o grabados sobre aspectos que no han podido decir en vida o sobre lo que no han sido capaces de tratar. De esta manera se van tranquilas pues saben que lo que han querido transmitir se hará.

Un ejemplo de ello lo tuve con una paciente enferma de ELA que tenía cosas pendientes con sus hijos. Le preocupaba que, debido al estado en el que se encontraba y la relación que los hijos tenían entre sí, no pudiera decirles todo aquello que ella necesitaba para irse en paz. En este caso le hablé del legado. Una especie de despedida anticipada por su parte. Le dije que tenía la oportunidad de hacerlo si en ese momento dejaba grabado o dictaba a la persona que le cuidaba cartas a sus hijos diciendo todo aquello que necesitaba decirles. Que esas cartas las guardara una persona y que, cuando ella ya no estuviera, esa persona en la que confiara fuera la encargada de repartirlas. Esto le sirvió para tener claro qué quería decir, a quién y cuándo. Así lo hizo y al poco tiempo murió con la certeza de que cada uno recibiría su mensaje.

En otras ocasiones, ese estado de tolerancia con lo que va a ocurrir viene de la mano de determinados procesos descritos en las etapas del duelo: se comienza con la negación del inminente destino y se llega a la aceptación pasando por las etapas de la ira, la negociación y la depresión. El tener la certeza de una vida tras la muerte minimiza estos efectos, siendo más sutiles y menos traumáticos.

Otro de los factores relacionados con el anterior es la ansiedad y el miedo especialmente por lo que desconocen, por morir con dolor o solos. De hecho, esto es algo que muchas personas suelen confesar, no les aterra tanto morir como la forma de hacerlo.

Muchas personas en su lecho de muerte, si no han sido capaces de liberar toda la preocupación por lo que no han podido cerrar a tiempo, muestran ansiedad y sufrimiento emocional. Esto provoca que no abandonen su cuerpo de forma tranquila, en paz. Solo en los casos en que sí han conseguido calmar el miedo y la ansiedad, y en aquellos que han tenido esas visiones al final de sus días, suelen morir plácida y sosegadamente.

A veces en esta etapa previa y preparatoria de la muerte, si el paciente está consciente y en plenas condiciones mentales, reflexiona sobre el sentido y significado de su existencia, de lo conseguido, de lo que deja, de lo que transmite con sus hechos, sus palabras, su historia vital. En ocasiones abraza la espiritualidad quizá en un último intento de darle un sentido a su vida y una continuidad. Esto le ayuda a avanzar hacia ese momento en el que se enfrenta a la gran respuesta que el ser humano se hace durante toda su vida.

Es entonces cuando prácticamente todo cobra sentido, los juicios se hacen en la línea del arrepentimiento. En el lecho de muerte muchas personas han contado cuánto se arrepienten de no haber hecho o dicho algunas cosas, por ejemplo, cuánto han amado a alguien. Una de las cosas que siempre les acompaña es el no haberse atrevido a hacer más cosas en su vida. La frase «Me arrepiento no de lo que he hecho, sino de lo que no he hecho» se repite mucho en esta fase final de la vida, el no haber aprovechado ciertas oportunidades por el qué dirán, por miedos o tantas otras circunstancias que rodean a todo ser humano, ya que realmente ignoramos nuestra esencia. A menudo dejamos de ser nosotros mismos para adentrarnos en el mundo de lo que se espera de nosotros, y es ahí donde dejamos de lado vivir con intensidad, aunque nos equivoquemos en el proceso, que no es más que parte de la experiencia de vivir. No hay vida sin equivocación, y eso es lo que nos hace mejores.

En mi opinión, creo que esta última reflexión de quienes ya están haciendo una revisión de su vida es lo que nos debe inspirar a los que aún somos conscientes de que nos quedan cosas por aprender. El gran aprendizaje de la vida no son solo los conocimientos que adquirimos, sino el legado de quienes ya han transitado por ella. Amar, hacer todo el bien que podamos, vivir con intensidad y dar lo mejor de nosotros en cada instante. Es esa máxima de ser nuestra mejor versión. Nada nos hará más felices que tener la sensación de estar viviendo plenamente la vida.

Estas palabras me recuerdan que las personas que han tenido una EMT, aunque saben lo que hay después de la muerte y para ellas es una realidad, y a pesar de que no les da miedo morir por esa misma cuestión, aseveran que al tener esta nueva oportunidad quieren vivir más y mejor sacando provecho a la vida desde el respeto, la humildad y el disfrute y la apreciación de las pequeñas cosas, que son la fuente de felicidad primera: un beso, un abrazo, el sol en la cara un día de frío, abrir el grifo y que salga agua, acariciar un gato...

En este sentido muestran al final de su vida ese recuerdo por las cosas que ya no van a hacer y que quizá deberían haber valorado más, por ejemplo, tocar el piano o cualquier otro instrumento, andar por la playa, disfrutar comiendo algo sabroso, escribir unas palabras, leer un poema, coger un tren. Hay tantas cosas que se hacen por última vez y no nos damos cuenta.

Pero es el momento de reconciliarse consigo mismo en esta etapa final. Es por esto por lo que una gran parte de las personas que son conscientes de que van a morir en un periodo breve de tiempo piden estar solas. A veces la familia no las entiende, y creen que es mejor que estén siempre acompañadas, pero para los acompañantes es el momento de respetar, de preguntar qué necesitan y mostrar consideración por los deseos e inquietudes de la persona que está pasando por esa revisión de su vida. Se necesita reflexionar, por ambas partes, sobre todo lo anterior.

El momento de la reconciliación personal es complejo y pasa por muchas fases, por ello se necesita esa quietud, esa meditación, la más importante y profunda de toda la existencia humana. Cuando esto ocurre, cuando se lidia con el proceso de desaparición de toda culpa, del arrepentimiento y del perdón a sí mismos y a los demás, las personas están preparadas para comenzar a despedirse, quizá es el momento de máxima conexión emocional y espiritual con los demás, de dejar fluir el resto de la vida con la aceptación de su pronto destino y sobre todo con el agradecimiento de haber tenido una existencia física y unas vivencias que les han permitido aprender lo que de verdad es la vida, aunque esta lección muy probablemente se adquiere en esos últimos días.

La enseñanza de las ECM nos muestra todos esos sutiles conocimientos y nos da la oportunidad de aprovecharlos el resto de nuestra vida, solo hay que estar preparados, atentos y ser valientes para mirar a la vida de frente. Si estamos atentos a los mensajes de quienes han vivido una ECM, podemos encontrar que la percepción que tenemos de muchos aspectos, no solo de la muerte, sino también de la vida, nos puede cambiar.

En ocasiones he oído la frase «La muerte no existe», pero no puedo estar más en desacuerdo. La muerte existe, uno deja de existir, al menos tal y como lo conocemos, pero eso no interfiere en el proceso de comprensión y aprendizaje de que podemos existir de otra manera. Quizá en la manera en la que somos originalmente, sin todas las capas de autodefensa, miedos, incertidumbres o debilidades. Es obvio que lo que conocemos, que es el aquí y el ahora, deja de ser y de existir. En este sentido la muerte existe, pero las ECM nos demuestran, al menos a través de los testimonios, que la consciencia perdura tras esa disolución de lo físico.

Como recalco en muchas ponencias, no es necesario estar al borde de la muerte para repensar en nuestras prioridades, en nuestra concepción y vivencia de lo que es importante y de lo que no lo es, y en emprender una vida basada en el amor y las relaciones entendidas desde el respeto y la comprensión. Las preocupaciones sobre las cuestiones materiales deberían estar presentes desde otra óptica y primar el objetivo de ocuparnos de las cosas en lugar de preocuparnos por ellas. No digo con esto que no seamos precavidos, en absoluto, pero hay ciertas cuestiones que no han sucedido y que probablemente no sucedan, pero les damos una prioridad y un exceso de pensamiento que solo nos desvían del camino que estas experiencias nos muestran.

Las ECM nos desvelan sobre todo una vida después de la vida, pero lo más importante es enfocarnos en la que estamos teniendo aún. La idea de que la consciencia perdura, de la permanencia de lo que denominamos «alma», «espíritu» o cualquier otro modo de entender lo que somos en esencia es lo que da sentido a esta nueva forma de movernos en el mundo.

En los acompañantes, familiares o amigos, entender esta posibilidad de la trascendencia les puede ayudar a encarar la pérdida y el duelo de una manera más normalizada. Cuando apuntábamos que en el lecho de muerte algunas personas comentaban que veían a sus seres queridos que venían a recogerlos, no nos olvidamos de apuntar que este proceso lo hacen en paz y con serenidad, cambia mucho la manera de afrontar esta situación, al contrario que las personas que no aceptan que su hora ha llegado y luchan lo posible por revertir y alargar el momento en el que tienen que abandonar el cuerpo.

Aun así, en sus últimos instantes la persona pueda transitar este proceso en paz, intenta aferrarse a lo que sea para sacar más tiempo a la vida sin darse cuenta de que, como en una ocasión alguien me dijo: «Venimos con un número de respiraciones; cuando estas se acaban, morimos». Si estos últimos momentos están caracterizados por la aceptación, lo vivirá de una manera amable, si lo hace desde la desesperación, tendrá un final con ansiedad e inquietud, un final nada deseable.

En definitiva, las ECM tienen una serie de efectos en las personas que las experimentan, y en los familiares o amigos, que van más allá del carácter trascendente de las mismas. No es solo que las investigaciones sobre el tema arrojen indicios sobre la trascendencia de la consciencia y la permanencia de algo que es más sublime, sino que el legado de las experiencias que han sido compartidas nos da la oportunidad de corregir los errores que cometemos tanto en la vida como en el camino hacia su final.

Conclusiones

Hoy en día es muy común haber oído hablar de las ECM, incluso la frase «ver la luz al final del túnel» es socialmente utilizada para expresar la esperanza en que algo se resolverá y volverá la tranquilidad y la paz. Pese a ello, hay mucha confusión respecto a las ECM, debido a que, hasta hace unas décadas, ha sido la tradición oral la que ha manejado el significado de este término, a veces embelleciéndolo, a veces confundiéndolo y otras creando un halo de misterio que lo ha llevado a ser clasificado de paranormal, incluyéndolo en el saco donde respiran la ufología, los fantasmas, las casas encantadas y/o las diversas mancias.

El papel de los medios de comunicación, especialmente la televisión, no ha ayudado tampoco a conocer más y mejor el tema, sino que se han enfocado en generar debates socarrones en busca de audiencias o cuota de pantalla, o de publicidad encubierta del libro del divulgador de turno que se quiere promocionar, ya que en los últimos tiempos parece haberse puesto de moda el tema de las ECM.

La literatura investigadora que encontramos viene sobre todo de fuera del territorio español, y raramente los interesados en las ECM buscan artículos o publicaciones académicas o científicas para ilustrarse sobre el tema, sino que se asume como válido lo que a nivel divulgativo se publica, tanto a favor como en contra, a veces sin rigor e influenciados en algunos casos por la perspectiva y creencia del autor, fortaleciendo así las creencias y actitudes frente a las ECM de los lectores.

Todo esto ha provocado que muchas personas que han vivido una ECM sean reacias a comentarla, ya que no quieren ser tildadas de chaladas o majaretas por creer que han tenido encuentros con el más allá en lugar de ser fruto de procesos fisiológicos o psicológicos. Por lo tanto, el sentirse entendido y poder compartir una gran experiencia vital como puede ser una ECM con alguien, sea de la naturaleza que sea, sin reparos ni juicios, ha sido uno de los objetivos (implícitos) de mis años de investigación.

Dado también que en España no hay una base de datos sobre las ECM que podamos tener como referencia, este estudio se convirtió en la primera investigación académica, desarrollada en dos escenarios, dentro y fuera del contexto hospitalario en el territorio español.

Investigaciones previas como la de la doctora Sartori se han centrado en analizar las causas que pueden provocar las ECM. Ha habido un gran interés en conocer si eran producto de cambios o alteraciones fisiológicos o psicológicos, poniendo de manifiesto que no hay evidencias claras de que esto sea así y que aún queda mucho camino por recorrer en ambos sentidos, tanto por demostrar fehacientemente la no implicación de ciertos estados fisiológicos o psicológicos en la aparición de las ECM como por confirmar, como dice la casuística, la no localidad de la consciencia.

En esta investigación de corte antropológico he tenido en cuenta los aspectos personales y culturales, así como los efectos en sus protagonistas, puesto que las investigaciones científicas previas, originadas por investigadores en ciencias de la salud, han avanzado más en las posibles causas.

Es necesario destacar que tanto el tema de las ECM como, en última instancia, el de la muerte y la existencia de una vida tras la muerte, o en otras palabras, la continuidad de la conciencia tras la muerte, no solo se ha abordado desde disciplinas humanistas enfocadas a una metodología más cualitativa como la filosofía, la antropología o incluso la psicología, sino que, desde el ámbito científico cuantificable, ha sido muy estudiado con el objeto de o bien corroborar la posibilidad de la existencia de una vida posterior, o bien de demostrar la poca validez de las investigaciones que han apoyado esas teorías.

La conclusión más evidente que se extrae de esta investigación es que las ECM siguen sin explicación científica, pese a que son una realidad universal y que la muerte forma parte de nuestra vida, lo aceptemos o no. Nos aferramos tanto a la vida que no vivimos la muerte, y lo que es peor, no dejamos a quien está preparado vivir su propia muerte, creyendo que es mejor que no conozca su situación y que no experimente conscientemente su último suspiro.

Ese es el aspecto más importante que se debe discutir en la vida, pues es lo último que vamos a hacer. Las ECM nos muestran que la consciencia es algo más que estar despiertos, que probablemente no resida en un órgano físico y que trasciende todo límite humano, al menos eso cuentan los experimentadores. Su conocimiento dependerá de que cada vez más se realicen estudios rigurosos y sean objeto de financiación.

Como toda investigación, este modesto estudio ha podido contribuir en varios aspectos al conocimiento.

En primer lugar, se ha establecido una incidencia en España de la aparición de ECM, lo que sirve de referencia para estudios posteriores. También se ha confirmado la aparición de elementos análogos a los de otros estudios realizados en diferentes países. Por otra parte, y fruto de conversaciones y encuentros con enfermeras, supervisores y, sobre todo, de la enfermera y médica de paliativos, se ha comenzado a hablar y tratar el tema de las VLM desde otra perspectiva, teniendo en consideración el aspecto espiritual del fenómeno, en un hospital de la Región de Murcia.

Hay que mencionar, además, que se ha puesto de manifiesto la necesidad de abordar los aspectos psicológicos como la ansiedad o el *burnout,* que aparecen en el personal trabajador que está en contacto constante con el dolor y la muerte, así como de fomentar el conocimiento de las ECM como elemento influyente en la mejor recuperación de las dolencias de los experimentadores, si se sabe actuar de la manera correcta.

Como se ha podido comprobar en las entrevistas, las ECM, sea cual sea su naturaleza, evidencian un gran contenido simbólico y psicológico que el ser humano necesita explorar y conocer.

Por una parte, la lucha por la supervivencia que transmiten algunos de los informantes en una de esas visiones reflejaba su estado físico real y recuerda las etapas del bardo en el budismo tibetano. No obstante, y pese a lo horroroso de tales visiones, la experiencia no es vivida por el paciente de forma traumática o angustiosa, como podría parecer, sino que la considera positiva: «He tenido la suerte de haberla vivido y haberla sobrevivido. Para mí es una experiencia enriquecedora totalmente».

Experiencia que, además, está reforzada por las muestras de cariño que tuvo a lo largo de su ingreso. Como algunos autores sostienen a propósito de lo que ocurre en experiencias como esta, comenta que, si la persona es capaz de aceptar esta experiencia y buscarle un sentido, tendrá un cambio positivo.

Pero no todas las experiencias se viven positivamente, hay algunas que producen en el experimentador un gran desasosiego tras recobrar el estado de conciencia o vigilia. Una acertada validación de las emociones y una adecuada exploración en este tipo de casos ayudarían al paciente a recuperarse, con su mundo emocional intacto. Especialmente conveniente es en el caso de los niños, donde es de vital importancia que puedan reconocer estas experiencias. La figura de un profesional puede ayudar a integrarlas en su vida de manera eficaz y terapéutica. Es necesario darse cuenta de que en muchos casos hay que recomponer la experiencia, puesto que algunas ECM llevan asociadas pérdidas de diferente naturaleza, como la pérdida de la salud, la de un hijo u otro ser querido. Es necesario saber detectar y gestionar la relación e influencia de ambas experiencias desde el primer momento, dentro del ámbito hospitalario, para su posterior derivación, si fuera necesario, al profesional correspondiente.

Agradecimientos

Quiero agradecer en primer lugar la ayuda de las personas que quisieron contribuir al conocimiento de las ECM a través de sus testimonios. Sería imposible escribir sobre ellas sin vuestro apoyo. A mi familia, que me apoyaron durante todo el proceso de investigación. Por último, al personal sanitario que me acogió en su servicio desde el primer momento.

Bibliografía

American Psychiatric Association (2013), «Trastorno de ansiedad social», en *Manual diagnóstico y estadístico de los trastornos mentales* (5.ª ed., pp. 123-129), American Psychiatric Publishing.

— (2014), *Diagnostic and Statistical Manual of Mental Disorders* (5th ed.), Arlington, VA, American Psychiatric Publishing.

Atwater, P. (1992), «Is There a Hell? Surprising Observations About the Near-Death Experience», *Journal of Near-Death Studies*, 10(3), pp. 149-160.

— (1999), *Children of the New Millenium, Children's Near-Death Experiences and the Evolution of Humankind,* Nueva York, Three Rivers Press.

— (2003), *The New Children and Near-Death Experiences,* Rochester, Bear.

Barley, N. (1989), *El antropólogo inocente,* Barcelona, Anagrama.

— (2000), *Bailando sobre la tumba. Encuentros con la muerte,* Barcelona, Anagrama.

Barrett, W. (1926), *Deathbed Visions,* Londres, Methuen.

Baudrillard, J. (1989), *El intercambio simbólico y la muerte,* Caracas, Monte Ávila Editores.

Blackmore, S. (1993), *Dying to Live. Near Death Experiences,* Londres, Harper Collins.

Blanke *et al.* (2002), «Stimulating Illusory Own-Body Perceptions. The Part of th Brain That Can Induce Out-of-Body Experiences Has Been Located», *Nature,* 419, pp. 269-270.

Bonenfant, R. (2001), «A Child´s Encounter with the Devil. An Unusual Near-death Experience with Both Blissful and Frightening Elements», *JNDS,* 20(2).

— (2004), «A Comparative Study of Near-Death Experience and Non-Near Death Experience Outcomes in 56 Survivors of Clinical Death», *Journal of Near-Death Studies,* 22(3), pp. 155-178.

Bonilla, E. (2011), «Experiencias cercanas a la muerte. Revisión», *Invest Clin,* 52(1), pp. 69-99.

Borjigin *et al.* (2013), «Surge of Neurophysiological Coherence and Connectivity in the Dying Brain», *Proceedings of the National Academy of Sciences,* 110(35), pp. 14432-14437.

Brayne y Fenwick (2008), «The Case for Training to Deal with End of Life Experiences», *European Journal of Palliative Care,* 15(3), pp. 118-120.

Bucke, R. (1901), *Cosmic Conciousness. A Study in the Evolution of the Human Mind,* Londres, Canadá, E. P. Dutton.

Bush, N. (1983), «The Near Death Experience in Children. Shades of th Prison-House Reopening», *Anabiosis. The Journal of Near-Death Studies,* 3, pp. 177-193.

— (9 de abril de 2012), *Dancing Past the Dark. Distressing Near-death experiences,* Nancy Evans Bush.

Campbell, Joseph (1949), *The Hero with a Thousand Faces,* Princeton, Princeton University Press.

Carrington y Hereward (2013), *Death, its Causes and Phenomena with Special Reference to Inmortality,* Londres, Forgotten Books.

Caycedo, M. (2007), «La muerte en la cultura occidental. Antropología de la muerte», *Revista Colombiana de Psiquiatría,* 36(2), pp. 332-339.

Cobbe, F. (1882), *Peak in Darien,* Boston, Geo. H. Ellis.

Corral, J. (2015), *Supervivir. Ideas para una ética universal,* Madrid, Letras de Autor.

DaMatta, R. (1997), *A casa y a rua. Espaço, cidadunia, mulher e morte no Brasil,* Río de Janeiro, Rocco.

Duche Pérez, A. (2012), «La antropología de la muerte. Autores, enfoques y períodos», *Sociedad y Religión,* 22(37).

Eliade, M. (1964), *Shamanism. Archaic Techniques of Ecstasy,* Nueva York, Pantheon Books.

Ellwood, G. F. (2001), *The Uttermost Deep. The Challenge of Near-death Experiences,* Nueva York, Lantern Books.

Epicuro (1985), *Carta a Meneceo. Máximas capitales,* Madrid, Alhambra.

Fenwick, F. (2015), *El arte de morir,* Gerona, Atalanta.

Fenwick, P., y E. Fenwick (1995), *The Truth in the Light. An Investigation of Over 300 Near-Death Experiences,* Guildford, Headline Book Publishing.

— (1996a), *The Truth in the Light,* Londres, Headline.

Fernández-Palacio, F. (marzo de 2013), *La investigacion sobre las experiencias cercanas a la muerte,* <http://www.bubok.es/libros/230722/La-investigacion-sobre-las-experiencias-cercanas-a-la-muerte>.

Fontana, D. (2007), «Mystical Experience», en M. Velmans y S. Schneider, *The Blackwell Companion to Consciousness* (pp. 163-172), Malden, Blackwell Publishing.

Freud, S. (1915), *De guerra y muerte. Temas de actualidad,* Buenos Aires, Amorrortu, 1992.

Gabbard, G., y S. Twemlow (1984), *Eith the Eyes of the Mind. An Empirical Analysis of Out of Body State,* Nueva York, Praeger.

García-Orellán, R. (2003), «Antropología de la muerte. Entre lo intercultural y lo universal», en *Cuidados paliativos* (pp. 305-322), San Sebastián, Sociedad Vasca de Cuidados Paliativos.

Gloor *et al.* (1982), «The Role of the Limbic System in Experiential Phenomena of Temporal Lobe Epilepsy», *Ann Neurology,* 12, pp. 129-149.

Goodall, J. (1993), *A través de la ventana. Treinta años estudiando a los chimpancés,* Barcelona, Biblioteca Científica Salvat.

Gorer, G. (1965), «The Pornography of Death», en J. Williamson y E. Shneidman, *Death Current Perspectives,* Mountain View, Mayfield Publishing Company.

Grey, M. (1987), *Return from Death. An Explanation of the Near-Death Experience,* Nueva York, Arkana.

Greyson, B. (1983), «The Near-Death Experience Scale. Construction, Reliability and Validity», *The Journal of Nervous and Mental Disease,* 171(6), pp. 369-375.

— (1997), «The Near-death Experience as a Focus of Clinical Attention», *The Journal of Nervous and Mental Disease,* 185(5), pp. 327-334, <https://doi.org/10.1097/00005053-199705000-00007>.

— (1999), «Defining Near-Death Experiences», *Mortality,* 4, pp. 7-19.

— (2003), «Incidence and Correlates of Near-death Experiences in a Cardiac Care Unit», *General Hospital Psychiatry,* 25, pp. 269-276, <https://doi.org/10.1016/s0163-8343(03)00042-2>.

— (2015), «Western Scientific Approaches to Near-Death Experience», *Humanities,* 4, pp. 775-796, <https://doi.org/10.3390/h4040775>.

Grof, S. (2006), *El viaje definitivo. La consciencia y el misterio de la muerte,* Barcelona, La Liebre de Marzo.

— y C. Grof (1992), «Emergencia espiritual. La comprensión de las crisis evolutivas», en Grof y Grof, *El poder curativo de las crisis* (pp. 23-57), Barcelona, Kairós.

Guerra, Y. (2014), «La muerte y el proceso de morir en el budismo», trabajo fin de máster, Madrid, Universidad Complutense de Madrid.

Gurney, E., F. Myers, y F. Podmore (1886), *Phantasms of the Living* (2 vols.), Londres, Trübner y Ludgate Hill.

Hernández, B. (2009), «Instrumentos de recolección de información en investigación cualitativa», *Cuadernos de Investigación,* 8, pp. 1-77.

Hernández, R., C. Fernández-Collado, y P. Baptista (2006), *Metodología de la investigación,* México, McGraw-Hill.

Herzog, D., y J. Herrin (1985), «Near-Death Experiences in the Very Young», *Critical Care Medicine,* 13(12), pp. 1074-1075.

Holden, J. M., Greyson, B., y James, D. (eds.) (2009), *The Hand-Book of Near-death Experiences: Thirty Years of Investigation,* Praeger/ABC-CLIO.

Huntington, R., y P. Metcalf (1979), *Celebrations of Death. The Anthropology of Mortuary Ritual,* Cambridge, Cambridge University Press.

Hyslop, J. H. (2014), «Visions of the Dying», *History of Psychiatry,* 25, pp. 237-252.

Kellehear, A. (1996), *Experiences Near Death: Beyond Medicine and Religion*, Oxford University Press.

Kelly, E., y E. Kelly (2007), *Irreducible Mind. Toward a Psychology for the 21st Century,* Lanham, Rowman y Littlefield.

Kübler-Ross, E. (1969), *Sobre la muerte y los moribundos,* Barcelona, Random House Mondadori, 1975.

Lao Tse (2008), *Wen-Tzu. La comprensión de los misterios del Tao,* versión de T. Cleary, traducida por Alfonso Colodrón, Barcelona, Círculo de Lectores.

Leary, T., R. Metzner, y R. Alpert (1964), *Psychedelic Experience. A Manual Based on the Tibetan Book of Dead,* Nueva York, Kensington.

Liao *et al.* (2011), «Reduced Dorsal Prefrontal Gray Matter After Chronic Ketamine Use», *Biol. Psychiatry,* 69, pp. 42-48.

Long, J., y P. Perry (2011), *Evidencias del más allá*, Madrid, Edaf.

Lorimer, D. (1989), «The Near-death Experience. Crosscultural and Multidisciplinary Dimensions», en Berger *et al., Perspectives on Death and Dying. Cross-culture and Multidisciplinary Views* (pp. 256-67), Filadelfia, Charles.

Malinowski, B. (1926), *Crime and Custom in Savage Society,* Londres, Routledge and Kegan Paul.

Maté, C. (2005), «Actitud y percepción de la muerte en animales», en D. Hallado, *Seis miradas sobre la muerte* (pp. 107-138), Barcelona, Paidós, pp. 107-138.

Metcalf, P., y Huntington, R. (1991), *Celebrations of Death: The Anthropology of Mortuary Ritual* (2.ª ed.), Cambridge University Press.

Mobbs, D., y C. Watt (2011), «There is Nothing Paranormal About Near-death Experiences. How Neuroscience Can Explain Seeing Bright Lights, Meeting the Dead, or Being Convinced You Are One of Them», *Trends Cogn Sci.,* 15(10), pp.447-449, <https://doi.org/10.1016/j.tics.2011.07.010>.

Moody, R. (1975), *Vida después de la vida.* Madrid, Edaf.

—(1977), *Reflections on Life After Life,* St. Simon's Island, Mockingbird.

— y P. Perry (2010), *Destellos de eternidad,* Madrid, Edaf.

Moorjani, A. (2014), *Morir para ser yo,* Madrid, Gaia.

Morin, E. (1992), *El paradigma perdido. Ensayo bioantropología,* Barcelona, Kairós.

— (1999), *El hombre y la muerte,* Barcelona, Kairós.

Morse, M., y P. Perry (1991), *Más cerca de la luz. Lo que revelan las experiencias próximas a la muerte de los niños,* Madrid, Edaf.

— (1993), *Transformed by the Light. The Powerful Effect of Near-death Experiences on People´s Lives,* Londres, Piatkus.

Nichol, G. S. (1999), «What Is the Quality of Life for Survivors of Cardiac Arrest? A Prospective Study», *Academic Emergency Medicine*, 6(2), pp. 95-102, <https://doi.org/10.1111/j.1553-2712.1999.tb01044.x>.

Osis, K. (1961), *Deathbed Observations by Physician and Nurses*, Nueva York, Parapsychology Foundation.

— y E. Haraldsson (1977), *At the Hour of Death*, Avon Books.

— (1977), «Deathbed Observations by Physicians and Nurses. A Cross-cultural Survey», *The Journal for the American Society for Psychical Research*, 71(3).

Owens, Cook y Stevenson (1990), «Features of Near-death Experience in Relation to Whether or not Patients Were Near Death», *The Lancet*, 336, pp. 1175-1177.

Pallestrini, E. (1997), «La muerte y sus colores. La experiencia de nacer, la experiencia de morir», en J. Poveda, *Chamanismo. El arte natural de curar (pp. 57-60)*, Madrid, Temas de Hoy.

Parnia, S. (2002), «Near-Death Experiences in Cardic Arrest. Visions of a Dying Brain or Visions of a New Science of Consciousness», *Resuscitation*, 52, pp. 5-11.

— (2013), *The Lazarus Effect. The Science That is Rewriting the Boundaries Between Life and Death*, Londres, Rider.

— y P. Fenwick (1998), «Changes in Cerebral Oxygen Uptake and Cerebral Electrical Activity During Defibrillation Threshold Testing», *Anesthesia Analgesia*, 87, pp. 16-20.

— y P. Fenwick (2002), «Near-Death Experiences in Cardic Arrest. Visions of a Dying Brain or Visions of a New Science of Consciousness», *Resuscitation*, 52, pp. 5-11.

— *et al.* (2014), «AWARE-AWAreness during REsuscitation-A prospective Study», *Resuscitation*, <http://dx.doi.org/10.1016/j.resuscitation.2014.09.004>.

Pasricha, S. (2012), «Near-death Experience in South India. A Systematic Survey in Channapatna», en A. K. Dalal y G. Misra (eds.), *New Directions in Health Psychology* (pp. 318-328), SAGE.

Plum, F., y M. Posner (1983), *The Diagnosis of Stupor and Coma*, Filadelfia, Davis.

Ring, K. (1980), *Life at Deat. A Scientific Investigation of the Near-Death Experience*, Nueva York, Coward, McCann y Geoghegan.

— y S. Cooper (1997), «Near-death and Out-of-body Experiences in the Blind. A Study of Eyeless Vision», *Journal of Near-Death Studies (JNDS)*, 16(2), pp. 205-222.

— (2008), *Mindsigth. Near-death and Out-of-body Experiences in the Blind.* Indiana, Universe.

Rodin, E. A. (1980), «The Reality of Death Experiences. A Personal Perspective», *Journal of Nervous and Mental Disease*, 168, pp. 259-263.

Roger Rivière, J. (1991), «Metempsícosis», disponible en <http://www.mercaba.org/Rialp/M/metempsicosis.htm>.

Rommer, B. (2000), *Blessing in Disguise. Another Side of the Near-Death Experience*, St. Paul, Llewellyn Publications.

Saavedra-Aguilar y Gómez-Jeria (1989), «A Neurobiological Model for Near-death Experiences», *JNDS*, 7(4), pp. 205-222.

Sabom, M. (1982), *Recollections of Death. A Medical Investigation*, Nueva York, Harper and Row.

Sagan, C. (1979), *El cerebro de Broca. Reflexiones sobre la pasión de la ciencia*, Barcelona, Crítica.

Salgado, M. (2015), «El egipcio en busca de la eternidad. Evolución en el concepto de la muerte en el Egipto antiguo», *Vita Brevis*, 4(7), pp. 157-167.

Sartori, P. (2008), *The Near-death Experiences of Hospitalized Intensive Care Patients. A Five-year Clinical Study*, Nueva York, Edwin Mellen Press.

— (2015), *ECM. Experiencias cercanas a la muerte,* Barcelona, Kairós.

Stace, W. T. (1960), *The Teachings of the Mystics,* Nueva York, New American Library.

Schroter-Kunhardt, M. (1993), «A Review of Near Death Experiences», *Journal of Scientific Exploration,* 7(3), pp. 219-239.

Strassman, R. (2001), *DMT, the Spirit Molecule. A Doctor's Revolutionary Research into the Biology of Near-Death and Mystical Experiences,* Rochester, Park Street.

Sutherland, C. (1995a), *Children of the Light. The Near-Death Experiences of Children,* Sídney, Bantam Books.

— (2012), «Near-Death Experiences in Children», en M. Perera, K. Jagadheesan y A. Peake, *Making Sense of Near-Death Experiences. A Handbook for Clinicians* (pp. 63-78), Londres y Filadelfia, Jessica Kingsley Publishers.

Thomas, L.-V. (1991), *La muerte, una lectura cultural,* Barcelona, Paidós.

— (1993), *La muerte,* Barcelona, Paidós.

Tylor, E. (1871), *Primitive Culture,* Londres, Cambridge University Press.

— (1912), *Antropología. Introducción al estudio del hombre y de la civilización,* Manuel Jorro (ed.), Madrid, Ayuso.

Van Gennep, A. (1909), *Les rites de passage,* Émile Nourry.

Van Lommel, P. (2012), *Consciencia más allá de la vida,* Gerona, Atalanta.

— R. Van Wees, V. Meyers e I. Elfferich (2001), «Near-death Experience in Survivors of Cardiac Arrest. A Prospective Study in the Netherlands», *The Lancet,* 358, pp. 2039-2045.

VV. AA. (2003), *Artes de bien morir. Ars moriendi de la Edad Media y del Siglo de Oro,* Madrid, Lengua de Trapo.

Zomeño, A. (2015), «Influencia de la competencia relacional de los alumnos de enfermería en el aprendizaje de sus prácticas clínicas», tesis doctoral, Universidad de Alicante.

«Para viajar lejos no hay mejor nave que un libro».

EMILY DICKINSON

Gracias por tu lectura de este libro.

En **penguinlibros.club** encontrarás las mejores recomendaciones de lectura.

Únete a nuestra comunidad y viaja con nosotros.

penguinlibros.club